幼儿教师必备基本功丛书

U0646158

YOU'ERYUAN ANQUAN
GUANLI YU JIAOYU

幼儿园安全
管理与教育

曹 冬 主 编

杨会芝 李 燕 王静雅 副主编

北京师范大学出版集团
BEIJING NORMAL UNIVERSITY PUBLISHING GROUP
北京师范大学出版社

图书在版编目(CIP)数据

幼儿园安全管理与教育 / 曹冬主编. —北京：北京师范大学
出版社，2015.12(2025.8 重印)
　(幼儿教师必备基本功丛书)
　ISBN 978-7-303-19696-8

　Ⅰ. ①幼… 　Ⅱ. ①曹… 　Ⅲ. ①幼儿园－安全管理②幼儿
园－安全教育 　Ⅳ. ①G617

　中国版本图书馆 CIP 数据核字(2015)第 259673 号

出版发行：北京师范大学出版社 https://www.bnupg.com
　　　　　北京市西城区新街口外大街 12-3 号
　　　　　邮政编码：100088
印　　刷：北京虎彩文化传播有限公司
经　　销：全国新华书店
开　　本：710 mm×1000 mm　1/16
印　　张：17.25
字　　数：310 千字
版　　次：2015 年 12 月第 1 版
印　　次：2025 年 8 月第 8 次印刷
定　　价：35.00 元

策划编辑：罗佩珍　　　　　责任编辑：王　强　郭　瑜
美术编辑：焦　丽　　　　　装帧设计：李尘工作室
责任校对：陈　民　　　　　责任印制：赵　龙

前　言

　　安全是人类最基本、最重要的需求，更是幼儿生存的基本保障。幼儿的安全关系着家庭的幸福和社会的稳定。《幼儿园教育指导纲要（试行）》中也明确指出："幼儿园必须把保护幼儿的生命和促进幼儿的健康放在工作的首位。"在新型风险社会下，相对于幼儿园和幼儿的新的安全隐患和安全问题层出不穷，并引起了社会上的广泛关注，安全工作始终是幼儿园工作的重点，国家也颁布了与幼儿园安全管理相关的法律法规。幼儿园只有明确安全工作的重要性、必要性和特殊性，做到与时俱进，制定执行与新型风险相吻合的安全管理制度和教育内容，增强安全防范意识，及时发现安全隐患，掌握科学有效的防范救护措施，做到防患于未然，才能切实保障幼儿的生命安全和健康成长。但目前关于幼儿园安全管理及教育的书籍相对较少，与之相关的论文期刊也只是从安全管理或安全教育的某一个切入点进行阐述，内容不够系统、全面。随着社会的发展，有许多内容需要结合时代的特点和社会的需求不断改进与完善，因此本书能在一定程度上指导和帮助幼儿教师和家长更好地开展安全工作。

　　本书分上、下两编，分别从幼儿园安全管理和幼儿安全教育的角度全方位地介绍幼儿园安全工作的主要内容。上编主要从理论层面介绍幼儿园安全管理的目标内容与组织原则、安全培训与绩效考核管理、安全事故防范、安全环境创设以及突发事件应急等内容；下编主要从实践层面，结合幼儿安全教育的实际，介绍幼儿安全教育的内容、原则与方法、安全教育活动的设计与实施、幼儿自我保护与安全自救、家园共育等内容。

　　本书的主要特色如下。

　　第一，实用性。上下两编分别从理论层面和实操层面展开阐述，力求理论指导实践，实践回归理论，做到有理有据，在使用本书时既有理论支撑，又有实践操作。

　　第二，时代性。结合时代发展的特点，针对当前社会上出现的一些新风险、新的安全隐患进行剖析、指导，力求做到与时俱进。

　　第三，可读性。书中附有大量的活动案例、图片和资料链接，使内容更丰富、更生动、更具可操作性。

　　第四，延展性。本书除了基本知识的介绍外，还增加了延展性内容。例如对国外幼儿安全教育特色的介绍以及带给我们的启示，同时附有相关的安全管理制度的条文等，可以更好地开阔读者的思路，方便读者进行比较和参考。

　　本书由济南幼儿师范高等专科学校曹冬担任主编，山东省实验幼儿园李燕、济南市天桥区教工幼儿园杨会芝、山东管理学院王静雅担任副主编。编写分工如下：李燕编写上编第一章、第二章和下编第八章；杨会芝编写上编第四章、第五章和下编第十章；王静雅编写上编第三章、下编第九章；曹冬编写下编第六章、第七章并负责全书的统稿审查工作。本书在编写过程中，参考、借鉴并引用了许多同行的研究成果，书中的照片分别由山东省实验幼儿园、济南市天桥区教工幼儿园、青岛市实验幼儿园提供，在此一并表示感谢！

　　由于时间仓促，编者水平有限，疏漏与不足之处在所难免，敬请读者批评指正。

编　者

2015 年 7 月

目 录

上 编 幼儿园安全管理

下 编 幼儿安全教育

上 编

幼儿园安全管理

第一章　幼儿园安全管理概述

幼儿园的安全问题是摆在每一位幼教工作者面前的头等大事。党中央、国务院十分重视学校、幼儿园的安全工作，强调各级党委和政府部门要牢固树立以人为本的观念，关注安全、关爱生命。2001年颁布的《幼儿园教育指导纲要(试行)》中明确提出"幼儿园必须把保护幼儿的生命和促进幼儿的健康放在工作的首位"。《中华人民共和国未成年人保护法》《托儿所、幼儿园卫生保健制度》《幼儿园工作规程》《3—6岁儿童学习与发展指南》《托儿所、幼儿园建筑设计规范》等国家教育部、卫生部、建设部颁布的一系列法规文件中也针对幼儿园安全工作做了明确规定。因此，做好幼儿园的安全工作具有深远的意义。

第一节　幼儿园安全管理的概念及意义

幼儿园安全管理是以确保幼儿园的安全发展为前提的。通过安全管理有效机制来规范幼儿园的安全工作，规范幼儿园教职工和幼儿的安全行为，以防无序发展和管理混乱。

一、幼儿园安全管理的概念

(一)幼儿园安全的概念

1. 什么是幼儿园安全

安全通常是指人类整体与生存环境资源能和谐相处，互相不伤害，不存在危险、危害的隐患，是免除了不可接受的损害风险的状态。具体到幼儿园的安全则是指保护幼儿园内人的生命、财产和信息等的安全不受危害，其中人的安全包括幼儿在园生活和幼儿园组织下的幼儿外出活动及教职工的生命安全。保护幼儿生命安全是幼儿园安全工作的首要目标，任何时候都要把保护幼儿生命安全放在工作的首位。

幼儿园的财产安全是指园内各部门都要管理好、用好国家财产，做到物尽其用，建立资产管理制度、分级财产保管制度等。例如，财务室负责管理全园财产，各部门管理所属财产，做到不丢失、不浪费、不损坏、不贪污，以保证幼儿园各项工作的顺利实施。可以说,幼儿园的财产安全是保证幼儿健康成长和教育教学计划完成所必需的物质条件。幼儿园的信息安全主要是指幼儿园网络安全,确保幼儿园网络信息发布准确、真实,符合国家有关的法律、法规制度,不得有危害国家安全、泄露国家秘密,侵犯国家、社会、集体的利益和公民的合法权益的内容出现,防止各类病毒、黑客软件对幼儿园联网主机构成的威胁。

2. 幼儿园安全工作的特点

安全对幼儿来说,意味着健康、快乐、自由地生活与学习。对教职工而言,意味着人与人之间,人与环境之间整体关系的和谐。对幼儿园来讲,则意味着幼儿园的人、财、物等不存在威胁、危险、危害的隐患,是一种确保人员和财产等因素不受损害的状态。幼儿园安全工作具有系统性、整体性、客观性和主动性的特点。

系统性是指幼儿园的生活活动和教学游戏等各环节之间要环环相扣,形成安全的系统,以保证幼儿在园一日生活各个环节的安全。整体性指幼儿园各部门之间要相互配合,形成一个协调的整体,为幼儿提供全方位的安全保障。客观性则是按照国家和各级行政部门颁布的安全标准对幼儿园内人的活动方式以及环境中的各个组成部分是否安全进行评定,确保人与环境的安全。主动性是指在人与环境的交互作用中,安全意识和自护能力的提高能有效地使在幼儿园生活的人适应内外环境,保护自己和他人的生命安全。反之,人的安全意识淡薄,就容易造成危害自己和他人安全的事故发生。

(二)幼儿园安全管理的概念

按照管理学的解释,所谓管理就是管理者在组织中利用组织的资源以实现组织的目标。[①] 据此推演,幼儿园安全管理就是幼儿园管理者在幼儿园组织中利用其资源来实现幼儿园安全工作的目标。从定义中来看,安全管理主要从四个方面完成这一功能:第一,安全管理依靠幼儿园这一组织,即安全管理必须在幼儿园组织中进行;第二,安全管理依靠幼儿园的人、财、物、信息等来实施;第三,安全管理依靠精心设计的安全目标,通过有效的管理去实现安全管理的目标;第四,安全管理依靠幼儿园管理者。以上四个方面协同作用,构成幼儿园安全管理活动。

随着安全管理科学的发展,人们逐步意识到安全管理是一个系统的工程,

---

① 吴志宏主编. 教育管理学. 北京:人民教育出版社. 2006:4.

它不仅是对安全事故的管理，更是强调控制隐患和消除危险，逐步从关注事故管理发展到关注预测以及对人的行为和工作过程的控制，协调人员、行为、设施、环境诸要素之间的关系。在管理方法上，从传统的行政检查、经济处罚发展到法制和文化管理，从基本的标准化和规范化管理发展到以人为本的管理。①

幼儿园安全管理是幼儿园管理工作的一部分，它的管理职能也符合幼儿园管理的基本规律。要实现有效的安全管理，必须有具体的管理手段和方法。而这些手段和方法就是通常所说的管理职能，即计划、组织、激励、协调、控制。计划是指确定安全管理的目标和具体的实施方案；组织是指建立明确而高效的安全管理组织结构和奖罚制度；激励是指提高教职工的安全意识和保障幼儿园安全的积极性；协调是指处理人与人之间、人与组织之间的安全工作关系；控制是指为达成幼儿园安全目标所建立的组织测评和监控系统。幼儿园通过这些管理职能来实现对安全工作的有效管理。

幼儿园的安全管理工作不仅是保障幼儿生命和幼儿园财产安全的需要，也是幼儿园教职工提高自身专业素养的重要途径。其目的和任务在于使园长和教师正确认识幼儿园安全管理的意义，了解幼儿园安全管理包含的内容及对内容的管理要求，学习一般的安全工作理论在幼儿园安全工作中的具体运用，掌握作为一名幼教工作者为了保障幼儿生命安全应具备的基本素质。通过理论联系实际，逐步掌握幼儿园安全组织和管理的方法。同时结合教学对幼儿进行安全教育，使幼儿形成良好的安全意识，习得正确而有效的自我保护行为。

二、幼儿园安全管理的意义

管理的意义在于规范、促进和平衡。随着幼儿教育的发展，幼儿园安全管理日益凸显出在整个幼儿教育事业发展中的意义。我们看到，从安全管理的随意性逐步走向有目的、有计划的科学化管理，安全管理对幼儿教育发展的影响也越来越重要。随着社会经济化的发展，人们的思想意识发生了复杂的变化，我们可以这样说，没有对幼儿园安全的有效管理，就没有幼儿教育的发展，我们的幼儿园教育比任何时候都更加需要安全的保障，这意味着幼儿园的安全管理需要更加普及、更加科学有效地渗透在幼儿园工作之中。

① 李俊祺. 幼儿园安全事故分析与完善安全预防对策研究. 东北师范大学硕士论文. 2008：6.

(一)保障幼儿身心健康安全

生命的健康存在是幼儿从事其他一切活动的前提。离开安全，幼儿就不能尽情地嬉戏，无法快乐地学习与生活，更谈不上身心健康发展。幼儿园安全管理的首要目标是保护幼儿生命，促进幼儿身心健康成长，这是由幼儿身心发展的特点决定的。幼儿年龄小，身体发育不健全，缺乏必要的知识经验，规则意识尚未建立，然而却好奇心强，承受伤害的能力弱，自我保护意识淡薄，加之幼儿园又是人员密集的场所，这些特点决定了保护幼儿生命安全的重要性。

"安全第一"源于对幼儿生命的珍惜。任何忽视幼儿安全的做法都可能导致严重的后果。因此，实行有效的安全管理，是实现幼儿教育有序规范发展，保证幼儿的生命安全和健康发展的前提，是幼儿未来幸福生活的基本保障，对幼儿个体、家庭及社会都具有重要意义。

(二)提升教职工的安全素养

人的因素始终是幼儿园安全管理中最重要的因素，教师的安全素养是教师专业素质的重要组成部分，是幼儿园安全发展的根本保证。因此，幼儿园安全管理的目的不是为了简单的考核与奖惩，而是运用安全管理的有效策略，逐步提升教职工的安全工作素养。通过人文化的关怀指导激发教职工的安全责任感与工作积极性；通过安全知识学习与培训帮助教职工树立依法执教的意识，掌握规范的安全教育行为，学会预测、防范、辨识和消除工作中的危险因素，不断提高安全教育技能；通过诊断性和激励性的评价机制引导教职工在反思中寻找差距，不断改进工作中的不足，从而促进教职工安全素养的整体性提升。

(三)促进幼儿教育的和谐发展

幼儿园安全管理的最终目的是为了促进幼儿教育的良性发展。当前幼儿教育正处于乡村和城镇办园快速发展的进程中，处于安全事故易发、多发的高峰期，安全管理基础仍然比较薄弱。各幼儿园安全管理水平参差不齐，重大、特大事故尚未得到有效遏制，非法、违法幼儿园经营行为屡禁不止，安全责任不落实、防范和监督管理不到位等问题在一些地方幼儿园还比较突出。安全管理工作既要解决长期积累的深层次、结构性和区域性问题，又要应对不断出现的新情况、新问题，根本出路在于坚持科学的安全管理，并落实到幼儿园工作的每一个环节，使之成为衡量幼儿园工作的基本标准，自觉做到不安全不经营，在安全管理中实现幼儿园发展效益的最大化。

坚持科学的安全管理是幼儿园发展的必然要求。安全管理活动不是盲目的，而是服从于幼儿园安全管理的目标，有什么样的安全管理目标就有什么样的安全管理行为。随着社会进步和经济发展，全社会对加强安全监管监察、改善生活学习环境、保障人们的安全健康权益等方面的要求越来越高。这就要求幼儿园必须始终把安全摆在幼儿教育发展重中之重的位置，自觉坚持科学安全管理的理念，真正把安全作为幼儿教育发展的前提和保障，使幼儿教育的发展建立在安全保障能力不断增强、幼儿和教职工生命安全和身体健康得到切实保障的基础之上，确保幼儿教育的和谐发展。

(四)实现安全与发展的有机统一

幼儿园的安全管理是以规范行为、控制隐患和消除危险为手段促进幼儿园的和谐发展。但如果以压抑幼儿的个性发展和教职工的工作积极性为代价，安全管理的意义也就适得其反，与幼儿教育发展的终极目标背道而驰。科学的安全管理既要促进幼儿教育的良性发展，也要规范不安全的行为，以实现幼儿园安全与发展的有机统一。

目前，由于我国独生子女时代的部分家长对幼儿安全的认识不同而导致幼儿园安全管理模式的差异。一方面从幼儿身心发展的角度，家长希望幼儿在园多进行室内外活动，而另一方面又希望幼儿园对孩子的安全管理天衣无缝，不能出一丁点儿的差错，这种悖论时常引发家园纠纷，导致幼儿园领导和教师心理压力过重，为防止幼儿受到伤害而限制幼儿的自由活动。消极的防范不利于孩子的成长，理念的冲突阻碍了有效的教学。为此，幼儿园建立适应社会和家长要求并得到理解和支持的"幼儿园适度安全理念"和"幼儿园安全管理模式"是非常必要的。只有在规范安全行为和促进各项工作顺利开展中寻找一个平衡点，落实适度有效的安全管理，实现建立在安全规则之上的发展与自由，才能有效促进幼儿园工作的开展。

综上所述，安全管理是幼儿园管理工作的重要组成部分，科学有效的安全管理对于幼儿的健康成长、提升教职工的安全素养、促进幼儿教育的发展以及实现幼儿园安全与发展有机统一等方面都有着积极的意义。

第二节　幼儿园安全管理的目标及内容

幼儿园安全管理的目标是指安全管理工作体现在客观存在的人、财、物等方面的规格指标，它针对真实存在的客观对象，起到明确行为导向和规范的作用。具体来说，幼儿园安全管理目标是以现代化管理理论为基础，依据幼儿园的教育目标和上级有关安全工作指示精神，总结以往的经验教训，结合幼儿阶段的发展需要而制定的。幼儿园的安全管理实际上是对安全目标的管理，围绕幼儿园安全目标，确定安全工作的方针与策略，制定并实施有效的组织措施，减少和杜绝隐患，控制事故的发生并严格考核安全工作的绩效，并形成一系列管理制度。可以说，幼儿园安全管理目标是幼儿园工作安全化的行动指南，是安全管理工作的出发点和归宿。

一、幼儿园安全管理的目标

（一）建立安全管理目标体系

"凡事预则立，不预则废。"幼儿园安全工作的首要任务就是制定科学有效的安全管理目标。安全管理目标内容的制定要体现全面性、科学性和实效性的特点，把幼儿和教职工的人身安全、设施设备安全、食品安全、周边环境安全、交通安全等内容都纳入到安全工作中来。概括地说，幼儿园安全管理的总目标就是保障幼儿和教职工的生命健康和幼儿园财物等的安全，减少和控制安全事故，消除安全隐患，避免幼儿园教育过程中由于事故造成的人身伤害、财产损失以及其他损失。

幼儿园上至各个部门，下到每个教职工都要围绕安全管理总目标层层展开各自的子目标。例如，各班级有教育活动管理的安全目标，伙房、门卫也有相应的安全子目标等。总目标横向分解到各职能部门，按管理层次纵向分解到各班级、各责任人，纵横交错，形成多层次安全目标体系（如图 1-1 所示）。

现实中发生的种种安全事故给我们以沉痛的教训，我们要采取多种有效措施保证幼儿园安全管理目标的实现。从管理学角度来说，这个过程称为安全目标管理。安全目标管理是以各类事故及其资料为依据而建立的一项长远管理方法。随着对安全事故认识的不断深入，在安全管理上不断总结经验教训，增强各类人员的安全责任意识和能力，不断改进完善安全管理机制，建立健全科学、有效的安全评价体系，提高幼儿园整体安全管理绩效，从而减少安全隐患，消除安全事故。

安全管理目标体系制定后，要产生良好的管理效能，人的要素是关键。人在安全管理活动中处于主体地位，起主导作用；人又是最有能动性和创造性的要素，只有把人的事业心、责任感和主动性、积极性、创造性充分调动

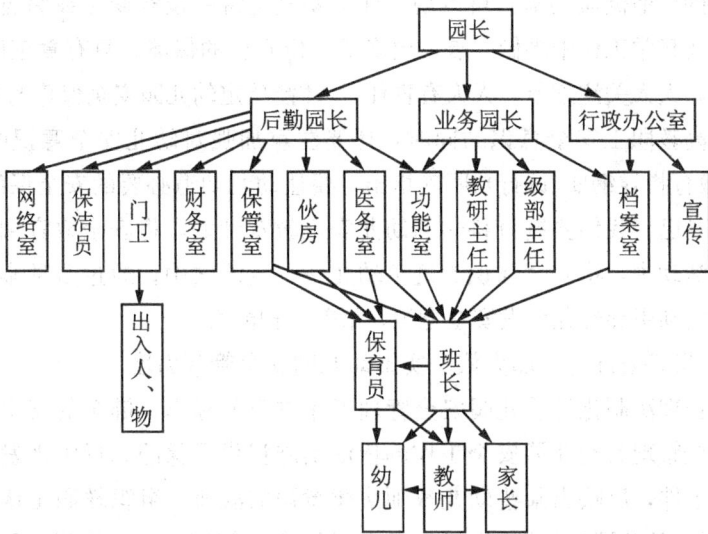

图 1-1　幼儿园多层次安全管理目标体系中的组织结构图

起来，才能自上而下加大执行力，使整个幼儿园安全管理工作运转有序，获得理想的管理效能，顺利实现安全目标。

(二)明确安全管理目标内容

幼儿园安全管理目标体系确立后，还要进一步明确安全管理目标的内容，具体可包括以下几个方面。

1. 提高安全意识，牢固树立"安全第一，预防为主"的思想

提高教职工的安全意识是做好幼儿园安全管理工作的前提。因为幼儿年龄阶段的特殊性，使教职工成为幼儿安全的实施者和守护人，教职工的安全责任尤其重要。要采取有效的管理策略，加大对教职工安全教育的力度，培养其良好的安全意识与能力，时刻给教职工敲响安全的警钟，将"安全工作大于天"的理念根植于教职工的内心。

安全意识主要包括预防意识、细节意识、奉献意识三个方面。预防意识就是使教职工树立"预防第一"的思想，知道预防是安全工作的本质，其主要目的是消除安全隐患，从根本上消除事故发生的可能性，从而达到预防事故发生的目的。细节意识就是使教职工理解安全工作中"细节决定成败"的道理。俗话说"千里之堤，溃于蚁穴"，每一个细节的疏忽都可能造成安全隐患，引发安全事故。所以做好细节是幼儿园安全工作的关键。奉献意识就是让教职工明白任何人都不能将安全问题置身事外，因为安全会影响到包括自己在内

的每个人的生命健康利益。可以说，保证安全是每一位教职工在为自己做的一件事，在日常工作中多做一点，便多了一份安全的保障。只有真正做到"人人有意识，人人关注细节，人人有责任"，才能奠定幼儿园安全保障的基础。

在提高教职工安全意识的同时，还要注重加强对幼儿安全意识的培养。《幼儿园教育指导纲要（试行）》明确指出，要让幼儿知道必要的安全保健常识，学习保护自己。我们要制订科学的幼儿安全教育计划，将安全教育纳入幼儿教育教学活动中，将安全知识渗透于幼儿一日生活之中。通过多种多样的游戏及教育活动引导幼儿萌发安全意识，培养自护能力。

2. 规范安全行为，加大依法实施幼儿园安全管理力度

安全管理法制化是幼儿园安全管理工作进步的标志。健全的安全体系和规范的安全管理为幼儿园安全工作的依法实施提供了保障。近年来发生的多起"虐童"事件，反映出某些幼儿教师法律意识的淡薄。组织教职工认真学习并严格执行《幼儿园工作规程》《中小学幼儿园安全管理办法》《中华人民共和国学生伤害事故处理办法》《中华人民共和国未成年人保护法》等一系列法律法规文件，树立法制观念，明确园长、副园长、部门负责人以及各岗位教职工的安全职责，按照相关法律法规的要求，规范安全工作行为。切实加强对各级部门安全工作的领导，严肃对待各级部门的安全工作，界定各级人员安全责任范畴，对因玩忽职守酿成重大影响的有关人员要依法依纪严肃查处。

3. 完善安全管理制度，明确各级安全责任制

(1)建立园长责任制。

幼儿园园长是幼儿园安全工作的领导者和第一责任人，园长的安全意识与安全工作实施力度决定着幼儿园安全工作的质量。园长要组织建立健全幼儿园安全工作保障体系，全面检查和落实各项安全责任制和安全绩效管理机制。加强日常安全管理，检查消防疏散通道、安全出口的设置是否畅通；设施设备、食品、饮用水是否安全；幼儿的安全教育、防护措施以及家长宣传是否到位，消除安全隐患。领导中层管理人员加强对教职工的安全教育培训，负责突发事件应急预案的制订和事故发生后应急预案的启动，协调周边社会环境的安全保障，保障幼儿园安全工作规范、有序进行，全面维护幼儿园安全。

(2)建立分层管理体系。

建立分层管理体系，明确各岗位人员安全职责，层层签订安全责任协议书，落实责任到人。如在《接送制度》《幼儿午睡管理制度》《药品安全管理制度》《带班人员安全责任制度》等规章制度中明确规定了各岗位人员的工作要

求。岗位人员只要明确了自己的安全职责，就会形成安全工作"全面有总管、各部门层层有分管、具体事务有专人管"的组织格局，实现安全管理"横向到边，纵向到底，不漏盲点"的目标。

4. 建立健全安全工作监督管理机制

从管理学的角度来讲，安全工作的检查监督是一个控制过程，通过对细节的关注，达到防微杜渐的目的。因此，幼儿园安全工作的落实和安全目标的实现，除了教职工工作态度上的自觉自愿之外，检查监督起着重要的保障作用。这就要求各级管理人员根据幼儿园安全工作的总体部署和工作侧重点抓好各项安全措施的落实，以检查发现安全隐患、督促整改为重点开展工作，力求做到全面化、精细化。对安全工作的检查监督落实到每个岗位、每个时间段，根据安全工作规律进行梳理、预测安全隐患并做好各项记录，发现问题协调有关人员第一时间进行清理整改，以促进各项安全工作的落实。

需要特别注意的是，安全检查监督管理工作不是哪个部门、哪个领导的事情，而是要树立人人参与管理的意识，激发每个教职工的安全工作积极性，每个人要有责任目标，都要自觉地对安全管理工作进行积极参与和密切配合，共同保证安全目标的实施。

5. 健全安全绩效管理体系

幼儿园安全评价是指幼儿园安全绩效管理体系，是建立在"以人为本"的理念之上的安全管理模式。包括绩效目标的制订、实施、考核和结果的运用几个方面，是一个循环往复的过程。教职工依据幼儿园安全工作的客观规律，以切实有效的安全工作评价标准作为自己的目标并严格落实在日常工作中，不断改进安全工作中的不足，最终养成自觉的安全意识与行为习惯。

在安全绩效管理体系中，绩效考核结果的运用不仅仅包括将各岗位人员安全工作与评优评先相结合，更重要的是通过管理者与被管理者的沟通，激发教职工的工作热情，不断改进安全工作。在提高每个教职工的安全绩效的同时，推动整个幼儿园的安全管理绩效的提升。在安全绩效管理的过程中，奖罚不是目的，要推行自我反思性评价、发展性评价和激励性评价，激发各岗位人员对安全工作的责任感，从而推动幼儿园安全工作的主动性、有效性发展，形成"人人重视、人人有责、全面提高"的安全工作管理格局。

二、幼儿园安全管理的内容

幼儿园安全管理的内容包括人、财、物、网络信息等要素。按照幼儿园教育工作的任务、内容、范围和规律来看，这些基本要素又存在于幼儿园的教育教学和后勤保障的各个部门之中，存在于幼儿在园一日生活的各个环节之中，它们既相对独立，又在相互联系、相互作用、相互制约与相互渗透中构成幼儿园安全管理系统。幼儿园的安全管理质量就存在于这个集合体的有机结合之中。鉴于此，我们从幼儿园各部门的安全管理和幼儿一日生活的安全管理这两个维度介绍幼儿园安全管理的内容。

(一)幼儿园各部门的安全管理内容

1. 教育教学部门

教育教学部门是一个管理幼儿的生活和学习，并通过有计划、有目的的教育活动促进其身心健康发展的部门。其人员构成主要包括业务管理人员和保教人员，他们各自负有不同的安全职责。管教育者必管安全，教育教学部门人员是幼儿的直接管理者，承担着保护幼儿身心安全和对幼儿进行安全教育的职责。

(1)业务管理人员。

业务管理人员包括业务副园长、教研主任和保教主任。在安全管理工作中主要在园长领导下，加大执行力，落实幼儿园安全工作计划。负责定期组织保教人员进行安全教育培训，加强教师安全责任教育和存在问题的沟通交流，贯彻落实幼儿园教学中日常安全的巡查和监督机制。督促检查幼儿园的日常教学秩序、班级管理程序以及保教人员安全操作的规范性，检查各班幼儿的安全行为习惯，以及设备设施、活动器械、活动场地的安全性。制订安全教育教研计划，指导教师对幼儿进行安全教育活动。

(2)保教人员。

保教人员包括班主任、教师和生活教师。保教人员既是安全管理对象，也是安全管理实施者，主要负责幼儿人身安全和班级财产的安全防护。

保教人员要认真学习、落实幼儿园各项规章制度、流程，严格岗位责任制及一日工作规程。全面负责班级人、财、物的管理，在教育教学活动中要采取多种措施，保护幼儿的身心安全；落实开展幼儿园规定的幼儿安全教育课程，切实提高幼儿的自我保护意识和能力；通过多种形式、多种渠道向家长宣传安全教育常识，以保证家园安全教育的同步性；对幼儿园工作中存在的安全问题提出有效的措施和建议。

保教人员应高度重视并加强班级幼儿一日生活常规的安全管理。在活动中，教师必须始终在现场组织指导，将幼儿置于教师的视野范围内，不得擅自离岗，以防幼儿伤害事故的发生。如发生幼儿意外伤害事故，应及时送至保健室予以简单处理并送至医院诊治，同时上报领导、通知家长。关注幼儿的心理健康，对行为差、心理偏差较大的幼儿及时与家长联系，做好耐心细致的矫正工作。

对班级环境及其设备设施进行深入细致的安全检查，发现隐患及时整改。对班级使用的电器、橱具、教玩具、图书资料等物品，以及幼儿衣物等负有安全使用和保护的职责。

生活教师要定期对班内幼儿经常接触的楼梯扶手、桌椅、玩具、餐具等按时消毒，还要做到活动室、盥洗室干净、整洁，保持地面干爽，防止因湿滑发生安全事故。及时提醒幼儿喝水，保证幼儿足量饮水。对自己保管的工具、用品要定点存放，消除安全隐患。生活教师应协助教师开展各项安全工作，做好活动前的准备，保证材料场地的安全。在户外活动中，根据活动量及时为幼儿增减衣服，为出汗幼儿擦汗等，做到人到、心到，保证幼儿安全。

此外，保教人员要不断加强职业道德修养，尊重、爱护幼儿，严禁体罚或变相体罚幼儿，因体罚造成不良后果的，由责任教师负全部责任，同时追究各级管理人员的监管责任。

2. 后勤保障部门

后勤保障部门主要负责幼儿园人、财、物等的安全管理。其人员包括后勤副园长以及医务室、保管室、食堂、门卫等各部门工作人员。

（1）后勤副园长。

后勤副园长是后勤保障部门的安全责任人，也是幼儿园安全工作的分管责任人，协助园长开展幼儿园日常安全管理工作。制订幼儿园年度安全工作计划，拟写年终安全工作总结，制定和健全安全工作规章制度，检查落实安全管理目标责任制，制订突发事件应急预案，组织预案演练。负责幼儿园医务室、保管室、食堂、多功能室、门卫等部门的安全管理，及幼儿园设施设备的安全检查和安全专项整治，组织开展教职工安全技能培训，及家长安全宣传教育活动。协助园长与公安、城管、工商、卫生等部门的协调，做好幼儿园周边环境的治安、保卫工作，确保幼儿园平安。

（2）医务室。

幼儿园医务室的主要职责是做好药品管理、幼儿疾病的处理、传染病预防、卫生检查及卫生保健宣传工作等。具体内容如下。

①药品管理。按照药品管理制度，做好卫生室常用药品和器材的采购入账、妥善保管、正确使用以及对过期药品的及时清理等常规工作。

加强幼儿在园服用药品的管理。晨检时，保健大夫负责接收、登记并检查幼儿服药的类型、剂量、有效期及安全性等；晨检后，将药品送到各班并进行登记交接，根据家长的服用要求，指导保教人员为幼儿服药，确保服药及时、准确，严禁错服、漏服现象的发生。

②幼儿在园期间发病的应急处理。对幼儿在园期间突发的常见疾病进行应急处理，如外伤等。对突发的严重疾病或不明原因的疾病要紧急送往医院诊治。全面掌握有特异体质、特定疾病或特异心理状况的幼儿情况，并做好相应记录和汇报工作。

建立安全工作零报告制度和安全事故报告制度。发生安全意外事故时，要在第一时间如实报告意外事故情况，并迅速组织抢救，做好事故发生后的补救工作。

③传染病预防。建立传染病预防、隔离制度。在传染病流行期严格执行检查、消毒等预防工作，杜绝传染源，切断传播途径。一旦发现传染病例立即采取隔离措施，防止传染病的流行。

④消毒管理和安全卫生检查。严格执行消毒制度，检查督促班级对各类物品的清洁、消毒工作。做好校车的消毒及安全检查工作。

督促做好教室通风采光、师生饮食、饮水卫生工作。作为幼儿园食堂食品卫生直接负责人，负责制订食堂安全管理职责，对食堂从业人员体检、食堂环境卫生等进行检查督促，接受食品药品部门的执法检查。

⑤保健宣传及档案管理。落实健康教育课程，普及师生员工、家长的健康教育和急救知识，培养幼儿良好的卫生习惯。建立健全幼儿健康档案制度。做好在园和入(转)园幼儿的查体和体检报告等资料的归档工作。

⑥协助做好幼儿园安全监督、检查管理工作。严格晨间检查制度，对容易引发安全事故的教育教学设施或场所、大型玩具等进行严格的排查，掌握幼儿园安全隐患情况，并及时提出整改。

(3)保管室。

物资管理员负责幼儿园物资仓库的管理，保障幼儿园教学、日常生活用品等的需要，做到幼儿园一切物品管理的规范、有序。严格遵循幼儿园管理员的岗位职责，不断完善管理机制，实行物资仓库管理制度化，确保物品的万无一失。

固定资产的管理和使用必须贯彻"统一领导、分工管理、层层负责、合理调配、管用结合、物尽其用"的原则，必须办理固定资产登记，入账建卡等手续，做到账、卡、物相符。同时要求物品购置有计划、验收有凭据、领用有手续、出库有登记。妥善保管低值易耗品，进货入库、发放应填好记录物品的明细账，做到日清月结，每学年调班时对本班物品全面盘点一次，做到账物相符。

仓库内的物资必须按类分库存放，并保持仓库整洁，保证物资处于完好可用状态。做好防火工作，若发现安全隐患应及时报告园长或相关的主管部门。

(4)食堂。

炊事组长是食堂管理的安全责任人。要认真学习、落实《食品卫生法》等有关法规和文件的安全规定，严格履行食品采购员职责和岗位责任制。采购食品原料必须符合国家《食品标签通用标准》。必须向供货商索取卫生许可证及产品检验合格证，并由专业人员验收质量和数量，不得擅自采购来历不明的食品。严格履行炊事员职责和岗位责任制以及食品留样制度，认真执行食品"五四制"。要注意冬季保温与夏季降温，菜、汤低于60℃(夏天50℃)方能送入幼儿活动室，以防烫伤幼儿。

食品原料做到分类存放；食品和厨具的摆放要规范、整洁、有序；各类厨具、用具、餐具一定用蒸汽或开水消毒，杜绝病毒、细菌的交叉感染和传播；加工蔬菜要做到认真浸泡、漂洗，避免蔬菜污染，不得给幼儿吃剩饭菜，饭、菜、汤做熟，预防食物中毒。

认真搞好环境卫生和个人卫生，并做好防尘、防蝇、防鼠、防潮工作。加工熟食品应当洗手消毒，佩戴口罩。随时保持灶台、案板等的干净、整洁，及时清理垃圾，定时进行大扫除。

食堂人员要提高警惕，杜绝无关人员进入食堂，加强对食品的管理和保护，严防投毒事件。食堂的操作间、开水间、锅炉房严禁幼儿进入。严格操作流程，认真检查液化气、水、电等安全工作。如违反安全工作要求，造成重大事故者，将追究其责任。

(5)功能室。

功能室安全管理是对幼儿园多媒体活动室、会议室、图书室、阅览室、美术室、科学发现室、生活体验室等功能室在使用过程中的安全管理。

各功能室专人负责，建立使用登记制度，对室内的一切设施设备进行入库、检查、使用情况记录。

各功能室负责人应对教师进行有关功能室使用的安全教育，定期对功能室进行安全检查，做好检查记录，及时报告安全隐患，协助相关人员及时处理，并做好记录。

幼儿园教师、幼儿必须在管理员或专业教师的管理下使用功能室内的一切设施设备，未经许可或指导，严禁擅自动用。要强化防火、防电、防盗安全措施。

(6)网络管理。

任何人员不得利用幼儿园网站及 BBS 危害国家安全，泄露国家秘密，不得侵犯国家、社会、集体利益和其他公民的合法权益。

建立信息发布、审核、登记制度。确保发布信息准确、真实，符合国家有关的各项法律、法规制度。建立信息监视、保存、清除和备份制度。网络管理员应对网络使用情况监督、检查，坚决杜绝链接、访问境内外反动、黄色网站；如发现计算机存有各类反动及不健康信息，管理员应当及时清除，情节较重的应及时上报计算机信息网络安全领导小组，有违反法律法规的应及时交予公安部门查处。严禁利用计算机网络进行大量消耗资源且无意义的操作，如玩游戏等操作。

建立账号使用登记和操作权限管理制度。幼儿园网内各主要网络设备，计算机服务器系统由网管中心统一管理，其他任何人不得擅自操作网络设备，修改网络设置。做好病毒检测和网络安全漏洞检测，防止各类病毒、黑客软件对幼儿园联网主机构成的威胁。重视对计算机实体的安全保护工作，做好防火、防水、防盗工作。

(7)门卫。

严格执行保安工作管理制度，严格接送制度。按规定时间开闭园门，做好迟到幼儿和非规定时间离园幼儿的登记工作。

严格执行外来人员进园登记验证制度(询问、证件检查、登记、与被访人联系)。查验出入物品，禁止幼儿擅自离园，严防无关人员或闲杂人员进园。

执行幼儿园周边环境治安综合治理制度，配合公安部门做好治安民警巡视工作。加强园门周边、园内场地、教学楼的巡视清场及夜间巡查工作。

门卫应由心智健全、心理健康的人员担任，须经公安等部门专业培训并获得合格证书，具备一定的法律意识和防护技能。

(8)校车。

校车司机负责校车的消毒检查及安全保养工作。遵守交通规则，安全驾驶，杜绝超载、超速问题的出现，杜绝交通事故和违章驾驶情况的发生。

校车司机需熟悉行车路线、接送幼儿站名和时间，准时、中速平稳行车，确保幼儿乘车安全。出车前开窗通风，检查好车况；开车前确定车门已关好，不得让幼儿擅自开启车门；幼儿上车后，对幼儿耐心照顾，维持幼儿乘车秩序；切勿将车停在危险处，车停稳方能开车门，组织幼儿安全上下车。

16

幼儿下车后，校车司机需协助跟车教师清点幼儿人数，查看车内座位及座位下是否有人，做到准确无误。若有家长漏接，应将幼儿带回幼儿园，协助跟车教师将幼儿送至值班教师处办理交接手续。

此外，幼儿园还应做好家长方面的安全管理工作。

家长应严格遵守幼儿园的作息时间，遵守幼儿园的接送制度和请假制度。

家长应配合幼儿园对幼儿进行安全教育。教育幼儿不做危险游戏，不携带贵重、危险物品入园，不给孩子带零食入园；注意幼儿的衣着、用具的安全；教育孩子不要将小颗粒物放入口、鼻、耳内等。

遇到幼儿之间发生矛盾、纠纷，家长应采用正确的方法给予引导、教育或向本班教师反映，不得训斥、恫吓对方幼儿。

幼儿如有传染病及疾病史、药物及食物过敏史或身体不适等特殊情况，一定要如实告知幼儿园保健大夫和班级老师，并保持密切联系。家长若发现孩子患传染病后，应立即与幼儿园联系，以便作好全园的预防工作。若幼儿因病服药，请家长务必按照幼儿园的要求认真填写《幼儿服药记录表》。为了加强家园联系，家长须告知幼儿园自己的详细住址及家庭成员的联系电话等。

(二)幼儿一日生活的安全管理内容

以幼儿为安全管理对象，要发现和清除幼儿园工作中的安全隐患，可按照时间和空间两种线索来梳理，以完善各部门人员相应的工作制度和流程，确保幼儿人身安全。

按照时间线索来梳理，幼儿在园一日生活是从每天入园到离园的这段时间，也可以说是从早晨家长把孩子交到教师手上到下午老师把孩子交给家长这段时间。按照空间线索来梳理，包括幼儿园园舍、户外活动场地、教育教学设施、生活设施，即幼儿园直接与间接使用的所有房屋、场地、用品、用具，以及幼儿园组织的园外活动环境。这些时间和空间内的幼儿园工作即为幼儿园安全管理内容。

幼儿在园一日生活包括入园、教学、游戏、盥洗、进餐、睡眠、离园等各个环节。增强幼儿园一日活动的科学性和合理性，对保障幼儿安全，促进其身心和谐健康发展具有重要意义。

1. 晨检

晨检是幼儿进入幼儿园的第一道安全防线。由保健大夫进行第一次晨检，班级保教人员进行第二次晨检。晨检工作的主要内容包括以下几个方面。

(1)常规检查。

晨检的主要方法是"一摸、二看、三问、四查"，主要目的一是识别幼儿的健康状况，是否患有疾病，督促家长及时带幼儿就医；是否患有传染病（手足口、腮腺炎等），做到早发现、早报告、早隔离、早治疗，既对患儿健康负责，又对园内其他孩子负责；二是发现是否携带不适宜的和危险物品来园，如尖锐物品、贵重物品、易发生呛噎的食品、药品等；三是及时发现幼儿不适宜的着装、装饰，及时纠正。禁止穿着上衣有绳子的衣服、佩戴项链等。如果因为教师对幼儿观察照顾不周，未能及时发现并消除危险因素造成的安全事故，幼儿园应承担主要责任。

（2）对病儿药物的处置。

需要在幼儿园服药的幼儿，应当由家长亲自把药交给保健大夫检查，并做好登记，各班教师不能私自接受幼儿带来的药品。药品应放在幼儿接触不到的地方，由保健大夫指导保教人员给幼儿喂药。

（3）幼儿出勤情况反馈。

保教人员二次晨检检查幼儿出勤情况及其他情况，发现缺勤而未请假的幼儿，应及时与家长联系并查清缺勤原因。

2. 教学活动

教学活动是教师有组织、有计划进行的集体教育活动，为避免教学中出现安全事故，教师应注意以下方面。

第一，学会观察、分辨孩子的安全状态。在教学过程中要细心观察每个孩子的衣着是否安全、精神状态是否正常，发现问题及时处理。如果教师的安全意识淡薄，做事马虎，存在麻痹心理，易造成事故的发生。

第二，维护幼儿的心理健康。老师的教学态度要耐心、细致，有强烈的爱心、责任心。尊重幼儿的个体差异，以赏识激励为主，粗暴的语言和动作易伤害幼儿心理。

第三，做到眼中时时有孩子。保证每个幼儿在老师的视线范围内，当班人员要合理分工，合理站位，防止幼儿离开集体。在交接工作时要随时清点幼儿人数，防止幼儿单独离群活动，尤其对于刚入园的新生。

3. 区角活动、户外活动

幼儿参与区角活动与户外活动兴趣高，活动性强，在安全管理上难度相对较大，教师要多加注意。

区角活动由于场地有限，活动项目多，活动材料的安全性能不同，加之幼儿参与热情高，活动类型多，幼儿自制力差，意外事件时有发生，教师要从环境创设、材料投放、活动管理等方面入手消除安全隐患。要注意活动空间大小适中，各区域人数分配适当，防止过度拥挤；区角之间要有明显界限，避免互相干扰；区角所用的玩具、分割物要安全，不要过高，以防砸伤孩子，所有的区角都要在教师的视线内。活动前后教师要对场地、操作材料进行安全检查，投放材料要卫生，无毒无害，注意大小、数量、是否有棱角，活动中要注意剪刀等危险物品的使用安全，活动后应及时整理游戏材料，将其放置在安全的地方，悬挂好警示标志。

图 1-2　幼儿园区角摆设

图 1-3　幼儿园区角摆设

　　户外活动包括户外游戏、体育课、大型玩具玩耍、自由活动等内容。户外活动因活动范围广，活动量大，幼儿动作幅度大，易有突发事件发生。活动前，教师要对幼儿进行纪律教育，保证有序活动；在幼儿出、进教室或变换活动场地时要及时清点人数，观察幼儿的衣着、鞋带是否妥当，观察幼儿的身体状况是否正常；有序上下楼梯，防止拥挤或不慎摔倒而造成的意外事故；防止地面不平整或有障碍物、尖锐物体等不安全因素而发生摔伤、磕碰事件；防止幼儿相互之间的攻击性行为而造成的伤害。投入的活动器械种类、数量要适度；保证幼儿的活动密度适合其年龄特点；保证幼儿都在教师的视线范围内，能够及时制止危险状况的发生。

4. 盥洗、如厕、饮水

盥洗、如厕和饮水属于生活活动的范畴，多属于分组活动和个别活动，教师在组织时要注意生活活动的安全要求。

第一，幼儿如厕、盥洗和饮水时，教师要分工明确，有序组织，防止拥挤、打闹，提醒幼儿完毕后及时回到活动室。

第二，保持盥洗室、厕所、饮水处地面干燥无水渍，以防幼儿滑倒、摔伤事件发生。

第三，幼儿饮用水的水温控制在 50℃ 左右，以防烫伤。教育幼儿知道多喝水的好处，保证幼儿足够的饮水。

5. 进餐

养成良好的分餐秩序和进餐习惯是保证幼儿进餐安全的前提。

盛饭菜时，幼儿要离开餐桌，添加饭菜时，不能从幼儿头顶举过，要从幼儿前面递过，不要盛得太满，防止幼儿被热菜、热汤烫伤。

就餐时不要让幼儿比速度，要告诉幼儿每口饭菜要适量，不要把嘴巴塞得太满。吃饭时，最好不要说话，说话前要把饭咽下去，要安静进餐，防止因嬉戏、打闹而造成意外事件。

6. 睡眠（午睡、寄宿制夜间睡眠）

睡眠是在安静状态下的生活活动，其中的危险因素具有隐蔽性，教师在安全管理上要高度重视。

第一，建立午睡安全管理制度。值班园长、保健大夫、带班教师要履行职责，午睡前后要清点幼儿人数，有序组织幼儿如厕，防止因拥挤、打闹发生意外。

第二，午睡前要认真检查幼儿的衣物口袋，头颈饰物。午睡时注意观察幼儿是否偷玩小物件，防止异物进入口腔、气管、鼻腔、外耳道引发危险。

第三，教育幼儿不在床上打闹、嬉戏，以防碰伤或摔伤；观察被子是否蒙住幼儿口鼻，以免窒息；随时为幼儿纠正睡姿、盖好被子。

第四，对生病的幼儿要给以特别关照，注意观察幼儿有无异常，如突发高烧、肢体痉挛、呼吸困难等，保证幼儿的午睡安全。

第五，寄宿制幼儿园要加强夜间巡视，谨慎使用蚊香、电热器等物品，注意用火用电安全。防范幼儿在园性侵害。

7. 离园

离园是幼儿在园一日活动的最后一个环节，幼儿情绪比较兴奋，人员流动性较强，教师要高度重视幼儿在离园环节的安全交接。

当班老师要将孩子一一交给其监护人或监护人指定的接送人，如果家长没来接，不能让孩子自行离园。如果代接孩子，应当向幼儿园出示授权委托书，不得将晚接的孩子交与无关人员。

门卫要锁好大门，没有确认是家长带领的孩子，不允许走出大门。在接送孩子的高峰时段，大门口务必多配值班人员，不准陌生人接孩子，尤其在新生入园的焦虑期，要倍加注意。

离异家庭直接抚养孩子的一方应当及时、主动告知幼儿园家庭相关情况，并将接送协议告知幼儿园，不直接抚养孩子的一方如果不是约定的接送人，不要到幼儿园接送或探视孩子。

家长接到孩子后，不要因忙于询问老师孩子在园表现或和熟识的家长聊天，而让幼儿在园内独自玩耍而发生意外事故。

第二章　幼儿园安全培训与绩效管理

当前，幼儿园安全管理作为幼儿教育发展的核心竞争力之一，日益引起人们的重视。幼儿园安全培训与安全绩效作为幼儿园安全管理中不可或缺的两个重要方面，逐步进入了科学化管理的发展轨道，成为加强教职工队伍建设的重要内容之一。通过安全培训管理不断提高教职工的安全素养，加强安全绩效管理激励教职工安全工作的积极性，幼儿园安全培训与安全绩效管理的规范化建设对幼儿园安全管理水平的稳步发展、提高办园水平起着积极的促进作用。

第一节　幼儿园安全培训管理

幼儿园安全培训管理是从幼儿园安全工作实际出发，对幼儿园教职工进行的有目的、有计划、有组织的系统安全培训，以转变教职工安全观念，更新安全知识，提高安全技能，满足日益发展的幼儿园安全工作需要。从管理学角度看，安全培训管理是一项针对幼儿园安全培训的管理体系，幼儿园安全培训管理的重点环节有：安全培训的需求分析、培训计划执行、培训效果评估、培训成果转化、培训档案管理等。安全培训管理的规范化实施，使安全培训不再是一项随意性的工作安排，而是一项科学化、系统化、规范化的管理体系，它通过对以上基本环节的规划、控制及引导，真正发挥出安全培训的作用，促进教职工的安全素养和幼儿园安全管理水平的提高。

一、幼儿园安全培训管理的意义

任何安全问题归根结底都是管理的问题，人的要素始终是安全保证的重要因素。在幼儿园日常工作中，安全工作的新情况新问题层出不穷，安全事故时有发生，其根本原因绝大多数与人的不安全因素相关，与安全管理的水平有关，这说明教职工的安全素养仍需要提高，幼儿园安全培训管理工作急需加强。

幼儿园安全培训管理是幼儿园安全管理体系的重要组成部分，是为提高幼儿园各部门和各类人员的安全素养进行系统化培训的管理活动，是提高人的素质的重要手段，是实施科学化安全管理、实现幼儿园安全管理目标的人力资源保障。

(一)有利于增强教职工的安全素养

安全素养是指具有先进的安全观念，具有规范的安全操作行为和正确的应急防护技能，在工作中能有效掌控人、财、物等的安全的一种专业素养。安全素养是幼儿园教职工的重要素质之一，也是幼儿园对教职工的基本要求。有效的安全培训管理可增强教职工的安全素养，适应不断发展的幼儿教育对安全工作的需要。

(二)有利于教职工树立先进的安全理念

1. 树立人本理念

生命是一切价值的承载体，幼儿园的教育对象是幼儿，幼儿身心发展的特殊性决定了幼儿园保护幼儿的生命健康安全的重要性。人是事故发生的主因，也是确保安全的主力。教职工是一切活动的策划者和组织者，教职工的安全素质影响着幼儿的生命安全和幼儿园安全工作的开展水平，因此，有效的培训管理可帮助教职工形成"以幼儿为本"的安全理念，做好幼儿园一切安全工作。

2. 建立严格的纪律观念

安全工作来不得半点马虎，就像"热炉"法则，即热炉火红，一看就烫；每次必烫，没有下不为例；一摸就烫，毫不含糊；不管是谁，谁碰烫谁，碰哪烫哪。系统的安全培训管理可使教职工以严肃认真的态度保持高度的安全警惕性，明确个人行为的安全要求。严格的纪律观念对保障幼儿园安全工作具有重要作用。

3. 进一步明确责任意识

安全责任意识包括预防意识、细节意识和奉献意识。预防是对意外风险的提前准备，预防意识是对危险因素主动辨识和预测的意识；细节意识则是对幼儿园工作中的每一个细节及可能产生的安全隐患及时关注、预测和清理的意识；奉献意识就是多做一点便多了一份安全保障的意识。有效的安全培训管理可使教职工树立强烈的安全责任意识，提高专业性的安全隐患的观察、预测能力。

(三)有利于提高教职工的安全操作技能

通过对各部门人员进行有针对性的安全操作行为训练，可使教职工进一步熟练安全操作动作要求，在日常工作中规范安全行为，减少意外事故的发生；在意外发生时做到心中有数，沉着应对、措施得力，提高应对危险的能力。

(四)有利于满足教职工自我实现价值的需要

安全培训管理是提高教职工安全素质的最佳途径，它为教职工创造了一个不断学习、积极进取的机会，它所营造的工作氛围能积极鼓励和帮助教职工将培训内容应用到教育教学中，逐步将培训所得内化为自己的能力，使自己承担更大的责任、从事更富有挑战性的工作，从而满足教职工自我实现价值的需要。

(五)有利于保障幼儿的生命健康与安全

幼儿的安全只有通过各部门安全职责的履行才能得以实现，而教职工是幼儿安全的直接管理者，教职工的安全素养成为幼儿生命健康安全保障的关键。通过有效的安全培训管理，使教职工系统掌握幼儿园安全工作的内容、方法和操作技能，不断改进工作，会有效保障幼儿生命健康安全。因此，幼儿教育管理部门和幼儿园管理者应认真履行教育部颁布的《幼儿园教育指导纲要(试行)》和《3—6岁儿童学习与发展指南》等纲领性文件的指示精神，树立为幼儿健康安全负责的思想，全面加强教职工的安全培训管理，切实保障幼儿的生命健康安全。

(六)有利于提高幼儿园安全管理水平，实现园所长足发展

安全培训管理是提高幼儿园安全管理水平的有效途径，是幼儿教育长足发展的要求。调查显示，幼儿教育属于国家非义务教育阶段，公办园与民办园并存，办园水平良莠不齐，幼儿园的安全问题比较突出，全国各类幼儿园安全责任事故屡有发生。提高幼儿园安全管理水平，保障幼儿生命健康安全是实现幼儿教育长足发展的需要，因此，重视幼儿园安全培训，加大管理力度和资金投入，提升幼儿园安全管理水平，为幼儿教育的可持续性发展服务，具有时代紧迫感和现实意义。

二、影响当前幼儿园安全培训管理质量的因素分析

目前，幼儿教育各级管理部门开展的安全培训管理工作仍处于发展的初级阶段，虽然对提高整体安全管理水平起到了一定作用，但在培训管理的目标、培训效果管理、评价机制和培训师资等方面，仍存在一些突出的问题。

(一)培训管理目标不明确，思路不清晰

培训管理是一个复杂的系统工程，绝不仅仅是单纯的授课、听课，它的

核心价值趋向是增强培训效能，提高整体的安全管理水平，促进幼儿园安全管理工作的顺利开展。这就要求培训组织者必须明确安全培训管理的目标，对安全培训管理工作进行统筹安排。

然而，不少幼儿园对安全培训管理的目标没有清晰的定位，应该设置什么样的课程，用什么样的方式进行培训更是缺乏清晰的思路，安全培训属于单项业务培训，无论是管理层还是一般职工的培训，尽管培训的侧重点不同，但与幼儿园整个安全培训管理的总目标是一致的。因此，幼儿园领导要对整个培训管理进行系统安排，做到有目的、有计划、有组织、有落实。培训内容要有明确的针对性和实际的操作性，与实际工作密切结合。培训方案的实施效果要进行考核与分析，对幼儿园整体培训体系要思路清晰、统筹安排，杜绝安全培训的盲目性和随意性。

(二)缺乏长效管理机制

在当前安全培训中，理念转化为行为的成分较少，缺少长效管理机制。根据培训结果跟踪调查发现，有的受训人员对安全问题的重视仅仅停留在培训期内或随后的短时间内，或某个幼儿园出现事故后的整治期内，时间一长，安全意识下降或逐渐消失，又恢复到培训前。有的幼儿教育行政主管部门委托某些营利性机构进行安全培训，培训结束就算完成任务，缺乏培训后管理机制，培训结果没人管也不去管，最终导致安全培训效果大打折扣。因此，要建立长效管理机制，通过有效的监督、考核、档案管理等措施，将安全培训真正落到实处。

(三)缺乏激励机制

幼儿园安全培训管理要建立在"以人为本"的理念之上，以激励教职工主动寻找差距，提高学习的积极性和工作热情。要激励教职工自主性地参与学习，将安全培训与教师的专业化成长结合起来，采取激励性考评机制并纳入幼儿园整体管理的范围。因此，幼儿园安全培训不仅强调培训结果，更着重强调事先的沟通与事后的诊断性评价和激励性评价。强调对安全培训管理目标的沟通，强调培训过程中安全培训效果的分析，培训结束后教职工行为、思想和效果的总结与改进，从而帮助教师认识自己和改进工作，真正达到培训的目的。

(四)师资质量影响培训效果

幼儿园安全培训属于幼儿教育专业性培训，具有独特的行业安全特点。从安全管理的发展史来看，企业安全生产培训起步较早，现有的许多学校安全管理理论多来自现代安全生产理论。相比较中小学教育机构的安全培训，幼儿园安全培训起步更晚，师资力量更为薄弱。我国幼教安全培训机构普遍存在着师资结构不合理，构成较为单一的现状，缺乏一支专业性强、工作经验丰富的专职师资队伍，从而导致了在培训内容上脱离幼儿教育实际，缺乏培训的实用性和针对性，忽视了对受训人员综合素质和解决实际问题能力的培养等问题。有的安全培训方式单一、手段落后，不少培训老师进行灌输式培训，照本宣科，流于形式，面对实际存在的安全问题缺少应对的策略指导，严重影响了培训质量。因此，结合幼儿安全培训实际，加强师资力量建设，成为幼儿教育安全管理部门急需关注的一个问题。

三、幼儿园安全培训管理的目标

幼儿园安全培训管理目标是开展安全培训工作总的指导思想，应依据一定的要求制订出幼儿园安全培训管理的总目标和分目标。

(一)安全培训管理目标制定的依据

1. 幼儿园的现实需要

首先要分析幼儿园安全管理所应解决的问题，然后实事求是地分析幼儿园安全问题的现状，人员素质及管理机制上的漏洞，哪些问题已经解决，还存在哪些没有解决的问题。然后分析问题产生的根源，应采取哪些解决策略，做到心中有数。这是制订安全培训管理目标的直接依据，只有问题明确、分析透彻，目标的制订才会更有针对性。

2. 外部环境因素的制约

要全面考虑社会环境、政策法律环境、幼儿教育主管部门、自然环境等外部条件的要求。如在安全培训内容的选择上，要考虑上级主管部门和政策、法律文件有哪些规定，上级主管部门有哪些要求，地处城镇、乡村、市郊的幼儿园有哪些区别，这些外部环境因素对安全培训管理目标的制定都有很大的制约作用。

3. 内部条件的限制

幼儿园安全管理自身发展的规律、安全培训的内在规律和内部条件所提供的可能性是安全培训管理目标制订的内在依据。强调目标所体现的人的主观愿望要建立在尊重事物发展的客观规律基础之上，要根据幼儿园安全管理的现状、受训人员的素质条件、培训部门的技术条件及以往的培训经验等综合考虑，制订相应的培训管理目标。

(二)安全培训管理目标的制订要求

目标管理的核心在于目标制订得是否科学、合理。当前世界公认的"现代管理学之父"美国彼得·德鲁克提出的"SMART"原则("SMART"是 5 个英文单词首写字母的缩写:Specific,目标必须是明确的、具体的;Measurable,目标必须是可衡量的、测量的;Attainable,目标必须是可以达到的、可接受的;Relevant,目标必须是与岗位目标具有相关性、现实可行的;Time-based,目标必须有明确的截止期限)成为国内外各行业目标制定的黄金法则。根据"SMART"原则,安全培训管理目标的制订具有相应的要求。

1. 明确性

安全培训管理目标要明确,就是要用具体的语言清楚地说明要达成的行为标准。目标明确几乎是所有成功培训管理的一致特点。安全培训管理制定的目标首先要具体明确,在系统化的目标管理下,计划合理,准备充分,落实有力,效果显著。

2. 可衡量性

安全管理目标达成后的结果是可以测量的,即可以进行量化评价或质性评价,使培训考核人有一个清晰的统一标准去衡量培训的结果。例如,消毒液配置的操作比例等。

3. 适度性

培训管理目标的制订应具有一定难度但又是受训人员经过努力可以达到的,避免过高或过低的目标。安全培训对初次参加的受训人员提出的目标要简单,对多次受训的人员要逐步加大难度提高要求。

4. 实用性

目标的实用性是指在现实条件下是否可行、可操作,具有幼儿园不同岗位安全工作的实用性。既要符合幼儿园不同岗位的受训人员安全工作的需要和基础,又要与幼儿园总体安全管理目标相一致。

5. 时限性

安全培训管理目标是有时间限制的,即确定一个时间限制,需要多长时间完成培训任务。例如,针对教师、厨房、门卫等不同部门的安全培训各需要几个课时完成,需要多长时间落实在工作中。

(三)幼儿园安全培训管理的总目标和分目标

幼儿园安全培训管理的总目标是:根据幼儿园安全工作的现实需要,通过一系列有效的安全培训活动,规范幼儿园各岗位人员的安全行为,使其具有先进的安全理念和强烈的责任意识，具备熟练的安全防护技能和应急事件处理能力，以满足幼儿园安全工作发展的需要。

在安全培训总目标的基础上，还要按照时间维度和各部门横向管理维度层层分解，针对现阶段对幼儿园安全管理的突出问题，结合外部需求和内部条件，科学制订安全培训的具体目标，包括长期、中期、近期的阶段性培训目标和某项具体内容的培训目标。目标的制订要具体、明确、实用，便于落实，切实起到"发现问题、开拓思路、转变观念、提高能力"的作用，真正发挥安全培训管理的作用。

四、幼儿园安全培训管理的组织与实施

幼儿园安全培训管理是一项长期、复杂的工作，依据科学的管理理论，幼儿园安全培训管理由制订培训计划、培训方案实施、培训效果评估与信息运用等环节构成系统性的管理体系。

(一)培训计划的制订

安全培训计划的制订通常是在对幼儿园组织、受训人员和培训任务三方面需求分析的基础上进行的。

1. 需求分析

幼儿园组织分析包括以下几个方面。

(1)幼儿园安全培训管理现状分析。

对幼儿园的安全培训管理现状进行分析，包括现阶段安全培训管理的目标及其与安全培训管理总目标的差距、幼儿园安全培训资源(人力、物力、时间、经费)等。进行此分析是为了增强安全培训计划的针对性。

(2)确定安全培训对象。

幼儿园安全培训的对象主要包括幼儿园管理人员、教师、生活教师、后勤人员以及幼儿家长等。对安全管理人员的培训包括园长、副园长及中层管理人员；对教师、生活教师的安全培训包括新入职教师的初级培训和后续各个阶段的培训；对后勤人员的培训主要包括医务室、厨房、会计室、档案室、保管室、维修人员、保洁人员、校车司机、门卫等人员的培训；家长培训。

(3)双边沟通。

安全培训计划在制订之前，需要幼儿园领导和教职工自下而上的沟通，将教职工的需求与幼儿园组织培训内容结合起来。管理者与教职工在双向沟通的前提下，针对当前幼儿园安全培训管理急需解决的突出问题达成共识，

这样可以增强教职工的参与意识，激发教职工参与培训的内趋力，使所制订的安全培训计划更符合实际。

(4)确定安全培训任务。

在全面分析与双边沟通的基础上，确定安全培训任务。明确幼儿园各岗位的设置和每个岗位安全工作的任务和安全要点，把握为了完成这些安全任务教职工需要具备的知识、能力、心理特征及其他相关条件。

2. 培训方案的制订

培训方案是为了实现安全培训的目标而制订的，依据安全培训的总目标和层层制订的具体目标，安全培训方案也相应分成安全培训的总方案，长期、中期、近期的阶段性培训方案及某项具体内容的培训方案。一个好的培训方案包括明确的目标、实效性的课程、合适的内容、适当的方式、良好的师资和设备等。

在培训方案的制订阶段，除了确定整体培训课程外，还包括具体的安全培训课程概要、具体目标的制订和详细的课时教学安排。具体的培训课程概要包括课程项目分类、课程名称、受训岗位人员、课时安排、目的陈述等；具体目标制订是指通过这期安全培训所要达到的状态，如受训岗位人员观念的转变、某种操作技术的掌握等；课时教学安排是指某次安全培训活动的时间、地点、培训设备的准备、培训教师的概况等。

详细的方案是安全培训活动的落脚点和行动指南，它规定了安全培训活动的内容安排、先后次序和其他管理细节，是开展好安全培训活动的抓手。表 2-1 是某幼儿园一份《幼儿园一日活动组织安全》的课时培训方案。

表 2-1 《幼儿园一日生活组织安全》培训方案

培训项目	幼儿一日活动组织安全
培训课程名称	防幼儿走失的措施
培训目标	1. 准确描述预防幼儿走失的四项措施
	2. 能在角色扮演中逐项演示预防幼儿走失的四项措施
受训人员	班级保教人员、门卫
培训时间	2015 年 6 月 20 日，一天
培训地点	幼儿园会议室
培训教师	1. 有多年安全研究和培训经验
	2. 熟悉预防幼儿走失的措施
	3. 熟悉幼儿园一日生活

幼儿园安全管理与教育

培训项目	幼儿一日活动组织安全
培训准备	1. 受训人员经验　无
	2. 教学设备　多媒体
	3. 教师布置　适合活动教学和小组讨论、表演

(二)培训方案的实施

培训方案的实施过程就是严格按照预先设计好的方案开展培训活动的过程。如果培训过程中出了问题，也可以对方案进行必要的调整。

1. 实施关键

(1)突出重点。

岗位专业培训应根据不同岗位人员的工作性质和实际需要，选择相应的内容和不同的侧重点，突出针对性、连贯性、实用性。不要面面俱到，否则不仅起不到培训应有的效果，还可能使受培训者产生逆反心理。例如，教职工对安全责任的认识参差不齐，部分存有侥幸心理，可针对性地加强法制威慑力的培训，使教职工树立"预防为主"的安全意识，培养其安全工作的细节意识和预防意识。

(2)重视心理疏导。

除了对工作流程的培训，应重视对教师进行心理、态度的培训。人的心理因素、生理因素、个性特征等方面对安全工作都有很大的影响，尤其以心理因素的影响最为明显。相关研究表明，易出事故者具有"四高三低"的特征，"四高"即高敏感性、高幻想性、高忧虑性、高度紧张性；"三低"指低稳定性、低有恒性、低自律性。对处于高压期教职工和恋爱期青年教师可通过培训使其明确每个人都要对自己的行为安全负责，尝试运用合理宣泄、自我激励的方法克服消极心理，树立积极的信念。对部分出现职业倦怠的教师可进行心理疏导，运用改变信念的方法引导调整心理认知，平衡内心，激发工作热情。

(3)强化意识，注重能力。

安全培训是为了安全警钟长鸣，时时警醒教职工安全防范的意识。安全无小事，在常态工作中须关注安全细节，清除隐患，克服想当然的麻痹心理。当今安全培训的价值取向逐步转向能力培训，在掌握安全知识的基础上，围绕提高安全操作能力和应急处理能力而展开，通过一系列的训练提升教职工的安全防护技能。

2. 培训方式

(1)主管部门组织的安全培训。

安全培训包括知识本位的培训、能力本位的培训和研修培训三种方式，当前比较成功的安全培训方式应该是研修培训。研修培训是一种知识、能力并重，课程化培训与非课程化培训相结合的综合性培训。从目前我国各地的安全研修培训来看，比较成功的安全研修培训具有三个特点：一是以一个研究专题为核心，组织一系列培训内容，包括专题讲座、专题研讨、专项技能讲解与训练、现场实践与效果等；二是强调安全培训中的四个要素：信息、思路、观念、能力。通过提供大量新的、有效的信息，从不同的角度、层面分析问题的思路，促进教职工观念的更新，通过一系列研讨活动和专项技能训练，增强教职工的安全防护能力；三是将专题研讨定性为行动研究，即在工作中边实践边研究。

(2)园本安全培训。

近年来，除了上级主管部门组织的安全培训外，幼儿园也加大了培训管理力度，园本培训日益发展。园本培训是一种由幼儿园自行策划、自行组织、自行实施、自行考核的教职工安全培训模式，是一种为了解决幼儿园所面临的实际问题，由幼儿园管理者和教职工共同探讨与分析决定，充分挖掘和利用幼儿园的各种资源，满足幼儿园安全实际工作的需要而进行的培训。与通常的园外培训相比，园本培训目标更加明确，培训时间更加灵活，工学矛盾不再突出，安全培训成本大大降低。园本安全培训要求幼儿园管理者对安全培训进行精心的计划与设计、组织与实施及效果的评价与评估。

3. 培训类型

从整体上看，幼儿园安全培训工作的成功与否取决于培训课程体系的整体性、实用性和有效性。安全培训课程按照不同的划分标准可分成不同的类型。按时间划分为定期培训和不定期培训、长期培训和短期培训；按性质划分，安全培训课程体系可以分为岗位培训和常规培训。

(1)岗位培训。

岗位专业培训按照幼儿园安全工作应知应会的要求，通过采取多种培训手段，对各岗位人员的一日工作流程进行规范化培训，使其在工作中养成规范化操作的习惯。

管理人员的培训课程，主要包括安全制度、职责、管理目标、计划、实施、协调、控制等方面内容。主要培养管理人员的宏观调控、目标落实、检查监督、评价激励、意外事件应对等安全管理和防范能力。园长的安全素质决定一所幼儿园安全管理水平的高低,通过安全管理理念的更新,增强管理者的服务意识,简化幼儿园的行政管理,学会安全管理的激励方式,引导教职工学会自主管理促进幼儿园安全管理水平的不断提高。

教师、生活教师的培训课程,主要包括幼儿在园一日生活中的入园、早操、集体活动、户外活动、盥洗、如厕、睡眠、进餐、区角活动、离园等各个环节的安全培训。

后勤人员的培训课程,主要是培养后勤人员对幼儿健康卫生、饮食、防止外来伤害、活动安全、出行安全等的安全培训,以及保护幼儿园财产、信息等的安全培训。

家长的培训课程,通过开办家长学校,举行家长会、创设宣传栏等形式,向家长宣传有关安全方面的法律法规知识、幼儿安全管理的制度和幼儿安全知识,推荐优秀的安全教育书籍,教育家长关注幼儿心理,重视对幼儿的身体训练和安全教育,征求家长对幼儿园安全工作的建议,培养家长的安全意识。

(2)常规培训。

常规培训属于基础性培训,是各部门共有的安全培训,如安全演练培训、急救培训、防火防电应急培训等。

安全演练培训是为了提高教职工的安全意识,让大家进一步了解掌握各类突发事件的处理流程,以及在处理突发事件过程中的协调配合,增强人员在事故中互救、自救意识,明确事故负责人、直接责任人及全体教职工在事故中应尽的职责而进行的虚拟应急训练。在幼儿园进行安全演练培训,可增强教职工在紧急情况下的应变能力,自我防护能力,掌握一定的安全知识,提高应急领导小组的组织能力、指挥能力和应急应变能力。

急救培训是专门针对突发急病或意外伤害的现场急救知识和急救技能学习的一种专业性较强的安全培训。培训的内容主要包括心脏病突发、意识不清、中毒、窒息等突发事件的自救互救知识;外伤出血、骨折、软组织损伤、中暑等常见意外事故的现场急救技能;火灾、交通事故、电击、溺水等灾害的现场急救常识等。突发事件是大家不愿看到但又有可能发生的,在幼儿园进行急救培训,可使教职工树立急救意识,掌握自救、互救的方法,未雨绸缪,挽救更多人的宝贵生命。

4. 培训方法

幼儿园培训只有不断改进培训策略,不断创新培训方法,才能增强培训效果。要充分调动教职工在培训中的积极性,在亲身体验、合作探究的过程中获得安全知识、能力以及情感、态度、价值观等多方面的发展。

接受培训的教职工拥有一定的实践经验、信息和知识，这就需要培训者关注受训人员在已有经验背景下的主动建构，注重引导其升华自身的实践经验。培训目标的多层次性、对象的差异性、内容的复杂性、时间的不确定性，也决定了教师培训方式方法的多样性和灵活性。幼儿园安全培训要做到"培"和"训"相结合，即将安全知识传授与技能训练相结合。还要做到"学"与"练"相结合，即既有安全工作的原理及方法教育，又有安全技能的实际训练。

俗话说，"教学有法，但无定法。"应根据不同培训对象和内容，精心设计和选择培训方法。下面介绍几种常见的安全培训方法。

（1）案例分析法。

案例分析是安全培训的一种实用而有效的方法，具有生动具体、直观易学的特点。它是围绕培训目的，把历史上发生过的事故进行分类整理，对各种事故发生的原因，以及如何防范，发生事故后如何处理等内容对教职工进行针对性培训。案例教学能激发受训人员的学习热情，提高学习兴趣，调动学习的积极性和主动性。

在教学中充分利用一些生动形象的典型案例进行讲解，便于引起受训人员的共鸣，消除学习安全知识理论的枯燥感，便于领会其中蕴含的安全规则，把已有的对安全知识模糊的感性认识上升为理性认识，自觉养成规范的安全行为。

（2）研讨法。

研讨式教学是对"讨论式"和"经验交流式"教学的整合和深化，使教师的主导作用、受训人员的主体地位能够得以充分发挥。这种方法适合有着丰富实践经验的安全受训人员，他们能够对问题进行深入思考，不喜欢照本宣科式的教学。运用研讨式教学法，受训人员成为培训课程活动的主体，是一种可以开发利用的宝贵教学资源。在整个培训过程中他们不仅仅是学习资源的摄取者，同时也是经验的携带者，是学习资源的贡献者。采用研讨式教学，能置教和学于研究探讨的氛围之中，不同经历的受训人员聚集在一起，用开放、互动的方式交流自己的观点，畅谈自己的想法和做法，相互学习，共同提高，在探讨中形成解决问题的有效方法。例如，对于"幼儿心理健康的防护"这一专题，教师们可交流探讨如何控制自己的不良情绪的方法，转移自己的注意力，谈谈自己的做法，相互借鉴。

在安全培训中采用研讨式教学，培训教师和受训人员之间平等对话、互动交流，通过参与、合作、分享、体验，使参与培训的人员获得新的安全知识，形成新的安全理念，产生愉悦自信的体验，充分体现"以人为本，创新培训"的安全培训理念。

（3）操作演示法。

操作演示法是指教师使用一些直观教具或实物进行演示实验，配合谈话或讲解引导受训人员进行系统观察，使其对事物的现象获得感性认识。然后受训人员进行亲手操作，在实际的操作中探索和学习，获得有关安全知识技能的感性经验。它对提高安全知识技能的学习兴趣，减少安全知识学习中的难度有重要作用。在急救、卫生消毒等安全培训中常用到此方法。

（4）查找问题法。

查找问题法是组织教职工排查幼儿园存在的安全隐患并制订策略及时整治的一种方法。在当前的管理理论中，比较著名的是危险预知训练活动"KYT"（KYT，Kiken—危险，Yochi—预知，Training—训练），它起源于日本，是针对生产特点和作业全过程，以危险因素为对象，以作业班组为团队开展的一项安全教育和训练活动。查找问题法是一种群众性的"自主管理"活动，目的是控制作业过程中的危险，预测和预防可能发生的事故。

班组 KYT 的目的：描述作业情况；找出现场隐藏的危险因素和可能引起的现象；组织班组成员一起讨论、协商，确认危险点；制订控制措施，并进行训练，实现标准化、群众性的"自我管理"活动。

危险预知训练开展包括四个步骤。步骤一：掌握现状（1R），重点分析到底哪些是潜在的危险因素，找出哪个地方比较危险，会发生什么事故。步骤二：找出哪种危险是主要的危险因素（2R），在所发现的危险因素中找出 1～5 个主要危险因素，由主持人总结最危险要因。最后表述为"由于……的原因导致发生……的危险"，全部写出后，班组长读两遍，然后跟着成员读两遍。步骤三：制订对策（3R），针对最危险要因每人制订出具体、可实施的对策（提出的对策必须在实践上切实可行，并且不为法规所禁止）并合并成 1～3 项最可行的对策。步骤四：设定工作目标（4R），统一思想，在所有对策中选出最优化的重点安全实施项目设定为小组行动目标，同时为了达成共识、加深印象，主持人带领全体组员以手指口述的方式共同确认小组行动目标。

危险预知训练可用在幼儿园班组安全培训中，也可在实际工作中定期采取此方法，有效排查幼儿园各部门、各班级存在的安全隐患，并制订有效的整改策略，保障幼儿园安全。

（三）培训效果的评估

随着幼儿园安全培训工作的深入，制约培训效果的问题也逐渐暴露出来，有些人员经历过培训后，仍存在安全绩效没有明显得到改进的问题。因此，探讨如何体现培训价值，转化培训成果，让受训后人员积极、主动地将培训中所学到的知识和技能运用到教学工作中去，成为有效性安全培训值得关注的问题。要实现安全培训的长效管理机制，就要重视培训后的反馈检查，加强安全培训后的管理。

1. 培训后管理

培训后管理是企业培训绩效管理的理念与方法，将"安全培训后管理"概念迁移到幼儿园安全培训中，是指在培训结束后，培训管理人员对培训效果进行追踪管理，以促进培训效能和受训人员个人职业发展和成长而进行的一系列的管理活动，旨在达到培训应有的效果，让受训人员将培训所学应用到日常工作中，提高培训的有效性。

安全培训后管理就是要对培训效果进行评估，一般来说，培训效果体现在观念意识、认知、技能和绩效考核四个方面。观念意识是指受训人员的态度、动机等内在的改变，可通过问卷和观察来评价；认知成果可衡量受训人员对知识、操作技术描述、工作程序等的熟悉掌握情况，通过答辩、笔试来测查；技能成果用来评价操作技术以及行为方式的水平，可通过观察和实际操作来评价受训人员的掌握和应用情况；绩效考核属于幼儿园绩效管理的范畴，通过工作表现和安全绩效情况来评价受训人员的培训绩效。

培训绩效的考核不是一个对受训结果的简单评判，而是一个积极促进、不断提高的过程。要求管理者运用诊断性评价和激励性评价，通过与受训人员的交流，引导受训人员发现自我问题与差距，积极主动地投入到以后的培训学习与工作中，这样将培训与评估变成了一个自我激励、不断提高的循环往复的过程。

2. 建立教职工个人安全培训档案

为准确诊断教职工安全培训的情况，在培训过程中对每位教职工的安全培训做一些观察和记录，收集必要的信息，在"证据判断"的基础上，为每名教职工建立培训档案。建立培训档案的意义一是为以后的培训绩效管理提供真实、直观的依据；二是作为改进培训绩效管理的事实依据，可让教职工清楚地看到自己当前培训工作中存在的不足，以利于促进今后的学习改进。

第二节　幼儿园安全绩效管理

随着幼儿教育的发展，幼儿园安全管理已成为幼儿园的核心竞争力，综合反映出幼儿园的发展水平。但在许多幼儿园工作中违规现象和意外事故仍然屡见不鲜，究其根源，仅仅对教职工进行相关的安全教育是远远不够的，加强安全管理的规范化建设，把安全管理纳入幼儿园整体工作绩效管理中来，建立健全安全绩效管理体系变得尤为重要。

一、什么是幼儿园安全绩效管理

幼儿园安全绩效管理是指为了完成幼儿园安全工作管理目标，优化工作流程，不断提高安全工作效率，按照共同制订的安全工作考核指标，对全体教职工的安全工作行为及其行为结果进行诊断性、激励性评价，从而发现问题改进工作的过程。

安全绩效管理将教职工的日常安全工作与幼儿园的安全管理目标紧密联系在一起，通过管理者与教职工持续的、动态的、具有人文关怀的协调与完善，明确教职工的安全工作任务及绩效目标，控制影响安全工作的不良行为，衡量教职工的安全工作成绩，激励教职工不断改进安全工作，圆满完成幼儿园安全工作任务。

幼儿园安全绩效管理是一个复杂的管理系统，具有计划、组织、领导和控制职能。有效的安全绩效管理制度可以约束、激励、指导并充分调动幼儿园教职工安全工作的积极性、创造性，建立良好的安全文化氛围，提高幼儿园办园质量，保障幼儿园的健康发展。

幼儿园安全管理工作的质量如何，最终要通过安全绩效来体现。对幼儿园安全工作绩效如何评估、如何改进成为安全管理工作中备受关注的一个问题。安全绩效管理作为现代幼儿园安全管理工作的一种行之有效的评价方法，日益凸显出在安全管理工作的重要作用。

二、幼儿园安全绩效管理的意义

幼儿园安全绩效管理是对幼儿园各部门和各类人员安全工作实施效果的一种评价机制，是实现幼儿园安全管理目标的重要手段，是幼儿园安全管理体系的重要组成部分，是幼儿园实施科学管理的重要内容及基础性工作。对幼儿园安全管理工作的顺利开展发挥着重要的作用。

(一)有利于实现幼儿园安全管理目标

幼儿园安全管理的目标是幼儿园整体发展规划的一部分，是在全体教职工认同幼儿园远景规划与发展目标的基础上，层层分解落实到幼儿园的管理者、中层管理人员、各部门管理人员的安全工作目标。幼儿园安全绩效管理就是通过一系列完整的绩效考核管理体系，利用激励机制，激发教职工和幼儿园的活力，凝聚教职工士气，是奖励优秀、帮助后进，激发信心，不断提高的过程。

通过安全绩效管理，可以将教职工安全工作目标和幼儿园安全管理的总目标联系起来，通过提高教师个人的安全绩效来提高组织的整体安全管理绩效，从而实现组织目标。有计划、有目的的安全绩效管理有利于各类人员发现安全工作中存在的问题，在不断反思改进中，激励教职工的工作积极性，促进幼儿园安全管理目标的顺利实现。

(二)有利于提高安全管理效能

幼儿园安全绩效管理是科学性、系统性的管理体系，是由绩效目标的确立、绩效机制的建立、绩效考核、信息反馈与运用等一系列环节组成，是一个目标共赢、上下互动的过程；是着眼于每一个人过去、现在和未来发展的安全工作的考察、分析与促进；是对教职工安全工作的总结性、反思性、激励性评价。它将幼儿园安全工作的需求与人的主观能动性相融合，着眼于人的未来潜能的发掘，有利于提高幼儿园安全管理工作的效能。因此，幼儿园安全绩效管理是建立在以人为本的基础之上，更具科学性和有效性，避免了安全管理制度的强制性与形式化。

(三)有利于提高教职工的业务素质

安全绩效管理不仅仅是将教职工在安全工作过程中的缺点暴露出来，同时还要采取激励措施，发挥教职工的主观能动性，找出问题原因，及时改进工作。这样不仅有利于提高教职工的安全意识及安全技能，促进教职工个人和幼儿园的健康发展，更有利于促进教职工的反思性成长，使教职工的专业化素质更为完善。安全绩效管理通过系统的方法来评定教职工在安全工作上的表现，评价教职工安全工作行为对幼儿健康发展的影响，其结果会使教职工清楚地认识到自身的优缺点以及需要改进的地方，指明了教职工在工作时存在哪些安全隐患，应如何更好地提高安全技能，有效识别风险，有效激发教职工的工作热情，改进工作态度，强化安全意识，提高业务知识技能，进一步明确自己工作的目标和安全责任，意识到做好安全工作对自我未来发展的价值。

(四)有利于建立和谐健康的工作环境

完善的安全绩效管理机制是根据幼儿园安全绩效管理制度，以幼儿园安全工作需要为基础，由各岗位人员广泛参与组成的安全绩效管理组织按照既定的管理程序来完成，兼顾教师个人和幼儿园发展需要，将教师的安全工作绩效、专业发展和幼儿园安全管理目标有机整合起来。安全绩效管理用科学化、人性化的方式来衡量、促进教职工的安全工作，体现了民主性、相对客观公正性，加大了评价的透明度，提高了教职工的工作满意度。科学的安全绩效管理机制有利于加强教职工的反思性、自主性管理，不断提高专业知识和技能，建立健康和谐、相互信任的工作环境。

三、影响当前幼儿园安全绩效管理的因素分析

将安全绩效管理的理念引入到幼儿园安全管理中来，将对幼儿园安全管理水平的提高起到积极的促进作用。然而，安全绩效管理在幼儿园安全管理工作中还处于发展的初级阶段，许多因素制约着幼儿园安全绩效的进行。

(一)绩效管理与绩效考核概念模糊

当前，有许多人将绩效考核替代绩效管理，也有的将绩效考核当作绩效管理，或者认为绩效考核是绩效管理中最重要的环节，这些观念都是错误的。幼儿园安全绩效管理包括绩效计划的制订、过程的实施、考核及结果的运用等一系列过程，安全绩效考核只是安全绩效管理过程中的一个工具、一个环节，安全绩效管理具有民主性、客观性、人文性、发展性的特点。它更多的是向教职工传达一种理念，是基于绩效而管理、基于绩效而发展的管理理念。从这个理念出发，幼儿园更应该把安全绩效管理作为一种园所文化发展方向，一切日常教育教学管理都应围绕安全绩效管理来进行。只有教职工真正懂得了安全绩效管理的意义，才会真正回归到幼儿园实施安全绩效管理的初衷，与幼儿园一起做好安全绩效管理。

虽然幼儿园安全绩效考核和绩效管理有许多区别，但我们必须承认，安全绩效考核是幼儿园安全绩效管理不可或缺的一个重要环节，有效的绩效考核有赖于整个绩效管理活动的成功开展，而成功的绩效管理也需要有效的绩效考核来支撑。从管理的角度看，通过安全绩效考核可以为幼儿园的安全绩效管理提供很多基本信息和资料，使绩效管理真正帮助各部门改善管理水平，从而帮助幼儿园获得理想的安全绩效水平，提高幼儿园办园质量。从教职工发展的角度看，通过安全绩效考核来肯定教师过去安全绩效使教师增强自信，同时找出不足及时给予反馈，使教职发现工作中的不足，明确下一步努力的方向和目标，这正是绩效管理所要达到的目的。只有实行系统的安全绩效管理，才能整体促进幼儿园安全管理绩效的提高。

(二)安全绩效管理的目的不明确

实施安全绩效管理的目的不是为了"绩效",也不是为了单纯的奖励和处罚,它的目的不在于考核本身,而是为了在提升安全绩效的同时,提高幼儿园安全管理的质量。绩效管理的作用主要是通过考核,掌握每个教职工的安全工作情况,除了便于作为教职工工资分配、教师资格认定、岗位聘任、职务晋升、培养培训、表彰奖励等工作的重要依据外,更重要的是帮助教职工认识到自己的成功与差距,培养自信,改进不足,推进教职工个体和幼儿园安全工作的有效开展。绩效考核只是绩效管理中的一个环节、一个衡量手段,在绩效管理环节中起到承上启下的作用,一方面以幼儿园安全目标的达成度为标尺,来评判教职工的行为、态度和结果;另一方面根据这些评价结果,对教职工的优缺点、强弱项做出翔实的归纳与总结,为进一步改进与提高幼儿园安全质量提供依据。高绩效不能纯粹靠考核,而是依靠包括绩效考核在内的整个绩效管理系统的有效运行。

(三)忽视了安全绩效管理中教职工与幼儿园利益的一致性

当前有的园所在安全绩效管理的过程中,忽视了安全管理中"以人为本"的管理理念,把考核教职工当作实现幼儿园安全目标的一种手段、工具,认为必须通过"考核"的强制办法乃至惩罚、威胁,才能促使他们完成安全工作,这种做法显然是片面的。绩效管理的人性观是"善"的,教职工是安全工作得以完成的保障,也是实现教职工自身价值目标之所在,只有当幼儿园利益与教职工自身利益趋于一致时,教职工为了实现自身价值,才能在被激励的条件下自觉发挥其积极性、能动性和创造性。

(四)缺乏民主性、主动性的管理机制

幼儿园安全绩效管理是建立在"以人为本"的理念之上,以激励教职工的积极性和工作热情,主动寻找差距,改进工作并最终实现幼儿园整体总目标的一种管理活动。但在现实生活中,许多园所将绩效管理变为强制性的自上而下的绩效考核,或变为单纯性的奖罚机制,教职工对安全绩效管理过程缺乏自主性的参与,导致安全绩效管理流于形式,没能发挥有效作用。因此,安全绩效管理作为幼儿园的一种有效安全管理的工具,能否将幼儿园安全管理目标层层分解到每名教职工的具体工作中,并将其化为教职工自觉性的安全责任变得尤为重要。鉴于此,幼儿园安全绩效考核不仅强调考核结果,更着重强调事先的沟通与事后的诊断、反馈。在每学年、每学期的安全工作开始之前强调对安全管理目标的沟通,强调任务过程中安全信息的分析,任务

结束后教职工行为、思想和效果的总结与改进，从而帮助教师认识和改进自己的不足，真正达到提高绩效的目的。这个循环往复的过程伴随着安全绩效管理的全过程。

四、幼儿园安全绩效管理目标

(一)幼儿园安全绩效管理目标的概念

幼儿园安全绩效管理的目标主要是通过科学、系统的绩效管理策略，诊断、评价前一段时间幼儿园安全管理的现状，考察幼儿园安全绩效管理机制的效度，并运用激励机制不断增强教职工的安全责任，促进教职工安全意识和技能的持续改进，加强教职工队伍的安全素质建设，不断提高安全管理绩效，从而推动幼儿园整体安全工作质量逐步提高。绩效管理目标的核心价值理念是以促进发展为前提的，诊断过去，改进现在，面向未来。

(二)幼儿园安全绩效管理目标的具体内容

1. 与个人利益挂钩

绩效考核环节为甄别每位教职工安全工作效能提供标准，为幼儿园的安全奖罚系统和教职工个人工作考核、晋升评定提供依据。由此建立一种付出与回报之间的条件关系，能够增强每个教职工对安全工作的投入程度，在物质、名誉等利益分配上杜绝平均主义，调动教职工做好安全工作的积极性。

2. 注重教职工自我价值的实现

安全绩效管理不是单纯运用物质、名誉手段奖优罚劣，而是发挥激励机制，调动教职工对安全工作的积极性，鼓励自信，改进不足，满足教职工自我实现的需要，建立健康的工作环境与和谐的园所文化。

3. 强调教职工队伍的安全素质建设和幼儿园安全管理质量

通过安全绩效管理使优秀的教职工脱颖而出，其将会得到各种表彰奖励，如果出现了安全问题，那么安全绩效管理就会运用引导与反馈机制，帮助教职工分析自己存在的缺点与不足，以便于未来业绩的提高。在表彰先进、激励后进中，幼儿园内部就会形成一种无形的竞争，使广大教职工积极投入到安全工作的学习与实践中去，教职工队伍的安全管理素质就会得到不断提高，幼儿园安全管理质量相应得到提升，从而促进幼儿园安全工作的健康发展。

五、幼儿园安全绩效管理的组织与实施

目前，幼儿园安全绩效管理通常只采用比较粗糙的任务性方法，即在一

个学期开学初，将安全工作任务向教职工做布置，或者简单地签署一个安全责任协议，用书面形式自上而下单向下达任务，但是对于任务要完成到什么程度，有何具体要求往往是缺失的。

根据当前关于绩效管理的研究理论，绩效管理的最终目标是通过提高员工的绩效达到改善组织绩效的目的。一般来说，绩效管理包括四个环节：绩效计划、绩效实施、绩效评估、绩效反馈面谈，这四个环节是一个完整、连续的 PDCA 循环过程[PDCA，即 Plan(计划)、Do(执行)、Cheek(检查)、Action(处理)]。绩效计划是指制定目标，达成共识；绩效实施是指观察与记录、沟通与指导；绩效评估是指目标实现程度、找出差距；绩效反馈是指激励员工、制订绩效改进策略。

借鉴这些研究理论，幼儿园安全绩效管理由"制订绩效计划""实施绩效管理""评价绩效考核""运用与反馈绩效信息"等环节构成系统性的管理体系。

(一)安全绩效计划的制订

安全绩效计划的制订是确定幼儿园对教职工的绩效期望并得到教职工认可的过程。安全绩效计划的确定有两个依据：一是幼儿园安全绩效目标以及各部门的绩效目标，二是幼儿园各岗位人员的安全绩效目标。幼儿园的安全绩效目标，只有层层分解到各部门乃至每个教职工，其实现才有保证；同样，每位教职工的安全绩效目标只有在幼儿园这一组织的安全绩效目标的引领下，才能准确定位。高效的幼儿园安全管理，需要有严密的安全任务与职责来保证组织的安全运作，如何保证教职工个体的安全绩效计划与幼儿园的安全绩效目标有良好的契合度，是幼儿园组织管理谋求安全高绩效的重要前提。确定安全绩效计划是管理人员与教职工共同沟通，对教职工的安全工作目标和标准达成一致意见的过程。通过这一过程，将教职工个人目标与幼儿园组织目标结合起来，这也是一个教职工全面参与管理、明确自己职责和任务的过程。管理者与教职工在双向沟通的前提下，用合同签订的方式来认同安全绩效计划，这种书面的承诺对教师与管理者双方都有约束作用，同时也大大增强了双方的责任意识。

1. 安全绩效计划的制订是一种双边行为

安全绩效计划既不能由教职工独立决定，更不能是幼儿园领导或者管理人员以行政方式指定，而应该是一种双边行为，即教职工根据其对受聘岗位的安全职责要求自主提出绩效计划，然后再与幼儿园的领导或者管理人员通过沟通协商就幼儿园安全绩效计划的范围与方向达成共识，这样可以增强教职工的参与意识，激发教职工的工作内趋力，同时所制订的安全绩效计划将更符合实际。

由此来看，制订安全绩效计划时，管理人员和教职工之间的沟通相当重要。在双方沟通过程中，管理人员主要向教职工解释和说明的是：幼儿园的整体安全目标是什么，为了完成这样的整体安全目标，对教职工的期望是什么，教职工的目标绩效是什么；教职工应该向管理人员表达的是：自己对所承担的安全工作目标和如何完成安全工作的认识，自己所存在的对安全工作的疑惑和不理解之处，自己对实施安全工作的计划和打算，在完成工作中有什么样的要求和想法、需要什么帮助等。

2. 安全绩效计划目标的表述应简洁明了

安全绩效计划的目标表述应简洁明了，符合"SMART"目标管理原则。"SMART"是确定关键绩效指标的一个重要原则，即 Specific，指安全绩效考核要切中幼儿园安全工作指标，准确、具体，不能笼统；Measurable，绩效指标是数量化或者行为化的，验证这些绩效指标的数据或者信息是可以获得的，可操作性强；Attainable，指绩效指标在付出努力的情况下可以实现，避免设立过高或过低的目标；Relevant，工作目标具有幼儿园安全工作现实密切相关性，关注安全细节和难点问题的，是可达到且富有挑战性的；Time-based，工作目标明确规定了最后期限和回顾日期，时间上是可控的。绩效目标分为幼儿园目标和教职工个人目标，这样既满足了幼儿园安全工作的发展需要，又为教职工明确了努力的方向。

(二)安全绩效管理的组织与实施

安全绩效管理的组织与实施是幼儿园管理者为了完成安全绩效计划，对教职工的安全工作绩效进行辅导和监督的过程，从中关注教职工的工作情况，了解他们在安全工作方面的各个绩效指标上的表现如何，及时发现问题并予以解决。绩效计划的落实和完成在很大程度上取决于绩效的组织实施，而绩效评估的依据也来自于此，所以绩效的组织实施是一个重要的中间过程，直接影响着安全绩效管理的成败。

1. 安全绩效管理的组织构建

幼儿园为了实施对安全绩效有效管理，成立以幼儿园园长为组长，分管副园长为副组长，教研主任、各班组长和优秀教职工为成员的安全绩效管理工作领导小组，共同负责幼儿园安全绩效的管理。

安全绩效管理能否获得成功，领导是关键。所以领导小组中的园长和副园长不仅要在态度上大力支持安全绩效管理的实施,而且在行动上也要积极推动,促进安全绩效管理不断深入发展。各部门负责人是安全绩效管理实施过程中的中坚力量,对各部门教职工的指导和帮助具有明显的导向作用,可以组织本部门各岗位人员就存在的问题进行沟通或指导。在安全绩效管理实施过程中,领导小组对教职工安全工作进行指导和监督,而教职工向领导小组反映需求和问题,实行层层负责制,以避免互相推诿。

2. 安全绩效管理实施的关键

安全绩效的实施是安全绩效管理最重要的一个过程,绩效计划定得再好,如果落实不到工作中就成为一纸空文。因此,采取有力措施,加大执行力度,将成为有力促进安全绩效管理实施的关键。

(1)贯彻"以人为本"的管理理念。

安全绩效管理实施过程中要贯彻"以人为本"的管理理念,要求管理者与教职工建立良好关系,以平等交流的方式进行面对面的交谈,而不是仅仅作为一个旁观者、监督者和指导者。安全工作是一个不可预测的变化过程,在工作过程中往往会出现事先未曾预料的新情况和新问题,要通过持续的观察与交流,了解教职工安全工作情况,以支持的态度帮助、激励教职工不断改进安全工作的方法和技能。

(2)采取互动式的自主管理过程。

安全绩效的实施不是管理者和评估者单方面的评价,而是与教职工良性互动的指导过程。在互动过程中,管理者要针对教职工反馈的安全问题,通过交流纠正其不安全的行为,并激励教职工及时修正与调整安全工作目标。

一般来说,教职工都希望能及时得到关于自己工作情况的反馈信息,以便不断提高自己的工作能力。通过沟通,教职工可以及时了解自己哪方面干得好、哪方面还有欠缺,因此,这种反馈既是对教职工工作的肯定,也能对其产生极大的激励作用,同时还能使绩效不佳的教职工发现自己的不足之处,以便及时采取改进措施。

互动式的安全绩效管理不是教育过程,而是一个学习过程,一个提升教职工安全知识、行为和技能的过程。教职工应该积极参与到这项工作中来,主动对自己的行为提出诊断并付诸实施,通过积极主动的自主式管理,不断提高安全绩效。

(3)建立教职工个人安全绩效档案。

公平的绩效评估要建立在"证据判断"的基础上,这就要求管理者在绩效实施的过程中对每位教职工的安全工作做一些观察和记录,收集必要的信息。

作为安全绩效管理的一项重要内容，必须为每名教职工建立绩效档案，记录他们的工作表现，好的表现，不好的方面，都记录下来。建立绩效档案的意义就是为以后的绩效考核提供最真实、最直观的依据。

(三)安全绩效考核

安全绩效考核作为安全绩效管理的一个重要环节，是管理人员依据与教职工预先共同制订好的绩效计划，对教职工绩效计划的实际完成情况进行考评，达到改善教职工绩效、促进组织和教职工共同发展的目的。进行安全绩效考核首先要构建一个科学合理的安全绩效考核体系，包括设立绩效考核指标体系、绩效考核评估、运用及反馈。

1. 安全绩效考核的原则

幼儿园安全绩效管理以其完善的体系、科学的流程、持续改进的良性循环成为当前提高幼儿园安全管理效能的有力措施。可以说，安全绩效管理是所有管理的根基。对管理者来说，遵循哪些原则进行考核成为问题的关键，为了实施公正、合理、有效的考核，评价时应遵循以下原则。

(1)自我评价原则。

自我评价主要指教职工对照评价标准，对自己的工作表现、进步和努力状况进行全面的分析，是一次自我反思、自我教育和自我成长的过程。哈里斯和希尔指出："只有教师本人对自己的教学实践具有最广泛、最深入的了解，并通过内省和实际的教学经验，教师才能对自己的表现形式作一个有效的评价。"实施教职工自我评价，是教职工对自己的工作过程或结果的反思，它有利于发挥教职工各自的长处，弥补自己的不足，鼓励和激发教职工完成绩效计划。

(2)过程性评价原则。

过程性评价主要是对教职工在日常工作中安全意识和能力的评估，侧重工作实践各环节中的表现情况。如管理者进行现场调查、实地跟踪等都是很好的过程性评价方式。通过过程性评价可以深入了解和观察教职工在安全意识与能力方面的转变过程，尽可能保证评价的客观性。

(3)激励发展原则。

对教职工的安全绩效考核应着眼于教职工的发展和激励，促进教职工专业发展。因此，要应用好绩效考核结果，以肯定、积极的方式引导教职工在日常工作实践中逐渐提高安全保障能力。

2. 安全绩效考核的过程

(1)绩效考核指标体系的建立。

安全绩效考核是指考核者运用一定的形式、方法检查与评定被评价对象在安全意识与态度、知识的掌握和技能运用方面的水平状况。而绩效考核指标则是指绩效考核的维度，也就是说要从哪些方面来对教职工的安全绩效进行考核，即考核内容。根据考核所要达到的目的，提出若干内容，每一个内容的考察结果都要能全面、真实地反映教职工的实际水平和真实情况，这些内容即为安全考核指标。幼儿园各部门都应具有相应的安全考核内容。

指标体系确立之后，还需要设定评价标准，作为分析和考察教职工安全工作的尺度。一般来说，指标指的是从哪些方面衡量或评价工作，解决"评价什么"的问题，如伙房评价的是幼儿食品安全，医务室评价的是幼儿卫生保健等方面，财务室、保管室评价的是财、物的安全，各班保教人员评价的是幼儿安全保护的内容，门卫考评的是出入的人、物的安全等；而标准指的是在各个指标上分别应该达到什么样的水平，解决"被评价者怎样做、做多少"的问题。绩效标准明确了各岗位教职工的工作要求，教职工应当怎样做或者做到什么样的程度。绩效标准的确定，有助于保证绩效考核的明确性与具体性、客观性与公正性，否则就无法确定教职工的安全绩效到底是好还是不好。绩效考核指标体系中的每一个指标都应建立相应的考核标准。表2-2是以教师为例制定的安全绩效考核的指标体系。

表2-2　幼儿园教师安全绩效考核指标体系

一级指标 (100)	二级指标 (100)	三级指标	分值(100)		
			好	中	差
态度 (5分)	思想意识(2)	能认识到幼儿安全的重要性，依法执教	1	0.5	0
		具有保护幼儿安全的思想意识，能预测隐患，并及时整改或上报	1	0.5	0
	合作(1)	能与本部门人员合作保护幼儿安全	1	0.5	0
	计划总结(2)	制订个人安全工作计划、总结	2	1.5	0
学习培训 (5分)	培训(3)	参加各级部门组织的安全培训	3	2	1
	测查(2)	培训测查合格，并落实在工作中	2	1.5	1

一级指标 (100)	二级指标 (100)	三级指标	分值（100）		
			好	中	差
安全 事故 （50分）	重大事故(40)	有无骨折、烫伤、缝针、死亡	30	5	0
		若发生立即上报，能说明事故过程	5	4	0
		事后打电话询问伤情或登门看望	5	4	0
	一般事故(10)	无磕伤起包、破皮、轻微出血、咬伤	4	3	2
		及时到医务室处理，能说明事故过程	3	3	2
		事后打电话询问伤情	3	3	0
教学 活动 （10分）	流程(4)	按安全工作流程规范操作，不擅自离岗，一日活动组织站位准确	4	3	2
	幼儿(2)	所有幼儿随时保持在视线内	2	1.5	1
	记录(2)	做好每日安全记录	2	1.5	1
	班级常规(2)	具有良好的班级安全常规	2	1.5	1
安全 环境 （5分）	安全标志(2)	在班级危险地方张贴安全标志	2	1.5	1
	危险物品(3)	活动室内危险物品如剪刀、暖瓶等放置在安全地方	3	2	1
心理 健康 （10分）	正面教育(5)	不体罚和变相体罚幼儿	5	3	2
	沟通方式(5)	亲和力强，与幼儿平等交流	5	3	2
卫生 保健 （5分）	按规定给幼儿服药(3)	认真记录服药幼儿姓名、药名、药量	3	2	1
	食品安全(2)	不带零食来园，不吃过期食品	2	1.5	1
财产 管理 （5分）	教玩具、图书、桌椅、幼儿衣物等(2)	保护好班级教玩具、图书、桌椅等，按规定清点记录，关好门窗	2	1.5	1
	电器(3)	爱护计算机、饮水机、空调等，节约水电	3	2	1

一级指标 (100)	二级指标 (100)	三级指标	分值(100)		
			好	中	差
消防 安全 (5分)	防火防电(3)	注意用电安全，预防火灾	3	2	1
	操作规范(2)	按规定操作，使用完毕及时关闭电源	2	1.5	1
100分	100分				
备注	优秀90~100分	良好75~89分	差74分以下		

(2)绩效考核评估。

安全绩效考核评估由考核主体来完成。由谁来考核，传统的教师考核都是上级对下级的考核，而这种单纯的上级对下级的反馈往往不够全面，许多教师无法获得关于个人绩效的全面反馈，所以很难形成对自己的准确认知。公平客观的绩效评估是教职工认可绩效管理的关键。因此，除了要设计一个科学合理的考核指标体系外，公平客观的绩效评估还必须在一个民主、公开、公平下的环境中开展，这样不仅能调动教职工的积极性，也提高了评估过程的透明度。因此，要建立一个有效的评价监督机制，提倡评价主体多元化，包括同事、部门负责人、领导，采用自评与他评相结合的方式；评价方式多样化，定量与定性相结合；评价过程应以系统而客观的方式进行等，这些评估方法有利于实现安全绩效考核的公平、公正性。

①自主评价。自主评价是教职工通过自我认识进行自我分析和自我诊断，从而达到自我提高的过程。安全绩效考核首先由教职工按照自己制订的安全绩效目标要求对自己在一段时间的安全工作绩效进行量化。自我评价作为安全绩效考核信息的来源是很有价值的，教职工本人最有机会对自己的安全行为进行观察，认识自己的能力缺陷以及工作中存在的问题。当然，自我评价易导致教师夸大自己的正向绩效，而把自己不良的绩效归咎于外部因素。

②小组评价。为保障评价的客观性，在进行自主评价的同时还要组织小组评价。通常情况下，安全绩效考核小组成员由幼儿园各级人员组成。其中领导者从宏观上对教职工的安全绩效做出准确评价；各部门负责人和同事也因为熟悉被考核者工作情况有利于对被评价者做出客观性、准确性的评定。但是，同事之间的人际交往关系会造成绩效评价的偏差。

用自主评价和小组评价相结合的安全绩效评价方法，将来自领导、同事的反馈信息和教职工自我评价的信息组织在一起，就会形成一个关于其本人

第二章 幼儿园安全培训与绩效管理

的优点和缺点的更为现实的全面反映。

(3)绩效考核结果的使用与反馈。

①明确责任与奖罚。没有对绩效考核结果的使用，教师绩效考核活动的效果就会失去意义。管理的基本原理表明，人的工作绩效是他的能力和激励水平(即积极性高低)的乘积，因此，我们可以通过建立激励机制来激发教职工的积极性，有意识、主动地把安全工作做到位。

要根据绩效考核的结果落实责任追究制，使教职工明确安全责任的重要。对造成安全行为偏差或事故的直接责任人、主要责任人、直接领导责任人或主要领导责任人赏罚分明，追究责任。

与安全工作绩效挂钩的奖励能对绩效产生激励作用。因此，根据绩效考核结果进行物质、精神奖励将有效提高教职工做好安全工作的积极性，提高安全绩效。例如，一方面，设立安全奖及相应的物质奖罚制度；另一方面，与评优挂钩，采取意外事故一票否决制。

②诊断与改进。从考核结果中，我们可以看出一些符合期望的行为和不符合期望的行为发生。因此，为了使以后的绩效计划和目标更加符合幼儿园安全管理的发展目标，我们可以运用考核结果来改进以后的安全工作。

第一，绩效诊断。这项工作离不开对教职工绩效评估结果的分析，从中找出绩效不高的领域，查明绩效不佳的原因。可以从幼儿园内部与外部两个角度考虑，外部环境包括政治、经济、技术、文化、社会环境因素等；内部环境也涉及组织系统、绩效体系与教职工个体方面的原因。绩效诊断关注的是教职工个体因素，这是影响绩效改善的核心因素，个体因素可以从工作态度、安全意识、安全知识技能、教育价值观念四方面分析原因。

第二，绩效的改进。完全可以把这个环节视为下一轮绩效计划的起始点。首先，要确定个体绩效的改进点。即通过面谈等绩效诊断过程，管理者和教职工都会找到需要改进的地方，将工作需要和尊重教职工的意愿相结合，根据实际情况确定一个或几个改进点。在明确了绩效改进点后，通过和教职工交流，制订绩效改进的方案或者计划，与新的绩效计划的制订融为一体。其次，确定普遍存在的改进点，如果是普遍存在的问题就要组织有计划的专项学习培训，促进职工的专业发展。再次，如果是安全管理的问题，就要改进管理办法，采取有效措施，使幼儿园的整体安全绩效不断提升。

第三章 幼儿园安全事故防范

幼儿安全是幼儿园工作的第一要务，保证幼儿健康、平安地度过幼儿园生活是每位教育工作者的希望。然而由于种种原因，幼儿园安全事故依然存在于幼儿身边。明确幼儿园安全事故的类型及产生原因，掌握安全事故的预防和处理方法，是每位幼儿教育工作者应该具备的基本安全常识。

第一节 幼儿园安全事故概述

幼儿园安全事故是指入园幼儿在幼儿园期间和幼儿离园集体活动而处于幼儿园管理范围内所发生的人身伤害事故。它主要是幼儿在幼儿园中发生的人身伤害，也包括虽不在园内，但属于幼儿园组织的活动（如郊游等）中发生的人身伤害。[①] 在日常生活中，出现了幼儿安全事故后，就幼儿园、幼儿家长和肇事者之间各应承担哪些责任，困扰着幼儿园园长。因此，了解幼儿园事故处理的法制责任问题就显得十分必要。

一、幼儿园安全事故的类型

幼儿园安全事故很多，按照不同的划分标准可以划分为不同的事故类型。

（一）按照伤害源划分

不同的伤害事故源于不同的伤害源。按照伤害源的不同，可将幼儿园安全事故划分为以下五种类型。

第一种，自然灾害。在突发的地震、火灾、洪水等自然灾难中，幼儿发生的人身伤害事故。

第二种，事故灾难。因教学环境、教师失职等方面引起的事故。如大型玩具（滑梯、秋千、海洋球等）年久失修，幼儿园园舍、走廊、楼道等出现的安全隐患；因幼儿园管理制度漏洞造成幼儿被他人接走，体罚或变相体罚幼儿等引起的幼儿安全事故。

---

① 贺佳. 当前社会背景下幼儿园伤害事故预防机制探究. 成都：四川师范大学. 2012.

第三种，卫生疾病。因幼儿园卫生制度漏洞，造成园内传染性疾病，如水痘、手足口等爆发的安全事故。

第四种，社会安全。外来人员入侵，溜进幼儿园造成的幼儿安全事故。

第五种，幼儿自身。幼儿活动或玩乐过程中因很难对自己的行为进行有效控制而容易用力过猛，出现同伴之间的碰撞等伤害事故。这种情况一般是意外事故引起，即使教师在场，幼儿的伤害也是很难避免的。

(二)按伤害程度划分

按照幼儿受伤害的轻重程度，幼儿园发生的伤害事故可以分为以下三种。

1. 一般事故

一般事故通常是指由于幼儿缺乏自我保护能力或因客观因素和条件所限等原因而发生的轻微伤害事故，如摔伤、擦伤、划伤、脱臼等。这类事故的发生如果不是因保教人员的责任不到位造成的，当班的保教人员不必承担安全责任。

2. 责任事故

责任事故通常是指由于保教人员责任心不强，擅自离岗、不执行安全制度而发生的对幼儿造成严重伤害的事故，如错服药、食物中毒、走失等。发生这类事故，幼儿园要按照安全制度的相关规定在安全绩效管理中本着以人为本的原则对当事人采取适当的惩罚措施。

3. 重大责任事故

重大责任事故通常是指导致幼儿死亡、残疾、重要组织器官损伤或增加幼儿严重痛苦的、性质异常严重的责任事故。发生这类责任事故，相关责任人要按照法律规定承担法律责任。

二、幼儿园安全事故原因分析

幼儿园的安全事故不仅对幼儿自身，而且对家庭和幼儿园都会造成不良影响和危害，怎样切实保障幼儿的安全，建立科学有效的预防机制，为幼儿营造健康、安全的幼儿园环境，首先应该深入分析一下幼儿园安全事故的成因。

(一)幼儿方面

1. 幼儿疾病

―――――★案例 3-1　幼儿疾病导致的安全事故――――――

某幼儿园幼儿患有先天性癫痫病，但该幼儿入园时，家长并没有把这一情况告诉幼儿园。一天早上其母将孩子送入幼儿园内，告诉老师孩子昨晚发烧。老师劝其带孩子看病，但其母说孩子烧已退。早饭后户外活动时，教师让该幼儿在活动室休息时突然犯病，教师及时将其送往医院，同时电话告知幼儿母亲。然而，母亲看到幼儿情况有所好转，并未按医生吩咐让幼儿留院治疗。第二天幼儿在家中癫痫病发死亡。

从案例中可以看出，幼儿园的安全事故来自幼儿自身的安全问题，这类事故极易发生。幼儿本身的疾病(如心脏病、癫痫等)在教师不知情的情况下，没有采取有效的预防措施和救治，有可能会导致极严重的后果。因此，教师首先要与家长沟通，了解清楚幼儿的身体状况，要求家长不能隐瞒幼儿过敏、哮喘、癫痫等疾病，如果旧病复发，家长要承担相应的责任。同时，教师也要在日常生活中随时观察幼儿的身体状况，对体弱或有异常表现的幼儿及时关注，掌握一般的急救常识，能在危机发生的第一时间抢救幼儿。如果幼儿园尽到了相关责任(案例 1 中幼儿园尊重了家长的知情权，第一时间通知了家长并及时送孩子就医)，根据无过错原则，幼儿园将在此安全事故中免责。

2. 幼儿活动中受伤

―――――★案例 3-2　幼儿活动导致的安全事故――――――

下午临近放学时，小鹏的妈妈接到幼儿园打来的电话，说小鹏在幼儿园跌倒，她赶紧骑车前往。带班老师讲述了事故发生的经过：做游戏时小鹏被另一个小朋友撞了一下跌倒了，当时老师误认为他跌倒起不来是扭到脚，但当拉他起来时却发现小鹏满身大汗，已不会说话，遂送入附近医院就医。经医生诊断，小鹏与同伴相撞倒地时脑部正好撞在坚硬的水泥板上，造成重度颅脑外伤，出现颅内血肿、脑疝症状，伤情十分严重。

对于幼儿来说，安全意识和自控能力比较缺乏，在游戏过程中很难对自己的行为进行控制。与此同时，幼儿自我意识比较强，在与其他幼儿交往的过程中，容易出现打闹、争抢玩具等行为，很多意想不到的情况会随时发生。案例中孩子打闹造成重度颅脑外伤，类似的案例在幼儿园经常出现，作为教师在组织幼儿游戏的过程中，应加强环境建设和安全活动管理，避免相关事故出现。

(二)幼儿园方面

1. 幼儿园校车责任

★案例 3-3 校车交通事故

2014 年 11 月 19 日上午，山东省蓬莱市发生一起重大道路交通事故，造成 11 名幼儿园幼儿和 1 名司机遇难。经调查，事故中伤亡幼儿属蓬莱市某民办幼儿园，该园共 104 名幼儿，教职工 5 人。所乘面包车未取得校车使用许可和道路运输经营许可，由园长和车主通过口头协议雇用，用于接送幼儿上下学。面包车核载 8 人，事故发生时实载 15 人，超载 87.5%。

★案例 3-4 校车责任事故

某私立幼儿园由于园长的疏忽将两岁零九个月大的小夏遗忘在接送孩子的校车上长达 5 个小时之久。由于校车一直搁置在太阳下曝晒，使得小夏活活被闷死在校车里。事故发生后幼儿园被取缔，园长受到法律制裁，小夏的家人也获得了赔偿。从园长泪流满面的叙述中，我们感受到了她的内疚与自责。整个事件很简单，如果幼儿园老师细心一些，园长负责一些，这样的惨剧是完全可以避免的。

★案例 3-5 校车超载事故

某幼儿园业主将面包车改装成校车并自当司机接送幼儿上下学。核载 7 人的车辆实载 17 人，因超载引发侧翻事故导致 11 名幼儿死亡、4 名幼儿受伤。后经调查，这家幼儿园是一家未经审批的农村"黑"幼儿园，接送幼儿的是"黑"车、"黑"司机。对这次事故，当地政府进行了严肃的追责处理，并且幼儿园业主被刑拘。

日益发展的交通网络的确给人们的出行带来了很多方便，但交通事故引发的意外伤害也呈上升趋势，其后果严重，损失惊人。据报道，在意外事故中，交通事故占首位，占意外死亡总数的 50% 以上。① 当前很多幼儿园用校车接送幼儿，案例中的三起校车事故只是近几年校车事故的缩影。总体来说，校车事故主要包含以下几种情况：第一，驾驶者因素导致的交通事故。例如，校车驾驶人在驾车的过程中超速、酒驾，驾驶员交通意识淡薄、无证驾驶等。第二，幼儿园对校车接送缺乏安全管理，在车辆的选择上没有安全要求，超载或在幼儿上下车的过程中缺乏严格的接送制度等。

2. 幼儿园建筑设施疏漏

★案例 3-6　寝室设施安全事故

一天午睡时，不满 6 岁的幼儿刘某从幼儿园寝室的高低床上铺摔到地板上。经当地公安机关的法医鉴定，刘某右锁骨骨折、头部受伤并出现阵发性失明、失听、抽搐、记忆力下降、反应迟钝等症状。刘某的家长因与幼儿园就赔偿问题协商不成，一纸诉状将幼儿园告上法庭，要求幼儿园承担赔偿责任。

★案例 3-7　房屋倒塌事故

2003 年河南省巩义市某村一非法家庭幼儿园因房屋倒塌造成 7 名幼儿死亡，3 人受伤。同年，河南省洛阳市某村一家私人幼儿园因煤气泄漏造成 1 名幼儿中毒身亡。2004 年河南省济源市某村村民非法开办的幼儿园发生房屋倒塌事故，导致 2 名幼儿死亡，28 名幼儿受伤。

---

① 世界卫生组织编. 世界卫生组织概况. 北京：人民卫生出版社. 1998：18-24.

我国在 1987 年颁布的《城乡建设环境保护部、国家教育委员会托儿所、幼儿园建筑设计规划》中曾对幼儿园的建筑构造、面积大小等做出明确规定，但是综观当前很多幼儿园仍然存在大量的安全隐患，出现设备不完善、基础设施不合格等状况。案例中的安全事故都是因为建筑物不合格、设备不安全导致的，如幼儿园的滑梯、攀登架、跷跷板等玩具年久失修，一旦发生危险，后果不堪设想，① 但其实这些原因都是可以通过有关部门的检查、园所自身排查来避免的。幼儿园要对陈旧的设备定期检查，在楼道、走廊、盥洗室等容易出现危险的地方设置警示标志，严格按照相关的规定购买幼儿桌椅、床等设施，为幼儿营造安全的活动空间。

3. 幼儿园园外活动组织不善

★案例 3-8　园外活动安全事故

某市一娱乐公司与市体育场的后勤服务公司联合利用体育场的大门口空地设置大型充气玩具，开展经营性的娱乐活动。为吸引游客，请电视台为他们做宣传广告并邀请某幼儿园的部分幼儿参与拍摄。幼儿园园长明确提出，拍摄工作必须保证幼儿安全。对方承诺安全由他们负责。每件大型玩具由一位工作人员维护安全。园长仔细看过后认为有几件玩具只有一人看护是不够的，遂让随同前来的几位老师也参加孩子的保护工作。在拍摄从高处的充气房间跳向下面的一匹充气马时，一位女孩跳到马背上弹了下来，正砸在附近一名男孩身上。男孩的胳膊疼得抬不起来。诊断结果是骨折。游乐场承担了医药费和车费。后来，当家长提出承担后遗症的责任时，游乐场要求幼儿园也承担一定的费用。

幼儿相对于成人而言总是处于弱势地位，他们的心智、体魄和阅历都远远落后于成人。同时社会环境包含了更多的不可控性。因此，对于幼儿来说，幼儿园的园外活动本身就隐含了更多的危险。在《中华人民共和国未成年人保护法》中曾明确规定："学校和幼儿园安排未成年学生和儿童参加集会、文化娱乐、社会实践等集体活动，应当有利于未成年人的健康成长，防止发生人

---

① 贺佳. 当前社会背景下幼儿园伤害事故预防机制探究. 成都：四川师范大学. 2012.

身安全事故。"对于幼儿来说，来到陌生的场所、新的环境时情绪是容易兴奋的，如果幼儿园在活动组织上不严密，教师思想上不严谨，很容易出现安全事故。案例中的幼儿园园长已经为园外活动做了很多布置，但仍然发生了男孩骨折的事件。

4. 幼儿园管理不到位

★案例 3-9　幼儿园安全管理事故

2013 年 12 月 3 日下午，心怡妈妈像往常一样在 5 点左右到幼儿园接女儿，却被告知孩子已被领走。心急如焚的妈妈立即打电话报警。原来心怡在幼儿园放学期间被陌生人冒领，遭受摧残后被抛弃在马路边。后来身心受重创的心怡长期处在惊恐之中，经常在梦中尖叫。心怡的父母认为自己女儿的不幸伤害是由幼儿园失职所致，遂以幼儿园管理疏忽为由提起诉讼，将该幼儿园告到法院。

一方面，幼儿教育是基础教育的重要组成部分，但由于不涉及教学事务，常被只抓教学的上级部门所忽视。有些领导没有树立"安全第一"的意识，在开办幼儿园的过程中，将盈利放到工作的首位，各项幼儿园的管理制度不健全，甚至只是摆设，没有落实，不能很好地排查安全隐患，管理松懈。另一方面，大多数幼儿园较为普遍的制定了门卫安全制度、食品安全制度、幼儿接送制度等相关的安全规章制度，但是制度本身存在很多漏洞，没有责任到岗、责任到人，缺少岗位标准化流程，同时管理中执行监督不到位，缺少责任追究制度；相关的幼儿园伤害事故预防制度和应急预案相对缺乏，导致了安全事件的发生。案例中的心怡由于幼儿园接送制度的不完善被陌生人冒领，身心都受到了伤害，对幼儿的一生可能都会造成难以弥补的伤害。幼儿园完善的管理，严格地检查对于在园的每一名幼儿都是至关重要的。

5. 幼儿教师失职

★案例 3-10　幼儿接送事故

1996 年 12 月 9 日上午 11 时许，重庆市某家长因事务繁忙脱不开身叫弟

55

弟帮忙接孩子，结果到了幼儿园却不见小外甥的身影。经询问得知，老师将孩子送到公路十字路口后就不管了……

★案例 3-11　教师恶意惩罚

2009 年，云南省某幼儿园 20 岁刚出头的王老师用买来的注射器戳不听话的孩子，戳的部位分散在头、手、腰、屁股上。20 多位家长后来在自家孩子身上都找到了红色细小的针孔。县卫生局和疾控中心为被扎的孩子组织了体验，主要检测 HIV（艾滋病）、乙肝和丙肝，给孩子体检的 50 多岁老医生看到孩子们身上的针孔哭了出来。事发后当事老师被警方以涉嫌"以危险方法危害公共安全罪"刑拘。

幼儿园教师如果安全意识淡薄，事业心不强，责任心差，做事马虎，对保护幼儿安全的重要性认识不足，同时又存在麻痹思想，那么就会造成类似案例中发生的事故。作为幼教工作者，如果工作中总出现失职失责的情况，势必会对幼儿的身体，甚至心理造成严重的创伤，导致幼儿过度惊恐。在《幼儿园管理条例》中，对教师的安全工作职责、保育员安全工作职责、幼儿接送制度、幼儿园卫生保健制度等都做出了明确规定，但在实际的工作中，依然存在教师专业素质低、职业道德有待提高的问题，因教师失职造成了很多不可挽回的后果。

6. 外来侵害

★案例 3-12　外来侵害事故

2004 年 9 月 11 日，苏州没有通过批准的"小剑桥幼儿园"28 名儿童被一行凶者砍伤。看到孩子被砍的 3 个老师都吓傻了，在行凶者把坐在桌子外端年龄较小的孩子都砍了一遍之后，他们才想到把坐在里面较大的孩子都叫到楼上，结果凶手立马跟了上去。孩子们身心受重创。据当地媒体报道，这 3 名老师，一个是园长的妻子，另外两个是雇来的，都没有经过安全培训。

外来侵害事故近几年在幼儿园发生率较高，而且类似的事件伤害面比较大。有的幼儿园门卫管理不严格，接送制度不健全导致外人很容易进入幼儿园内，这就为幼儿的人身安全埋下隐患。案例中，行凶者进入幼儿园，对幼儿的生命安全造成了难以挽回的影响，同时幼儿园教职员工的安全也受到威胁。

为了避免类似事件的发生，幼儿园一方面要建立健全门卫管理制度，保卫人员必须经过专门的技能训练，配备相关的防卫器械，严格执行门卫要求；另一方面，幼儿园也要实行接送卡制度，教师要熟悉每一名幼儿的接送人，对非固定接送幼儿的接送者必须联系幼儿家长，确定接送人的身份，安全地将幼儿送到父母身边。

7. 教职工恶意行为

★案例3-13　教职工恶意伤害幼儿事故

王某到职介所登记找幼教工作。经名为红蜻蜓的幼儿园面试，王某顺利成为该园的保育员。5月28日下午，上班第二天的王某午休后正在叠被子，一个3岁的小女孩找到她要上厕所。见四下无人，园内后门大开，王某借口"阿姨带你出去玩"将女孩儿哄骗出幼儿园带到其暂住地。28日晚，王某连夜写好敲诈信称其为黑帮成员，因老大坐牢急需5万元救人，恐吓幼儿园在2日内将5万元打入指定账号。若报警或不从，后果自负……

★案例3-14　教职工过失伤害幼儿事故

2014年3月12日曝光西安某幼儿园私自给幼儿服用病毒灵事件，有证据显示，园方购入5万多片处方药，喂服5年（从2009年开始，之后的不同年份，曾分别有在2月、3月、4月、5月、8月、11月发放或服用病毒灵的记录），目前，枫韵、鸿基新城两所幼儿园的法人代表孙某、赵某以及保健医生黄某因涉嫌非法行医罪被刑拘。

教职工恶意伤害幼儿和严重过失伤害幼儿的行为也是导致幼儿出现安全事故的原因之一。加强教职工的职业道德修养是避免此类事故发生的根本。案例3-14中的西安某幼儿园私自给幼儿服药，严重违反了相关法律，应该受到法律的制裁。与此同时，案例3-13中的王某利用职务之便绑架幼儿，严重违反了职业道德，因此幼儿园在招聘员工时应该重点对员工的职业道德、身心健康进行考察。

(三)社会方面

1. 幼儿入园人数增加

公办幼儿园"入园难、入园贵"已成为当前我国幼儿园的普遍趋势，很多幼儿园为了追求利益扩大班额，原本每班不超过 35 名幼儿的班级可以收到 50 名，甚至 60 名。大班额势必给带班老师增加很大的负担，一名园长曾经很无奈地说过这样的话："前几年，每个班级大约有 30 个孩子，现在小高峰一来，每个班至少 50 个孩子，但是教师还是这些教师，教育局不给新的教师编制，2 个老师要管 50 个孩子，每天要给他们上课、做教具、维持班级纪律、吃饭、小便、大便、睡觉、吃点心……吃喝拉撒都要管，小孩子又不能规定他们不动，哪有时间和精力去预防事故？遇到了，只好自认倒霉。"①这样的幼儿园现状自然使幼儿意外伤害的概率上升。

2. 社会要求提高

20 世纪 90 年代的时候，很多家长都将幼儿园定位为一个"看孩子"的地方，随着人们对早期教育的重视，随着社会竞争压力的提升，使得家长关注到幼儿园教育对于幼儿智力的提升，幼儿园不得不迎合家长的需求，"小学化教育"的现象也越来越普遍。美术班、舞蹈班、益智班、思维训练班……越来越多的特色课程出现在幼儿园。社会要求的提高，幼儿园特色活动和课程的开设使安全教育的位置被推后，当安全事故发生之后，幼儿园缺乏完善的应急预案，从而提高了安全事故发生的概率。

3. 上级部门缺乏监管

在《幼儿园管理条例》和《关于幼儿教育改革与发展指导意见》中曾经明确规定：开办幼儿园必须到教育部门登记注册，取得办园许可证后方可办园。在申请办园许可证的过程中，教育、卫生、物价、财政、建设等部门会对幼儿园的办园条件、设备设施、人员资格等进行严格审查，以确保幼儿园具有保护幼儿身心安全和健康成长的基本条件。但是综观我国的很多幼儿园在没有任何许可证，办园条件差的情况下仍然开园迎生，上级部门缺乏必要的监管，从而导致了意外的发生。

---

① 李俊祺. 幼儿园安全事故分析与完善安全预防对策研究. 吉林：东北师范大学. 2008.

第二节　幼儿园安全事故的预防与处理

幼儿园是幼儿集体活动的场所，也是安全事故的高发地。作为教师，一方面，要有高度的安全防范意识，尽量避免安全事故的发生；另一方面，当安全事故发生时能积极应对，做出正确的处理。

一、幼儿园安全事故的预防

幼儿园是幼儿集体生活的场所，其安全、卫生等工作的好坏直接关系到幼儿的生命与健康，同时也牵动着每一个幼儿家长的心。近几年来，由于种种原因造成的幼儿安全事件时有发生。为此，家长提心吊胆，生怕幼儿在幼儿园出现这样或那样的意外；教师也通过限制孩子的某些活动来消极防范。然而这种消极防范的态度是不利于幼儿身心地健康发展的。我们应该正视安全事故的发生，认真分析造成安全事件的起因，从而采取积极的防范措施。因此，安全事故的有效预防在整个幼儿园安全工作中就显得尤为重要。

(一)幼儿园安全事故预防的意义

1. 为幼儿创设相对安全的生活环境

我们通常将幼儿比作小草，他们是很脆弱的，是需要每一个成人用心呵护的；同时，我们又将幼儿比作白纸，他们对周围的危险是无知的，需要成人的引导和保护。无论是在家里，还是在幼儿园，幼儿都容易发生安全事故，他们或者在感受奔跑的风的时候不小心擦伤；或是与小伙伴玩耍的时候用力过猛脱臼；或是在陌生人面前依然天真得像个天使；或是在好奇心的趋势下去尝试"电"的味道，但所有的这些都隐藏着"危险"二字，因此，幼儿教师要做好各项活动、各种环境的安全预防工作，健全安全事故应急预案，努力为幼儿创设一个安全的空间，引导幼儿在这个空间中自由探索、快乐学习。

2. 为教师建立相对踏实的工作环境

幼儿教师这一职业现在被认为是一个"高危行业"，每天面对的可能是同一批幼儿，但一定是与昨天不同的情景。因此，教师的心理压力相对较高，生怕幼儿出现意外。安全事故的预防不仅为幼儿营造了相对安全的环境，而且扎实的安全事故预防，也为教师的日常工作提供了踏实的保障。健全的预防机制使教师知道每日的工作重点，需要特别注意的事项，在事故面前也能从容应对，逐渐营造出高效、踏实的工作环境。

3. 为幼儿园营造健全的应急环境

安全预防工作做扎实了，在开展幼儿园各项工作的时候管理也就轻松了。如果真的遇到了幼儿园突发的意外事故，根据不同安全事故的应急预案，无论是幼儿园管理者，还是普通老师，都能知道该做什么，怎么做，在事故面前能够从容面对，以最有效的方式积极应对，减轻意外事故造成的伤害值，从而为幼儿园正常工作的开展提供保障，更为幼儿的安全保驾护航。

(二)幼儿园安全事故预防机制建立的措施

对于幼儿园来讲，建立健全幼儿园安全事故预防机制是保障幼儿安全的关键。幼儿园安全事故预防机制的建立可以从以下几个方面入手。

1. 抓制度：规范幼儿园各岗位职责的制订和履行

幼儿园各岗位的职责制订和履行是安全事故预防机制建立的基础，也是其他各项工作开展的前提，它为幼儿的安全搭建了一个平台。平台的安全性需要每位幼儿园管理者细细斟酌，并将平台的每个角落做扎实，并付诸实际，使制度有所为、有所用。

第一，完善幼儿园各项管理制度，使幼儿园安全事故的预防没有漏洞和死角。这是幼儿园安全事故预防机制的前提，为幼儿的安全提供了最基本的保障。幼儿园安全事故预防制度涉及幼儿园工作的方方面面，包括门卫制度、消防安全管理制度、电气燃气安全管理制度、食品安全制度、卫生医疗制度、教育活动制度等。幼儿园应严格制定各项制度，将每个岗位的责任分解、细化、落实，保障责任到位、责任到人。

第二，针对各种幼儿安全事故，成立专门的安全事故预防小组，健全幼儿园内的安全防范机构。一般来说，幼儿园园长全面负责幼儿园整体的安全事故预防工作，副园长、教学主任、食堂人员、医务人员、保卫人员等结合自身工作的具体情况，负责相应部分，做到分工明确，共同为幼儿园的安全建构一个坚实的防线。

2. 抓细节：强化教师的危险防范意识

提高幼儿教师安全意识能有效减少幼儿安全事故。因此，可以通过组织安全知识与技能培训来强化教师的危险防范意识，培训内容包括教师一日工作常规、幼儿安全事故应急处理方法、消防知识等。通过培训使教师树立高度的工作责任心和安全防范意识，掌握预防安全事故的基本常识和技能，使幼儿教师的工作水平更趋专业化。

第一，作为幼儿园安全工作的第一责任人，幼儿园园长应紧绷安全这根弦，不断提高自身的安全意识，保持防微杜渐的高度警惕性，同时要具有敏锐的洞察能力，把对安全的关注渗透到工作的每一个细节中去。熟悉幼儿园内每项安全管理规定及应急处理办法，并随着管理的深入，将这种安全意识和行为逐步渗透到每位幼儿园工作人员身上。

第二，做好幼儿园教职员工的安全培训工作，增强幼儿园内部员工的安全意识和预防突发事件的能力。可通过幼儿园安全事故案例分析、讨论会等形式提升教职工应对和处理安全事故的能力，通过对幼儿园内各设施、各工作环节中有可能出现的安全问题的重点排查，提高教职员工对安全事故的预见能力。并在此基础上，使教师的安全培训成为幼儿园工作的常态并最终落到实处。

3. 抓重点：提高幼儿的自我保护能力

幼儿园安全事故预防机制的建立，以及完善的制度和严格的督查都为幼儿的人身安全提供了有效的保障。但总体来说，预防机制应重在培养幼儿自我保护的能力。对幼儿的安全教育应从认知与行动两方面入手，并将二者有机结合起来，从而达到提高幼儿自我保护能力、减少安全事故发生率的目的。可以通过以下几种教育方式提高幼儿的自我保护能力。

第一，在一日活动中渗透伤害事故预防知识的教育。首先，可通过安全事故案例进行教育。安全教育并非说教式教育，对于幼儿而言，很多安全事故是他们没有见过或没有经历过的，但是我们不能等幼儿经历之后才对他进行安全意识教育，这样付出的代价有些过于昂贵，有的甚至是不可弥补的惨痛。因此，最好的方法就是从别人的经历中获得间接经验。比如我们将有关安全事故的图片张贴在班上，引导幼儿讨论图片上会出现什么不安全的后果，怎样才能避免危险，这样不但可以提高幼儿安全防范意识，而且还可以提高幼儿分析问题、解决问题的能力。另外，如果条件允许的话，可以一边及时处理受伤幼儿一边对其他幼儿进行现场安全教育，这样既让幼儿了解了受伤后的处理过程，又让幼儿真真切切地感受到了自我保护的重要性，可谓是一节感同身受的安全教育示范课。其次，安全常识及自救方法的教育。教师可在幼儿园公共区张贴一些适合幼儿掌握的标记，如"119""110""120""安全出口""上下楼梯靠右行"等以引导幼儿正确的行为。

第二，增强幼儿肢体的协调能力。对幼儿伤害事故预防的各种手段和措施中，除了安全意识的培养外，对幼儿身体的锻炼也不容小视。幼儿平衡能力差，动作反应不灵敏是他们常常摔跤的主要原因之一，加强平衡能力的练习及基本动作如走、跑、跳、攀、爬等的练习，发展幼儿动作的协调性和灵活性是减少幼儿摔伤的有效措施。这些基本动作的练习，教师应根据幼儿年龄，有侧重点、有针对性地进行。

第三，培养良好的班级常规。良好的班级常规能较好地减少事故的发生。避免幼儿用武力解决同伴之间的矛盾而引发的安全事故，比如抓、咬、踢等，也可减少同伴间因拥挤、互相打闹而出现的安全事故。幼儿教师应根据本班的实际情况，以孩子的年龄特点为依托，从幼儿生活行为入手制定不同年龄段的行为规则，帮助幼儿树立规则意识。年龄较大的班级如大班的孩子，由于有过较长时间的幼儿园生活基础，具备了一些粗浅的是非辨别能力，教师不妨采取和孩子一起协作，共同制定行为规则，这样规则实施起来，可能会取得更好的成效。

4. 抓合作：挖掘多方潜力服务幼儿

要加强与有关部门的协作，充分发挥基层组织的作用，整合社会管理力量，全面形成幼儿园安全工作合力。进一步强化校园周边重点人员的监控（如有潜在暴力倾向的重性精神病人、可能实施极端行为的严重心理病人等各类易肇事人员），严防涉校伤害事故。

第一，加强与家长的合作。父母是幼儿的第一任老师，对幼儿的成长起着潜移默化的作用。家长的安全意识势必会影响幼儿。幼儿园要做好家长的安全培训工作，可以通过亲子活动、安全讲座等方式与家长沟通交流安全知识，引导家长成为幼儿安全教育的实施者，也是在侧面帮助完善幼儿园的安全事故预防工作。

第二，加强与社区的合作。幼儿园安全事故不仅仅需要幼儿园做好预案，更需要整个社区的大力配合，群策群力，最终形成安全教育合力。幼儿园要积极联系工商、卫生、公安、消防等部门，宣传安全知识，维护良好秩序；也可邀请消防或医院的专业人士，为幼儿园进行消防安全、疾病预防等方面的专题讲座或培训，共同加强幼儿园周边环境治安、交通的综合治理，为幼儿创设健康、安全、稳定的成长环境。

二、幼儿园安全事故的处理

幼儿园安全事故的预防是关键，但在安全事故发生之后，积极高效地应对处理能够将事故对幼儿的伤害降到最低，因此幼儿园安全事故的处理是幼儿园安全工作落实的重点，也是幼儿教师关注的焦点。

(一)幼儿园安全事故的处理原则

1. 人性化原则

人性化原则是指在处理幼儿安全事故时应坚持以人为本和生命优先的理念，处理的主要目的在于更加有效地保护幼儿的安全和健康权益。在出现安全事故之后，幼儿园领导和保教人员应在最短的时间内做出最快速、最高效的保护和救治措施，从而将事故对幼儿的伤害降到最低，最大限度地保障幼儿的人身安全。

2. 协同性原则

幼儿不是独立存在的个体，幼儿园也不是独立的机构，安全事故的处理需要幼儿园、家长、社区、消防、卫生部门等多个机构共同协作，充分利用并调动各方面的社会资源，齐心协力，力求将伤害事故降至最低，给幼儿最全面、最有效的保护。

(二)幼儿园安全事故的处理措施

1. 幼儿方面

幼儿年龄小，自我保护能力差，安全事故会对幼儿的身心造成一定的影响。教师应及时对幼儿的身心进行安抚和救助，具体应做到以下几点。

第一，对受伤者的身体护理。第一时间对受伤者进行救治。教师应懂得相应的护理知识，对受伤者的护理根据其身体状况和受伤程度、受伤部位的不同，采取不同的护理方法。

第二，保护幼儿的心理。幼儿受到伤害后往往容易产生恐惧心理，应及时帮助他们消除恐惧，给予更多的抚爱，鼓励他们勇敢面对。

第三，抓住教育契机。安全事故发生后，教师应抓住教育的契机，组织幼儿讨论事故发生的原因及避免事故发生的防范措施，使全体幼儿获得活生生的安全教育。同时，还应教育全班幼儿关心受伤幼儿，渗透情感教育。

2. 幼儿园管理者方面

每一位教师都希望自己所带的班级是平安顺利的，但在从教的过程中，老师面对的环境是复杂的，面对的幼儿是动态的，随时可能会出现这样或那样的问题。在出现安全事故之后，作为幼儿园管理者应注意以下两个方面。

第一，精神安慰。任何一位教师都不希望在自己手上发生幼儿安全事故，一上班就紧绷着的安全弦。在发生事故后几乎接近极限，此时教师心理负担过于沉重，紧张、不安、焦虑、惶恐、沮丧、泄气等负面情绪一起涌上心头，如果园长此时能给予教师适当的宽容和理解，会使教师释放很多的精神压力，切忌不分青红皂白一味指责、批评教师。

第二，分析与反思事故。每一次安全事故发生后，我们应及时地对事故进行分析与反思，总结经验教训。作为园长更应该考虑怎样让其他教师不重蹈覆辙，避免类似的事故发生。园长可以组织包括当事人在内的全体教职工对事故的经过进行分析，让大家从中找出导致事故发生的主要原因，讨论如果怎样做就可避免事故的发生。这样做的目的是使教师们学会反思自己的工作，将"做正确的事"和"正确地做事"的理念落实在工作行为中，最大限度地减少工作失误，从而减少可避免的安全事故的发生。

3. 家长方面

安全事故发生后，在及时处理事故的同时，幼儿园还要做好家长工作。

第一，及时通知受伤幼儿的家长。幼儿在园发生安全事故后，幼儿园应及时通知受伤幼儿的家长，并告知事故发生的真实情况，主动征求家长的处理意见，协商解决。不要故意拖延时间或掩盖实情，应尊重家长应有的知情权。

第二，做好受伤幼儿家长的安抚工作。幼儿发生安全事故，任何一个家长都会难受，家长素质不同，对待事故处理的态度也不一样。不论家长态度如何，幼儿园都应如实地介绍事故发生的经过，并诚恳地向家长致歉。站在家长的角度分析处理事故，协调好与家长的关系，在处理意见上争取与家长达成共识。

安全工作是幼儿园工作的重中之重，是其他工作的基础。幼儿教师的责任重于泰山，提高自己的责任心，细心开展每一个活动，把幼儿的安全放在第一位，教给幼儿多方面的安全知识，避免危险和意外的发生，真正做到确保每个幼儿健康、快乐地成长。

(三)幼儿园安全事故的责任认定

1. 幼儿园安全事故责任划分的法律依据

由于教育工作的特殊性，幼儿园在教育活动中有防止幼儿的身体或生命因教育活动而遭受侵害的义务。尽管幼儿园不是在园幼儿的监护人，但是幼儿园一旦因过失行为而导致安全事故发生，就必须承担相应的责任。法律中将这种过失原因归类为过错责任，幼儿园在幼儿安全事件中是否有违法、违规等行为是幼儿园承担责任的前提。如果幼儿园的过错直接或间接地导致了幼儿安全事故的发生，那么幼儿园就要负相应责任，反之，幼儿园则可不负责任。

幼儿园对幼儿负有三项责任即教育责任、管理责任、保护责任。[①] 教育虽然是幼儿园的主要职能，但就责任的性质来说，教育责任说到底不是一种法律责任，而是幼儿园的职责和功能，管理失范和保护不周才是承担法律责任的依据。幼儿园只有保证幼儿安全，才能实现其教育目的。《中华人民共和国未成年人保护法》第三章中明确指出了"学校保护具体讲述了学校对幼儿的保护责任。学校保护最终是要通过学校的内部管理行为来实现的，在教育教学活动过程中幼儿园应忠于职守，履行自己的职责，尽量避免事故的发生。"由此可见，幼儿园发生的人身伤害事件，其赔偿责任是根据幼儿园的过错来确定的。幼儿园按规章制度尽了职责，可以减轻或避免承担责任。

2. 幼儿园安全事故的责任归属

2002 年教育部颁布的《学生意外伤害事故处理办法》第八条指出：学生伤害事故的责任，应当根据相关当事人的行为与损害后果之间的因果关系依法确定。因学校、学生或者其他相关当事人的过错造成的学生伤害事故，相关当事人应当根据其行为过错程度的比例及其与损害后果之间的因果关系承担相应的责任。主要原因，应当承担主要责任；是幼儿园的责任，幼儿园理应承担，不可推脱，不是幼儿园的责任，耐心说服家长，避免认为"只要孩子在幼儿园出了事，一切责任都由幼儿园承担"。责任大小或有无责任的关键是看幼儿园有无过错或过错的程度。根据过错责任原则，我国《民法通则》对侵权行为规定需承担责任者，除法律规定的特殊情形外，必须具备四个条件：第一，损害事实的存在。第二，损害行为的违法性，包括形式上和实质上的违法。第三，违法行为与损害事实之间有因果关系。只有违法行为与损害之间有因果关系时，行为人才能对该损害承担责任。第四，有因果关系时，行为人才能对该损害承担责任。上述四个要素相互联系，只有同时具备时才构成损害赔偿责任。因此，当幼儿伤害事故发生后，根据过错责任原则，只有幼儿园有过错时才能承担相应的法律责任；如果幼儿园没有任何过错而责任完全在幼儿，则由幼儿的监护人承担全部责任。

① 刘霞. 幼儿园在幼儿伤害事故中的责任承担. 幼教园地. 2004(9)：4-6.

★案例 3-15　幼儿园过错责任事故

2006 年秋末，某幼儿园的转椅突然断裂，划破了一名幼儿的头部，孩子所有的医疗费都由幼儿园赔偿。这起伤害事故是由于幼儿园提供给幼儿使用的玩具（转椅）不安全造成的，幼儿园有过错责任，所以幼儿园依法承担了全部的医疗费。

★案例 3-16　幼儿园无过错责任事故

2007 年冬，某幼儿园大班的孩子在张老师的看护下玩滑梯。突然，乐乐嬉笑着张开双臂从滑梯上下滑时由于重心偏离从滑梯上摔下，造成右前额纵形 1 厘米的皮裂伤。张老师发现后马上报告园长和保健医生，简单处理后及时送往当地最好的医院，并在第一时间通知了乐乐的父母。孩子住院期间，幼儿园垫付了所有医疗费及家长、孩子的生活费、交通费，园长和老师几次带着营养品到医院探望，家长对此深表满意。孩子伤愈出院后，乐乐的家长却一反常态，态度极不冷静，多次找幼儿园及上级行政主管部门索要巨额美容费、精神损失费、误工费等。园领导耐心、冷静、有理有据地解释道：孩子意外摔伤，这是大家都不愿看到的，但这并不意味着是幼儿园的全部责任。第一，幼儿园对幼儿的教养职责与法定监护人的职责是不同的，依据法律，在幼儿园发生幼儿伤害事故，应按"过错原则"赔偿，有过错给予赔偿，无过错不予赔偿。第二，孩子受伤是教师在认真履行职责过程中发生的意外，不是教师玩忽职守造成的，并且事发后幼儿园对孩子尽了心也尽了力，因此，幼儿园无过错责任。第三，根据无过错责任，幼儿由于过失行为造成自身或他人损害的，应由其监护人承担责任。第四，幼儿受伤和行为发生地没有必然的联系，不能简单地认为事故发生在幼儿园，就该由幼儿园承担责任。园长的话，既维护了教师和幼儿园的权益，也使那位家长心悦诚服。

3. 幼儿园安全事故的赔偿责任

在处理幼儿园安全事故问题时，应当具体问题具体对待，遵循谁有过错谁承担赔偿责任的法律原则。在幼儿园事故中，涉及赔偿的主体主要有三个：

一是幼儿园，二是监护人，三是保险公司。

（1）幼儿园赔偿责任。

幼儿园赔偿责任包括因幼儿园过错引起的伤害赔偿，也包括因教职员工过错引起的伤害赔偿。后者赔偿是先由幼儿园代替教职员工赔偿，然后幼儿园再对教职员工进行行政处分式追偿。根据幼儿园事故发生的原因、情节和过错情况，幼儿园赔偿可分为完全责任、部分责任和免除责任三种情况。

第一，完全责任。完全责任是指过错全在幼儿园。如前不久电视上报道的：某幼儿园教师随便带着幼儿进入食堂，在无人注意的情况下，幼儿不慎绊倒，掉进沸水的锅中，造成严重烫伤的后果。

第二，部分责任。部分责任是指幼儿园事故的发生，其过错一部分是由幼儿园或教职工引起的，一部分是由幼儿或其他因素引起的。如，幼儿在课间追逐打闹，教师在旁看见，虽制止但并不得力而酿成事故的，那么教师应负一定的责任。

第三，免除责任。免除责任是指幼儿园事故的发生纯粹由幼儿自身原因引起，或属意外不可预料。如某幼儿患有某种疾病或属特殊体质，家长并没有告诉幼儿园或教师，幼儿园或教师在不知情的情况下，实施教育教学活动造成伤亡的，幼儿园可免除责任。

（2）监护人赔偿责任。

监护人赔偿责任指幼儿给他人造成损害时，应由监护人代为承担赔偿责任。这里要弄清监护人的范围责任。所谓监护人，法律上是指对无民事行为能力的人和限制民事行为能力的人的人身、财产权益依法实施保护的人称为监护人。

第一，法定监护人。根据《民法通则》的规定有三类法定监护人，一是亲属，包括父母，无父母或父母丧失监护能力的，由祖父母、外祖父母或兄、姐承担。二是近亲属以外的其他关系密切的亲属或朋友，但必须经"未成年人的父母所在单位或者未成年人住所地的居民委员会、村民委员会同意"。三是在没有以上两类的情况下，未成年人的父母所在单位、居民委员会、村民委员会以及民政部门可作为法定监护人。从现有法律规定的监护人来看，幼儿园并不是幼儿的法定监护人。

第二，指定监护人。指定监护人即对担任监护人有争议的，由未成年人父母的所在单位或者未成年人住所的居民委员会、村民委员会在近亲属中指定。因此，幼儿园也并非指定监护人。

第三，委托监护人。最高人民法院 1989 年 4 月 2 日《关于规程执行〈中华人民共和国民法通则〉若干问题的意见(执行)》规定："监护人可以将监护职责部分或者全部委托给他人。因被监护人的侵权行为需承担民事责任的，应当由监护人承担，但另有约定的除外；被委托人有过错，负连带责任。"根据这一"意见"，幼儿入园时，其家长从未将监护职责委托给幼儿园或教师，即使有委托的幼儿园或教师有过错，应当承担民事责任，如果无过错，则应当由监护人承担，而不是由幼儿园或教师承担。寄宿制幼儿园的管理事宜，应当由家长和幼儿园签订委托合同为宜。

(3)保险公司责任。

幼儿在幼儿园内发生人身伤亡，保险公司依据投保人与保险公司所签合同的险种条款，承担相应的赔偿责任。

三、幼儿园常见安全事故的预防与处理

《幼儿园教育指导纲要(试行)》指出："幼儿园必须把保护幼儿的生命和促进幼儿的健康放在工作的首位。"幼儿活泼好动，对任何事物都充满极大的好奇心，但由于身体协调性较差，缺乏自我保护意识，常常不能预见自己的行为会产生什么样的后果而导致擦伤烫伤、磕碰骨折、喉咙异物等常见意外伤害事故的发生。因此幼儿园应加强安全管理工作的力度，杜绝各种安全隐患，并帮助教职工掌握必要的救治手段和方法。

(一)外伤的预防与处理

幼儿园对于幼儿而言虽然是一个相对安全的环境，但依然存在着各种不安全的因素，可能会对幼儿的安全产生影响。为了避免幼儿出现外伤，一般来说教师要做好以下预防工作：第一，尽量排除幼儿园内的安全隐患，为幼儿创设舒适、安全的环境；第二，开展各项活动时严格遵守相应的规章制度，时刻保持对幼儿的关注，做到所有的幼儿都在视线之中；第三，开展活动前要与幼儿一起分享活动的注意事项，让幼儿清楚什么事情能做，什么事情不能做，什么事情是危险的。当然，预防未必能够将所有的意外全权掌握，在幼儿发生相关安全事故的时候，要针对不同情况及时处理。

1. 小外伤

(1)擦伤。

若伤口较浅，只需将伤口处的污物清理干净即可，若伤口较深且出血，需用生理盐水冲洗伤口，除去污物，再用消毒水进行消毒，处理后一般无须包扎。若伤势严重，需去医院治疗。

（2）割伤。

幼儿在使用剪刀、小刀等文具或触摸打碎的玻璃器皿时常会出现皮肤割裂、出血等状况。具体处理办法是：用干净的纱布按压伤口止血后，可用碘酒消毒伤口，敷上消毒纱布，用绷带包扎。如果是玻璃器皿扎伤，还应用镊子清除碎玻璃片后再进行包扎。

（3）扭伤。

幼儿不慎扭伤，可用冷水或冰块冷敷的方式处理，以达到止血、消肿、止痛的目的；1~2天后可用热敷促进消肿和瘀血的吸收。

2. 鼻出血

幼儿鼻出血的常见原因是在鼻外伤或打喷嚏时使曲张的血管破裂而出血。某些全身性疾病、鼻内异物等症状也容易引起鼻出血。

教师在处理时，不要用力揉擦鼻子，应立即将幼儿抱起取半卧位，但不要低头或后仰位。因为头后仰，血液就可能呛入气管而咳嗽不止，甚至可能造成呼吸阻塞，同时，恶心的血腥味扑鼻而来，会产生严重的呕吐。用消毒棉球蘸1％麻黄素或0.5％的肾上腺素塞进出血侧鼻腔，再用力捏紧鼻翼，让幼儿用口呼吸几分钟即可止血。上述方法无效仍出血不止，应及时送医院检查。

3. 惊厥（抽风）

惊厥是小儿时期常见的一种急重病症，以临床出现昏迷为主要特征，又称"惊风"，俗名"抽风"。任何季节均可发生，一般以1~5岁的小儿为多见，年龄越小发病率越高。很多疾病都可以引起抽风，但总的可分为发热性、无热或低热性抽风两类。引起发热抽风的病常见的有高热抽风、流行性脑膜炎、各种化脓性脑膜炎、结核性脑膜炎、乙型脑炎、其他病毒性脑膜炎、中毒性脑病、新生儿破伤风、脑脓肿等。引起无热或低热性抽风的病有颅内出血、脑发育不全或畸性、严重脑缺氧、婴儿手足搐搦症、低血糖、尿毒症、肝昏迷、婴儿痉挛、癫痫、脑肿瘤、高血压脑病、中毒等。

幼儿抽风时的常见症状是意识突然消失，双眼上翻、凝视或斜视；面部肌肉或四肢肌肉强直、发硬、痉挛或不停地抽动，一次发作可由数秒至数分钟。现实生活中因为高烧引起的抽风最常见，这种情况下应采取物理降温措施；抽风时让病儿侧卧，松开衣扣和裤带；用毛巾或手帕拧成麻花状放在上下牙中，以免咬破舌头；随时擦去痰涕；可针灸或重压人中穴。痉挛停止后立即送医院处理。

4. 扭伤与脱臼

（1）扭伤。

扭伤多为关节处软组织受伤，患处疼痛，运动时疼痛加剧，可出现肿胀或青紫色瘀血。处理方法，可用冷水敷于患处，使毛细血管收缩止血，还可起到镇痛作用。一天后再改用热敷，以改善伤处的血液循环，减少肿胀和疼痛。

（2）脱臼。

在强大的外力作用下，使关节面失去正常位置关系，形成脱臼。幼儿关节附近的韧带较松，在过度牵拉、负重的情况下极易引起脱臼。常见的有肩关节脱臼和桡骨小头半脱位。

肩关节在全身大关节中运动范围最大，但结构不稳定，常因向上牵拉或受暴力冲击而引起脱臼。多见于跌倒时上臂外展上举，手掌着地而发生。

桡骨小头半脱位多见于 6 岁以下的幼儿。儿童因桡骨头较小，当肘部处于伸直位时，若用力牵拉手臂可使桡骨头从关节窝中脱出。如上楼梯时，大人将小孩手臂突然拎起，或在脱衣时，大人过猛地牵拉小儿的手臂均可发生脱位现象。

肩关节脱臼时，肩部失去正常形状，变为方形，局部疼痛，关节不能活动。桡骨小头半脱位后，肘部固定于半屈和旋前位，做前臂后旋时，疼痛会加剧。对幼儿脱臼的处理，均送医院请医生复位。

5. 骨折

幼儿骨折容易出现疼痛、失去正常功能、出现畸形。有时会出现"青枝骨折"的现象，即由于小儿骨头最外层的骨膜较厚，可以发生"折而不断"的现象，就像鲜嫩的柳枝，被折后，外皮还连着。小儿的这种骨折称为"青枝骨折"。

骨折的现场急救原则应限制伤肢再活动，避免断骨再刺伤周围组织，以减轻疼痛，这种处理叫"固定"。不同骨折的处理方式是不同的。肢体骨折：使用薄木板将伤肢固定，木板的长度必须超过伤处的上、下两个关节。在伤肢上垫一层棉花或布类，用三角巾或绷带把木板固定在伤肢上，将伤肢上、下两个关节都固定住，露出手指和脚趾，以便观察肢体的血液循环。肋骨骨折：不觉呼吸困难的，可用宽布带将断骨固定；感到呼吸困难的，不要处理，速送医院。颈椎骨折：在颈下垫一小枕，保持生理屈曲度；在头的两侧各垫一小枕，避免头部摇晃。腰椎骨折：凡伤及腰部应严禁伤者弯腰、走动，也不得搀扶、抱持伤者而使腰部弯曲。应由数名救护者动作一致地托住伤者的肩胛、腰和臀部，使伤者的腰部不致弯曲，将伤者"滚"到木板上，伤者俯卧，用宽布带将其身体固定在木板上。

6. 烫伤

如果是手、脚上的小面积烫伤，应马上把被烫的手或脚放在冷水里（水温在20摄氏度以下）。一般放半小时左右，拿出小手小脚后，孩子不疼了，就不需要再继续泡了。这种冷水疗法不仅可以止疼，还可以减轻烫伤的程度，是家庭烫伤急救的最好办法。如果烫伤的部位在躯干、面部等部位时，可以用冷水泡过的毛巾敷在创面上，也可以使用冰袋。在家中备一些烫伤药剂，适当涂抹在烫伤部位。此外，需要注意的是，对小面积的烫伤千万不要用生酱或者酱油等涂抹。这些传统的"土方"不但不能奏效，反而可能会产生适得其反的效果。如果烫伤的面积比较大，超过体表面积的10%，容易发生休克，有生命危险，这时立即用清洁的毛巾或者被单盖在创面上以防感染，并尽快把孩子送往医院治疗。处理小面积烫伤时教师或保健医生应把握几个关键：一冲：流动的冷水冲洗20～30分钟；二泡：在冷水中浸泡20～30分钟；三脱：小心脱掉衣物，保证烫伤处水泡完整；四盖：伤口覆盖干净的布巾；五送：有条件的送医院治疗。

7. 溺水

溺水是幼儿群体常见的意外事故之一，严重危害着幼儿的生命和健康。发现幼儿溺水应采取以下急救措施。

第一，积极抢救，使患儿脱水上岸，救护人员若不会游泳，可拿竹竿、木板、绳索等抛给落水者，再拖其上岸。会游泳的救护人员可从溺水者后面进行救护，采取仰泳姿势，将幼儿头部托出水面，救其上岸。

第二，保持呼吸道通畅。检查溺水者口鼻，如有泥沙、污物等堵塞，应及时予以清除，同时解衣宽带。

第三，倒水。急速使患者俯卧，用衣服垫在腹下，或救护者左腿跪下，把溺水者的腹部放在左膝上，然后用手压迫背部，把水倒出来。

第四，进行人工呼吸和心脏按压。二者可交替进行，直到患儿恢复自主呼吸为主。与此同时，应立即通知医院前来抢救。

相关链接

溺水急救小常识

溺水者的呼吸道内因残存部分水，造成肺泡收缩和关闭，可采用口对口人工呼吸进行抢救。救护者紧捏患儿鼻孔，随后深吸一口气，对准患儿的嘴吹气，直至上胸部抬起，然后放开口鼻，并轻压患儿胸部，以帮助被动吸气。这样反复进行，每分钟16～18次。若患儿牙关紧闭，可改为对患儿鼻孔吹气。如溺水者心跳停止，则在做人工呼吸的同时，还要进行胸外心脏按压，即用单掌往下垂直地冲击挤压胸骨，使胸骨下陷2～3厘米，胸骨下陷则挤压心脏，使心脏收缩将血液压入动脉。当救护者手放松时，胸骨复位，心脏舒张，静脉血回流心脏。

(二)异物入口、鼻、外耳道的预防与处理

幼儿在玩耍的过程中，对各种物品的认知能力相对较弱，常常会出于好奇将各种物品添、塞到口腔、鼻腔或耳朵里而引发安全事故。为有效避免类似事故对幼儿造成不必要的伤害，教师首先应给幼儿创造一个安全的环境，将豆子、珠子等细小物品收到幼儿拿不到的地方；同时也要对幼儿进行安全教育，引导幼儿学会保护自己的身体器官不受伤害。当然，如果在日常生活中出现异物入体的状况，教师应根据实际情况区别处理。

1. 异物进入口腔

症状：咽喉部有异物感，吞咽疼痛。

处理：细小的鱼骨刺可食用米醋，使骨软化，如骨刺粗大或为其他异物要及时送医院。不能随意让小儿吃饭团强行把异物咽下去，这样做只会把异物推向深处给治疗带来困难。较大的异物嵌在咽喉部，可造成呼吸困难引起窒息。发现有声音嘶哑、呼吸困难应立即将小儿抱起，低头拍背，使异物咳出或改变位置并急送医院。

2. 异物进入鼻腔

症状：长时间一侧鼻塞，鼻涕很臭且带有血丝。

处理：按住无异物鼻孔用力擤鼻涕；用羽毛等刺激鼻黏膜，引起喷嚏反射；特别注意不能用镊子试图将异物夹出。上述方法无效，送医院处理。

3. 异物进入外耳道

症状：外耳道异物，常可引起耳鸣、耳痛。植物性异物进入外耳道，如遇水膨胀会继发感染，引起外耳道炎。动物性异物在外耳道内爬行、移动可引起剧痛。体积大的异物还会引起反射性咳嗽或影响听力。

处理：活体昆虫进入外耳道，可用灯光诱其爬出，如不成功可滴入油类将其淹死后再取出。体积较小的异物，可让儿童将头歪向有异物一侧，用单脚跳，以促使异物从耳中掉出来。对于不易取出的异物，应去医院处理，以免损伤外耳道及鼓膜。

4. 异物进入眼睛

症状：常见的有小飞虫、尘埃、植物飞絮等进入眼内，出现眼睛有异物感、疼痛、流泪等症状。

处理：眼部有异物时，切记不要让幼儿揉眼，以免损伤角膜。一般情况下可将其眼睑翻出，用干净手绢或纸巾轻轻擦去异物。若异物牢固地嵌插在角膜上，患儿则十分疼痛，为了不损伤角膜，必须去医院处理。

(三)幼儿中毒的预防与处理

1. 食物中毒

幼儿园预防食品中毒应做好五件事情。第一，把好三关，责任落实，层层把关。一是原辅材料必须是不过期、不变质，进货加强检查；二是炊事员严格食品制作、餐用具的消毒、食堂卫生安全；三是各班保教老师严把幼儿食品进餐关。第二，建立原辅材料进货检查验收记录，把好半成品质量关。第三，建立餐具消毒、环境卫生记录表，加强厨房的食具和用具高温蒸煮消毒关。第四，建立熟食品质量检查记录表，把好幼儿进餐关。第五，设置食物中毒者隔离室，避免食品中毒的传染。

幼儿园对食物中毒事故的处理可从六个方面进行。第一，立即停止食用可疑中毒食品。第二，食物中毒应急处理组织成员配合救治中毒人员。第三，保护好现场，封存导致中毒的食品或者可疑中毒食品。第四，按法定程序进行报告，即发现人向副组长上报情况，由副组长向组长上报情况，再由组长向教育行政部门报告。第五，及时通知中毒幼儿家长，做好安抚工作，尽量维护幼儿园正常工作。第六，配合卫生部门做好取样，对中毒食品进行无害化处理或销毁、对中毒场所进行消毒等工作。

2. 药物中毒

幼儿因误食药物引发的中毒现象时有发生，教师要做好预防工作，如把药物、毒物锁在柜子里或放在幼儿拿不到的地方。此外，平时教师应注意对幼儿进行有关的安全教育。告诉幼儿有许多东西是人可以吃的，还有一些东西是有毒的，是不能吃的。例如，有些野菜、野果是有毒的，不能吃；杀虫剂毒性特别大，它是专门用来杀虫子的，也不能吃等。幼儿有一种怕生病、怕死的本能，经过这样的教育，就能在一定程度上分辨出哪些是可以吃的，哪些是不可以吃的，而不敢因好奇而贸然把什么东西都拿来吃了。

幼儿年幼无知，好奇心很强，目前常见的小儿药物往往看起来比较像糖豆，有时会发生误食药物的情况。当发现幼儿误食药物后，首先，应当先向幼儿了解情况，弄清楚药物的名称、吞食的时间和数量，以便医生能针对性地进行抢救。如果发现还有剩余的药物，应把它带到医院，以便于医生做出正确的诊断和及时的抢救。其次，应尽快将幼儿送往医院，医生会根据各种情况采取相应的措施。如果误吃了药物，可让幼儿先喝两三杯水或果汁，然后用筷子或汤勺柄等按压舌根，借以催吐，如误食碱类，可灌以食醋、橘子汁中和。如果误吞金属或植物碱类，可立即喝浓茶以减少毒物的吸收。

除了上述内容外，幼儿园常见安全事故预防和处理的方法还有很多，在这里就不一一阐述了。总之，幼儿园在落实常见安全事故的预防与处理工作的时候应该做到以下几点。

第一，培养教师的危机意识。幼儿园是幼儿生活、学习和游戏的重要场所，一日生活各个环节看似简单却潜藏着重重危机。由于危机事件发生时具有偶然性与必然性、未知性与可测性等特点，幼儿园在危机管理中一方面需加强对幼儿教育工作者责任心和危机意识的培训，使每个人都充分意识到自己在消除和避免危机中的巨大责任。另一方面，幼儿园还应积极发挥对家长及周边社区居民的教育辐射作用。

第二，健全和落实危机管理制度，降低危机发生率。安全是幼儿园发展的生命线，做好危机防范是幼儿园有效应对危机事件的重要前提。各行各业都有自己的管理标准和工作规范，幼儿园由于教育对象的特殊性，一日生活各个环节复杂而又琐碎，更需要制订一套完善的管理流程、各岗位工作标准和规范，健全教育教学、卫生保健、安全管理以及紧急事故应急预案等制度，并带领全园教职工认真学习和对照落实。在执行制度的过程中，需加强过程指导和监管，将日常工作纳入绩效考核，提高教职工践行各项制度的效力。当然，有些危机事件可以通过规范操作避免，但有些危机事件即使按规范操作也不可避免。因此当危机发生时，幼儿园能够有一套行之有效的危机管理预案，对于降低危机事件发生率和顺利解决危机事件起着重要作用。

第三，知识培训和实战演练相结合，增强教师的危机应对能力。幼儿园针对教师开设了各种专业的安全教育培训，如消防知识培训、传染病防护培训、高热惊厥处理培训等，针对幼儿也进行了各种安全教育，如怎样安全下楼梯、体育活动中应该注意什么、走失了怎么办，等等。但相比之下，实战演练显得更加重要。如针对走失的情况，大多数幼儿都知道不能自己一个人走，不能随便跟陌生人讲话等，但是在实际测查中却发现，很多幼儿会被好玩的玩具或好吃的零食吸引而跟陌生人走。所以，除了相关的知识培训，幼儿园需定期举行安全疏散（如防火、防震、防爆等）、安全急救（如高热惊厥、骨折、气道梗塞等)、自我保护等多样化的实战演练，切实提高师生的安全意识和防范能力，以增强危机事件的应对能力。

第四，成立危机管理小组，确保危机发生时临危不乱。防范是危机管理的前提，但当危机真正发生时，管理者需要快速做出反应，尽一切努力将危害与损失降到最低程度。因此，幼儿园不仅要有一套完善的应急预案，还要有一个能够有效实施应急预案的危机管理小组，从园长到后勤园长到各部门负责人层层签订安全责任书，以便能够从容应对危机事件，做到临危不乱。

第四章　幼儿园安全环境创设

《幼儿园管理条例》明确要求："举办幼儿园必须将幼儿园设置在安全区域内。严禁在污染区和危险区内设置幼儿园。""举办幼儿园必须具有与保育、教育的要求相适应的园舍和设施，幼儿园的园舍和设施必须符合国家的卫生标准和安全标准。"蒙台梭利指出："当儿童对自己所做的一切感到满足及置于能够保护和控制的周围环境时，他的意识就得到了升华。"我们应该努力创设美丽、适宜、具有教育价值的安全环境，让儿童在安全、快乐、自由中健康成长。

第一节　幼儿园安全环境概述

《幼儿园教育指导纲要（试行）》明确指出："环境是重要的教育资源，应通过环境的创设和利用，有效地促进幼儿的发展。"安全的环境是保护幼儿生命、促进幼儿健康的前提。

一、对于环境及安全环境的理解

环境是众多学科使用的概念，《辞海》中关于"环境"的解释有两条：一种解释是指环绕所辖的区域，周匝。另一种解释是指围绕着人类的外部世界，是人类赖以生存和发展的社会和物质条件的综合体。

哲学对环境的理解是：在环境科学中指围绕人群的空间及其中可以直接、间接影响人类生活和发展的各种自然因素的总和。不难看出，哲学中的环境概念主要是指自然环境。

从心理学的角度出发，环境是指在人的心理、意识之外，对人的心理、意识的形成发生影响的全部条件，包括个人身体之外存在的客观现实，也包括身体内部的运动与变化。

教育学中，通常采用《辞海》对环境的第二种解释。《教育大辞典》中对"环境"做了如下解释：一是直接或间接影响个体的形成和发展的全部外在因素，包括先天环境（即胎内环境）和后天环境（即自然环境、社会环境等）。二是以人的主体为中心，围绕自我的事物，包括外部环境和个体内部环境。由此可见，教育学中的环境概念的内涵有了进一步丰富。即环境不仅仅是指围绕在中心体外围的周边体，而且包括中心体内部的环境因素。也就是说，环境是指外环体和内环体的总和。

本书借鉴《辞海》第二条对环境的解释，结合教育学的观点理解环境：一是环境是指围绕个体周围，直接或间接影响个体的形成和发展的全部外在因素总和。二是个体与周围环境互相作用，相互联系，相互制约，是不断变化发展的。

安全环境是指围绕幼儿并能够对幼儿生命安全和健康产生影响的外界事物和内部活动的总和。

二、对于幼儿园安全环境的理解

以个体活动空间来划分，影响幼儿安全成长的环境包括家庭环境、幼儿园环境和社会环境。这里主要探讨的是幼儿园环境。

幼儿园环境是指以幼儿为主体，围绕幼儿周围，直接或间接影响幼儿生长和发展的全部因素的总和。按照内容分为物质环境和精神环境，这也是幼儿园环境普遍的划分方法。

幼儿园物质环境是指幼儿园内保障幼儿安全学习、生活、娱乐等的各种场所和设施设备。按照其功能分为房屋建筑、设施设备条件、园内装饰、场所布置、物理空间的设计与利用、材料的选择与搭配等。幼儿园安全的物质环境是满足幼儿各种活动需求，促进幼儿身心健康成长的基本保障。

幼儿园精神环境是指符合幼儿审美情趣，令其身心轻松愉快、有安全感的、亲切的、温馨的气氛，主要包括幼儿园文化、教师教育态度和行为、人际关系、制度体系等。这些因素都会直接影响幼儿的身心健康。

第二节 幼儿园安全环境创设的意义及原则

环境作为隐性课程，在开发幼儿智力，促进幼儿身心和谐发展等方面发挥着独特的作用。《幼儿园教育指导纲要（试行）》（以下简称《纲要》）分别从物质环境和精神环境的创设提出了明确要求："幼儿园应与家庭、社区综合利用各种环境教育资源共同为幼儿的发展创造良好的条件；幼儿园应为幼儿提供健康、丰富的生活和活动环境，满足他们多方面发展的需要，使他们在快乐的童年生活中获得有益于身心发展的经验。"《纲要》同时指出："教师的态度和管理方式应有助于形成安全、温馨的心理环境；言行举止应成为幼儿学习的良好榜样",教师应以"关怀、接纳、尊重的态度与幼儿交往"。

幼儿园环境创设的过程就是把环境因素转化为教育因素,促进幼儿身心主动发展的过程。安全性是幼儿园环境创设的基本要求之一。幼儿园安全环境创设是指教育者根据既定的安全教育的要求和幼儿身心发展规律、需要,有目的、有计划地运用环境中的各种因素,为幼儿创设的具有安全教育和安全保障功能的环境。

一、幼儿园安全环境创设的意义

年龄越小的孩子受周围环境的影响越大,对安全保障功能的要求就越高。因此,幼儿园安全环境的创设有其特殊的意义。良好的环境可以有效保障幼儿的生命安全,同时可以促进幼儿安全认知能力的发展,有利于提高幼儿安全防范意识,培养安全技能,提高自我保护能力,全面促进幼儿身心健康的和谐发展。

(一)安全的环境具有保护功能

幼儿园是一个特殊的人群密集的教育机构,是弱势群体最集中的场所之一。稳定和谐的周边环境、符合国家防震、消防、用水用电标准的园舍建筑、安全无污染的操作材料、和谐民主的幼儿园文化氛围是保障幼儿生命安全、健康成长的基本而必要的条件。

1. 生命保护功能

近年来频发的校园伤害事件给我们带来极其惨痛的教训。仅 2010 年 3 月至 5 月不到两个月的时间,全国各地就接连发生 6 起校园伤害事件。穷凶极恶的歹徒带着凶器闯入校园,对着手无缚鸡之力的儿童举起罪恶之手;3 月 23 日,福建南平郑民生杀 8 名小学生;4 月 12 日,广西合浦男子砍死 8 岁小学生;4 月 28 日,广州雷州男子砍伤 16 名师生;4 月 29 日,江苏泰兴男子幼儿园内砍伤 32 人;4 月 30 日,山东潍坊一男子闯入校园打伤 5 名学生后自杀;5 月 12 日,陕西省南郑县一幼儿园发生一起砍伤儿童事件,造成 9 人死亡,20 多人受伤。行凶者在家自杀身亡。血淋淋的事实再次提醒我们:面对日趋复杂的社会生态和教育环境,幼儿园要重视与社区、公安携手联防,清理整治校园周边环境,加强安全隐患排查。在学校、幼儿园等儿童经常活动的场所,设置"警察巡逻区"并立标志牌,严格控制校外人员进入园内。幼儿园除了幼儿入、离园时间,园门都应关闭。在幼儿园公共区设置摄像监控系统,增设保安员,设立儿童 110 救助电话,加强校园区域社会治安巡逻。

远离危险、污染的幼儿园环境可以减少对幼儿的身体伤害；坚固结实的设施设备，加上定期检查维修、维护制度，可以有效避免幼儿游戏活动时因设备失修、老化等原因带来的伤害；无毒无味符合卫生标准、不易破碎的操作材料，保障幼儿在活动过程中不发生事故，免受伤害。符合国家建筑防震、消防安全标准的园舍建筑，可以使幼儿免受自然灾害的伤害。2008年5月12日汶川大地震中"屹立不倒"的北川平安希望小学，"全体师生600余人无一伤亡，全体平安"，让我们再次看到园舍建筑安全的重要性。

2. 心理保护功能

《中华人民共和国未成年人保护法》第二十一条明确规定："学校、幼儿园、托儿所的教职员工应当尊重未成年人的人格尊严，不得对未成年人实施体罚、变相体罚或者其他侮辱人格尊严的行为。"教育专家认为，心理虐待比身体虐待的后果更严重，所造成的伤害可能是不可逆转的，甚至在潜意识中影响个体一生的发展。对于好奇心强，但又缺乏基本的自护意识和能力的幼儿来说，精神环境中的各种因素在其心理品质的形成上都发挥着特殊的作用。如教师教育态度、人际关系、园所风气、房间色彩的明暗度、声音强弱等都会直接或间接影响幼儿的情绪与心理。俄罗斯有句谚语："漂亮的孩子谁都喜欢，而对难看的孩子的爱才是真正的爱。"幼儿教师不仅应该以耐心真诚的态度关爱每一个幼儿，更要以专业的视角观察幼儿的行为，正确解读幼儿的心理，力求做到公平公正、一视同仁地对待每个幼儿，让他们真正度过一个健康快乐的童年，引导他们用积极的心态、健康的行为去面对未来漫长的人生旅途。

安全的环境、和谐的氛围是幼儿有效学习的基本保证。虽然幼儿年龄尚小，但同样有较强的自尊心，老师当众揭短的教育方式同样是他们所不能接受的。在安全和谐的氛围中，幼儿获得的是愉快、安全、无任何心理压力的体验，并能保持学习的兴趣。反之，在紧张、压抑的环境中幼儿极易产生厌倦、烦躁、冷漠的情绪体验，久而久之，将使幼儿缺乏安全感，不利于幼儿的身心健康。

安全的环境能够帮助幼儿建立良好的人际关系。富有感情色彩、充满友情的交往方式可以消除教师和幼儿之间的冷漠与紧张，有益于师幼心理的健康发展。在缺乏人际交往的环境里，幼儿无法获得社会交往所需要的基本知识与技能，更无法了解和掌握自我保护的方法。教师应根据幼儿的个别差异，有针对性地训练幼儿的社交能力和交往中自我保护技能，培养幼儿良好的交往品质。

(二)安全的环境具有教育功能

幼儿对环境具有广泛的接受性和依赖性。作为"隐性课程"，环境在丰富幼儿安全知识经验，提高幼儿安全自护技能方面具有不可低估的教育作用。

安全的环境具有让幼儿与环境"对话"的功能。如幼儿园室外墙体的设计，可以是形象可爱的卡通人物、色彩鲜艳的自然图案，也可以是诸如"司马光砸缸""狼大叔的黄焖鸡"等能启发幼儿思考，吸引幼儿主动与环境进行互动的故事图画内容。在环境这一潜在教育因素的影响下让幼儿懂得遇到危险不慌张，应该积极动脑筋、想办法，用适合自己的方式远离或解除危险，保护自己。

安全的环境能满足不同年龄阶段幼儿发展的需要。譬如小班的"娃娃家"区域可以帮助幼儿在短时间内克服分离焦虑带来的不安全感；中班的"小心夹手""小心烫伤"的图示，可以帮助幼儿学会辨识危险源，懂得如何远离危险，保护自己；大班幼儿可以在参与环境的创设中学习如何提前预估危险，防范危险，引导幼儿在与环境的互动中提高安全意识，积累安全经验。

(三)安全的环境具有绿化、美化和净化功能

《幼儿园工作规程》中明确指出："应根据幼儿园的特点，绿化、美化园地"。国家教育部、建设部在《城市幼儿园建筑面积定额》中也规定了"绿化用地每生不少于2平方米，有条件的幼儿园要结合活动场地铺设草坪，尽量扩大绿化面积"。幼儿园绿化用地包括集中绿地、种植园地和房前屋后、道路两侧的零星绿地面积。绿化是幼儿园建设的一个重要组成部分，它与幼儿的生活密切相关，对幼儿园环境起着美化和净化的作用。

1. 绿化作用

绿化能改善微小气候。有研究表明，在绿化遮蔽阳光直射的情况下，气温一般比非绿化区可低10℃左右。同时，植物本身能不断消耗土壤中的热量，蒸发水分，因而绿化地带在夏天的气温也随之下降，冬季吸收日光的热量后慢慢散热，绿化地带起着调节气温的作用。另外，高大的树木和绿化地带还可以降低风速，减少水土流失。

绿化不仅能有效调节温度改善环境，更重要的是能给幼儿带来无尽的乐趣。喜欢大自然是孩子的天性，雨过天晴后地面上的一洼清水、躲藏在灌木丛中的小虫、飘落的树叶、盛开的鲜花都会成为孩子们专心研究的对象，树林、草地、小池塘，都能激发幼儿的探索欲望，在亲身经历中感受事物的美好。可以说，幼儿园绿化在保护环境，愉悦幼儿身心方面发挥着重要的作用。

2. 美化作用

安全整洁的环境具有美化作用。现在许多幼儿园户外活动场地十分有限，可充分利用周边环境的地形、道路、建筑特点等进行巧妙地设计和规划，形成功能分区，使得幼儿园的整体布局错落有致，环境优幽雅清新。幼儿置身于整洁、优美的环境中，自然会得到一种美的享受，对培养幼儿的审美情趣，发展积极的情绪情感大有裨益。

3. 净化作用

绿色植物对净化空气有独特的作用。树木是空气的天然过滤器，它能吸滞烟灰和粉尘等有害气体。同时草坪植物也有很好的蒙尘作用，有人测试过，铺草坪的足球场比不铺草坪的足球场上空的含尘量少 2/3～5/6。此外教室里摆放的诸如绿萝、虎尾兰等绿植也能够起到净化空气的作用，保护幼儿的身体健康。

二、幼儿园安全环境创设的原则

幼儿园安全环境创设的原则是保证幼儿园平安和谐、健康有序运行的基本准则，是根据幼儿教育原则、任务和幼儿发展特点提出的，对环境创设材料的使用、安全制度建设、幼儿发展水平、创设理念等方面给予规范，幼儿园创设安全环境应遵循以下基本原则。

（一）安全性原则

安全性原则是幼儿园环境创设的首要原则。幼儿年龄小、缺乏自我保护能力，属弱势群体，如果环境的安全性差，极易发生意外事故，给幼儿身心造成不可逆转的伤害。因此幼儿园环境的创设首先要考虑安全性，在材料的投放和使用上要达到安全和卫生的要求；在心理氛围的营造上力求和谐平等、轻松愉快。

1. 身体安全

安全性原则首先体现在要保障幼儿的身体不受伤害。幼儿园的环境创设，一方面，要符合安全和卫生的基本要求，做到绿色环保，如不使用有污染的装饰材料，废旧物品使用前要清洗消毒等；另一方面，还要注意所使用的设施设备、玩教具、操作材料等是否容易造成对幼儿的伤害，位置的摆放是否安全、适宜等。

幼儿园活动材料应该具备坚固性好，不易破碎、无锋利边角、无毒、无害、无小零件脱落，易于清洗消毒等特点；危险物品放在幼儿拿不到的地方；区角材料要符合卫生和安全要求，并做到定期清理和消毒；大型体育器械要定期检修和维护，确保幼儿的活动安全；游戏场地应平整，绿化用的围栏设施要安全、美观、通透；活动室的规划应保证每个角落、每个区域都在教师的视线范围内，用来分隔各区域的分隔物的高度应与幼儿身高相等为宜。

2. 心理安全

除了保障幼儿的身体安全外，安全性原则还体现在环境对幼儿心理的影响上。安全与自由的心理环境，尊重、支持、接纳、宽容、理解、民主、向上、和谐的园所氛围，会让幼儿产生一种归属感、温馨感。幼儿身处其中就会萌发学习的热情，获得情感的满足，得到心灵的陶冶。美好的一天从清晨开始，幼儿园老师每天清晨站在教室门口，迎接每个孩子的到来，蹲下来微笑着和孩子交流，给孩子一个拥抱，用微笑和拥抱带给每个幼儿安全感，让家长放心离去；教师还要及时发现幼儿的不良情绪，允许幼儿表达自己的情绪，减少因情绪躁动带来的意外伤害；尊重爱护幼儿，多关注、多赏识、多肯定，在心理和行为上给幼儿充分的自由，帮助其建立安全感。

(二)有序性原则

有序性原则是教师根据幼儿生理和心理发展的需要，建立科学的一日生活常规，形成集体生活秩序，这是建立安全有序的幼儿园生活环境的基本原则。体现在生活环节上，要求从入园晨检、盥洗、餐饮、如厕、午睡、学习、游戏到最后的离园各环节的安排上应环环相扣，紧凑合理；体现在活动安排上要贯彻动静交替、室内外活动交替、正规活动与非正规活动交替、集体活动与自主活动交替的原则。相对规律的生活常规和相对稳定的活动安排能够帮助幼儿在长期感受幼儿园生活的规律性和稳定性的基础上建立良好的秩序，进而在心理上形成安全感。

(三)适宜性原则

适宜性原则是指根据幼儿的年龄特点和身心发展水平创设多层次的安全环境，使其适宜于每一个幼儿。幼儿期是身心迅速发展以及个性形成的重要时期，幼儿园环境创设应本着适应幼儿的年龄特点、兴趣爱好和经验水平的原则，在环境创设的内容、形式和材料投放等方面体现层次性、递进性和适宜性的特点，即各年龄班之间保持连贯性和一致性，呈现出螺旋式上升的状态。如大、中、小班所使用的桌椅板凳的高度应随着年龄的增加而递增，操作材料的大小则应随着年龄的增长而减小，而操作材料的难易程度、材料数量的投放应随着年龄和知识经验的增加而增加。

此外还需要注意的是，同一年龄阶段的幼儿彼此之间也存在着个体差异，在创设环境时既要尊重幼儿的共性，又要兼顾幼儿的个性差异，促使每个幼儿都能在与环境的互动交往中获得不同程度的发展。

(四)教育性原则

幼儿是通过各种感官与环境的直接作用进行学习的，幼儿园的环境会潜移默化地影响幼儿的认知、行为和情感。因此，幼儿园环境应成为幼儿学习活动的载体。安全的环境不仅能够为幼儿身心健康发展提供保障，而且可以让幼儿获得安全知识，引发幼儿不断探索，同时还可以使幼儿园课程向纵深方向发展。活动室是幼儿在园温馨的家，是幼儿最主要的活动场地，也是对幼儿渗透安全教育的最佳场所。在布置活动室时，应将安全教育作为环境创设的首要内容来考虑。比如，门缝处贴有"小心挤手"，电源处贴有"有电危险"的警示标志牌，以此警示幼儿注意安全，帮助幼儿掌握基本的安全自护常识。

(五)参与性原则

参与性原则是指环境创设以幼儿为主体，体现师幼共同参与合作的过程，使教师由环境创设的主宰者变成观察者、倾听者、合作者，幼儿由被动的依附者变成设计者、布置者。

幼儿园环境特别是班级环境是幼儿学习生活的主要场所，环境创设都是为教育活动的顺利开展和幼儿的身心健康发展服务的，教师要有意识地创造条件，提供机会，鼓励幼儿积极参与到环境创设的活动中来，充分发挥幼儿的主人翁意识。在师幼共同谈论的过程中积极采纳幼儿的合理化建议，让幼儿在集体构思、设计、制作和布置环境中发展合作意识、责任意识、主动学习、主动参与意识，提高策划设计的能力，养成动手动脑的习惯，在环境创设的过程中认识自己，体验成功，树立自信，让幼儿真正成为创设环境、利用环境的主人。

(六)真实性原则

真实性原则是指幼儿园的环境创设要源于生活，又高于生活，是具有安全功能和教育价值的、接近幼儿真实生活的环境。

幼儿园厚厚的塑胶地垫、密密的防护窗棂，看似保护了幼儿安全，实际却阻碍了消防通道，造成另一种安全隐患；片面强调对幼儿的保护，"不许跑、不许跳"的提醒此起彼伏，所有桌椅、墙棱都被软化包装，很多大型户外活动或外出实践体验活动因幼儿的安全问题而被取消……"过于安全的环境"不但不利于幼儿安全意识的培养，反而会使幼儿因缺乏辨识危险的经验而失去安全防范和自护的能力。幼儿一旦进入到真实的生活环境中，常常会"身处险地而不知险"。真实的环境应有助于帮助幼儿提高危险辨识力，增强危险防范能力和应急反应能力。

(七)协同性原则

协同性原则是指幼儿园在安全环境创设过程中，要主动协调，整合家庭、社区等与幼儿发展密切相关的教育资源，共同营造"三位一体"（多位一体）的和谐发展的环境。

作为幼儿最早接触的社会文化环境，幼儿园、家庭和社区是对其发展影响最大、最直接的微观环境。在三者中，社区环境对幼儿的影响相对较小，但幼儿园环境和家庭环境则起着决定性作用，直接影响和作用着幼儿安全意识的养成和安全自护能力的发展。双方的教育各有优势，且不可替代。只有各自发挥优势，充分利用现有教育资源，才能形成教育合力，最大限度地发挥"5+2＞7"的作用，促进幼儿发展。

第三节　幼儿园安全环境的创设

如何创设一个安全健康、和谐优美的幼儿园环境应该是每个幼儿园教师认真思考的课题。幼儿园安全环境的创设主要涉及物质环境的安全规划和精神环境的和谐营造两大块内容。

一、幼儿园物质环境的安全创设

幼儿园物质环境的创设是指根据幼儿身心发展需要和年龄特点，有目的、有计划地进行园舍建筑的选址与设计、设施设备的选购与安装、活动场地的铺设与规划、教玩具的采购与使用、空间布置与绿化等活动过程。本书主要从幼儿园园舍选址与布局、室内外环境的创设来探讨幼儿园物质环境的安全创设。

(一)幼儿园园舍选址与建筑布局

幼儿园园舍建筑的选址与布局是否合理直接影响着幼儿的生命安全及幼儿园的财产安全，影响着家长择园的决定。

1. 园舍的选址

正确的园址选择是幼儿园安全保障的前提。周边环境是否安全、交通是否便利、接送是否方便是家长择园时考虑的首要因素。幼儿园周边环境的质量直接影响到幼儿身心的健康成长。根据中华人民共和国城乡建设环境保护部、中华人民共和国国家教育委员会联合颁发的《托儿所、幼儿园建筑设计规范（征求意见稿）》的要求，幼儿园园址选择要遵从"一远离二靠近"的原则，即远离危险地带，靠近绿化地带，靠近居民小区。具体要求如下。

首先，园舍周围环境应安全，无污染、无噪声、无危险。交通便利，地质条件好，排水畅通，日照充足，远离各种污染源，公用配套设施完善；避开码头、机场、火车站等噪声源，远离河道、输气管道、交通干道以及高压输变电线路和加油站等地段；不与公共娱乐场所、集贸市场、通信发射台等不利于幼儿身心健康和危及幼儿安全的场所相毗邻。

其次，幼儿园的园舍和场地应相对独立，如不能独立，应有独立的出入通道和相应的安全防护措施。园所面积要符合国家卫生标准。按幼儿人均面积计算，全日制幼儿园人均面积应为 15～20 平方米；寄宿制幼儿园的人均面积应为 20～25 平方米。活动场地和绿化带面积不足的幼儿园可以借助园所附近的社区活动场地来扩大幼儿的活动空间。

最后，园所的选址应考虑是否便于幼儿就近入园，方便家长接送。

2. 园舍建筑布局

《托儿所、幼儿园建筑设计规范（征求意见稿）》中明确规定：幼儿园设计必须执行"安全第一"的原则，必须保证园内每一个场所的环境安全，保证在园内生活、活动每一个环节的环境安全，在遭到意外灾害时，幼儿园的建筑和设施应具有抵御灾害的能力，并且能够使园内幼儿安全、迅速地脱离危险场所。

建设一所好的幼儿园必定是经过整体规划的，园舍布局合理适当，区域划分清晰实用。例如，可供幼儿活动使用的楼房建筑一般 4 层以下为宜，且上下楼梯方便，发生意外时能够快速撤离。室外有足够的户外活动场地与空间，室内外装饰美观、安全卫生、绿色环保，符合幼儿年龄特点和身体发育水平。幼儿园建筑物设计的具体要求可参见中华人民共和国行业标准《托儿所、幼儿园建筑设计规范（征求意见稿）》。

（二）室内环境的安全创设

幼儿在园期间的大部分活动是在室内进行的，为保障活动的顺利开展，创设一个安全的室内活动空间就显得格外重要。室内环境的创设主要包括对活动室、休息室、盥洗室以及公共活动房舍等的设计。

1. 活动室

活动室是幼儿园园舍的主体，是幼儿游戏、生活和活动的主要场所。从

85

安全的角度出发,在设计时应注意以下几方面要求。

(1)活动室的楼层分配。

幼儿园楼房建筑不宜超过三层,托班、小班生活、活动用房宜在二层以下(含二层),中班、大班生活、活动用房宜在三层以下(含三层),办公及辅助用房所在楼层宜根据实际情况确定,以利于在遇到突发性紧急事件的情况下,各年龄班幼儿能在老师的带领下快速离开楼房到达安全地带。

(2)活动室的建筑要求。

活动室要求通风良好,照明充足,有足够的活动面积和空气容量。按照国家教育部规定,每间供 30 名幼儿使用的活动室面积应为 90 平方米,即每名幼儿 3 平方米,减去设备和材料的占地面积,约为 2.5 平方米。活动室空间还要考虑到空气容量,高度在 3.3 米以上,使生均空气容量达 8~10 立方米。活动室窗子设计成推拉式,朝向南,窗台高约 50~60 厘米,窗上檐离地面高度要大于 2.8 米。在自然光线不足的情况下要保证足够的人工照明灯具(按照每20 平方米配 1 支日光灯的比例安装)。

活动室内经过装饰的墙面应保持干净、无锐刺,地面应防滑,集体活动区域的地面不宜单独铺地毯、泡沫地垫等,以防因室内地面高低不平而导致幼儿摔伤、碰伤等情况的发生。活动室内各种电器的电源插座要进行整体设计规划,一般要固定安置在离地面 1.5 米以上高度的墙面上,电线要埋入墙壁内或在外面包裹安全绝缘的塑料管,不能裸露。

(3)活动室的区域划分及物品摆放要求。

活动室的整体布局应注重美观、协调以及可变性。室内设施摆放合理,有利于幼儿学习操作和对环境的探索;家具应轻便易搬,无锐角,高度不宜超过幼儿身高,在幼儿视线范围以下为宜;室内物品摆放规则整齐,可有形象的图示进行说明,剪刀、笔等尖锐物品以及暖瓶、烧水器、消毒柜等放在安全地方。同时,可根据教育教学活动的需要用大型积木、钢琴等设备分隔活动区域,各活动区要注意动静分开,投放的玩具、材料等要保证无毒、无菌、无害。教师制订安全规则并监督幼儿执行,使各活动区最大限度地发挥其教育功能,成为幼儿喜爱的安全环境。

(4)活动室的卫生消毒要求。

活动室内应按照每 15 平方米配 1 支消毒灯的比例安装紫外线消毒灯。消毒灯的开启应在幼儿离园(班)后,关闭要在幼儿入园(班)之前。

2. 休息室

休息室是幼儿午睡休息的场所。条件好的幼儿园有专用的休息室,也有为数不少的幼儿园将活动室和休息室合用,使用叠放方便的简易睡床或装设翻板壁床。休息室的环境创设应注意以下几个方面。

第一,休息室应注意通风、防潮、清洁;冬天注意关窗保暖,夏天注意通风降温,窗户要安装防蚊虫纱窗。

第二,休息室的装饰应以安静、浅色、适宜睡眠的色调为主;窗帘应采用避光性较好的冷色,床单色彩要单一;室内不宜使用日光灯。

第三,室内床的摆设要避免拥挤干扰,便于管理,行间距 0.9 米为宜;儿童床的材质以木质为宜,床边角不能有尖锐的毛刺和锐角;如果采用上下铺,要结实、稳固,有高度不低于 0.3 米的安全护栏,床高不应超过 1.2 米。

第四,制订有序的午睡规则,提醒幼儿不把小玩具、小石子等带到休息室内,更不能把异物放入口中、鼻孔和耳朵里;午睡时教师要加强巡检,培养幼儿养成正确睡姿,防止幼儿午睡时发生危险。

3. 盥洗室

盥洗室是幼儿在园盥洗、如厕的场所。盥洗室空间相对狭小封闭且湿滑,是意外事故的高发地。有研究统计,在幼儿园内发生的幼儿意外伤害事件中,约 30% 发生在盥洗室。创设安全的盥洗环境,应该注意以下问题。

(1)盥洗室位置。

盥洗室应位于邻近活动室和休息室的地方以方便有需求的幼儿及时使用;盥洗室地面要易于清洗、渗水性强、地砖具有防滑功能;室内盥洗设施和如厕设施要分开,给幼儿更多走动、转身、洗手、如厕等活动空间。

(2)盥洗设施。

盥洗室内应配备与儿童身高、数量相适应的梳洗镜、洗手盆和防溅水龙头;儿童盥洗池的高度为 0.50~0.55 米,宽度为 0.40~0.45 米,水龙头间距为 0.35~0.40 米。一般要安置水龙头 5~7 个;选用质量好、水流缓、耐用的节水型水龙头,采用旋转式、感应式、按压式等多种开关方式的水龙头,让幼儿从小有多方面认知,提升幼儿生活品质。盥洗室应设有清洁用具、消毒用品存放处,并有专用标志,要上锁,以免幼儿因好奇而直接接触,引发中毒或灼伤。

(3)如厕设施。

儿童厕所采用水冲式,每个厕位的平面尺寸为 0.8 米×0.7 米,沟槽式便池要加装幼儿扶手,槽宽为 0.16~0.18 米,两侧用防滑砖;坐式便器高度为 0.25~0.3 米,女孩厕所不宜用坐便器,以免清洗不及时发生交叉感染;制订盥洗室使用安全规则,幼儿集体洗漱、如厕时,应分批、分组有序进行,以防因幼儿过多发生碰撞、打闹、滑倒等意外事故。

4. 科学发现室

科学发现室是幼儿园内专用功能室，是专为幼儿创设的科学探究的环境，不同于班级科学区。它从属于整个幼儿园，各年龄班幼儿共享，一般面积较大，设备和材料更为丰富。它的建立为幼儿提供了更充足的、进行自主科学探究活动的空间和条件，满足了幼儿的好奇心和求知欲。由于科学发现室内有各种声、光、电、火等仪器设备和工具，还有许多动植物标本，幼儿天性好奇、好动、好探究，他们常会在教师照看不到的情况下自己触摸、开启、品尝科学发现室的一些设备、工具和标本，如果幼儿操作不当，会造成人身伤害。因此，创设一个安全的科学发现室环境具有十分重要的意义。

第一，科学发现室应配备操作台和材料柜，提供水源及用于开展各种探索活动的玩教具、操作材料等。

第二，操作台和材料柜应与幼儿身高相适应，材料柜不应超过 90 厘米；科学发现室室内空间应该加以立体利用，按照活动主题动静分隔，可以利用操作台或材料柜加以分隔，室内较大的仪器和设备占用空间较大，可以优先考虑其位置，包括对水电光的要求；较小的物品材料可以归类摆放在橱柜里，用图示明确材料的操作流程和细则，指导幼儿在自主活动中遵守规则，安全操作。

第三，用电设备要靠近电源，电源插头和插座要进行统一设计规划，电线不裸露，不拖挂，设置在高于地面 1.5 米以上的墙壁上。

第四，一般动植物标本都经过化学处理，含有大量甲醛，应放在通风或有玻璃门的橱柜里，需要拿出来就近观察时，应加护有机玻璃罩。

第五，做实验用的各种化学药剂要密封保存，最好由教师取放操作，禁止幼儿取放、开启化学药剂，以免造成泄漏、外溢伤及幼儿肌肤；实验用酒精灯要由教师来操作，以免幼儿因点火被烧伤、烫伤。

5. 阅览室

阅览室是幼儿园公用功能室之一，与班级阅读区相比空间更大，图书的种类和数量更多，可以同时满足多名幼儿自主阅读的需求。在阅览室幼儿可以自由选择自己喜欢的图书，可以不受他人催促与干扰，安静悠闲地阅读图书。创设安全的阅读环境可防止因争抢图书、肢体冲突而发生意外事故。

第一，由于阅读的特殊性，要求阅览室空间要宽敞，周围环境要安静，窗子南朝向，照明充足；在自然光线不足的情况下，按照每 20 平方米配 1 支日光灯的比例安装足够的人工照明日光灯。

第二，阅览室应按照相关要求配备数量足够的开放式书架及桌椅；书架不能有尖角、毛刺防止幼儿被刺伤、碰伤；书架高度不高于 1 米，方便不同年龄段幼儿取放图书。

第三，阅览室地面宜采用有弹性的塑胶地垫、柔软的地毯或充气垫；图书封面朝向幼儿摆放，高度与幼儿视线相当。

第四，阅览室应用图示说明阅读规则，以规范幼儿阅读行为，让幼儿学会阅读，养成良好的阅读习惯，懂得不打扰他人阅读，也不轻易被他人干扰。

6. 公共通道

幼儿园除了各班级固定使用的活动室、休息室、盥洗室、公用功能室外，还有一些地方是大家共同使用的过往通道，如幼儿园门厅、走廊和楼梯等。这些地方容易发生幼儿意外伤害事故，也是幼儿园安全环境创设上的盲区。因此，应注意公共通道安全环境创设。

(1)门厅。

门厅是供家长接送幼儿入离园等待、幼儿进出班级开展室内外活动时使用的活动空间，属于非正式活动区域，通常设有休息椅、书报架、大屏幕电视、大型观赏鱼缸等。此处应避免摆放过大、过重或坚硬的物品，节约有限空间，防止过往的人发生意外碰撞。

门厅内的地面应使用防水、防滑材料，如遇阴雨天气要铺设防滑地垫，摆放防滑标志，设置雨具收集箱等，及时提醒来往的幼儿、家长和老师小心慢行。

门厅内如有水泥立柱，要用海绵垫、软布或粗麻绳缠绕包裹，安全保护高度以 1.2～1.5 米为宜，防止幼儿不小心碰撞立柱发生伤害。

在幼儿离园或集体外出时，要安排教师在门厅内值班，提醒幼儿有序通过，避免在门厅内长时间停留阻塞通道。

(2)楼梯。

幼儿园建筑多为多层建筑，每天幼儿上下楼梯有 3～4 次。由于幼儿正处于动作发展阶段，他们的下肢力量，身体平衡能力、上下肢协调性都较弱，所以容易出现踏空摔倒现象。而上下楼梯多为集体活动，容易因拥挤、推搡而导致摔倒磕碰。楼梯安全环境的创设应注意以下问题。

楼梯除设有成人扶手外，还应在成人扶手下加设幼儿扶手，其高度不应大于 0.6 米。幼儿园楼梯宽度不应小于 1.2 米，要有上下楼明确的分隔标识，从楼梯走道的中间一分为二，用图示说明上下楼的行走路线，以环境的物化作用帮助幼儿养成右上、右下的上下楼习惯。楼梯阶梯的高度不应大于 0.15

米，宽度不应小于 0.26 米，过高会使幼儿左右脚交替上楼时出现身体重心不稳的现象；楼梯过窄会使幼儿脚底无法全部落在楼梯上，导致部分脚底悬空，容易发生踏空危险。楼梯栏杆垂直线饰间的净距不应大于 0.11 米，当楼梯井净宽度大于 0.20 米时，必须采取安全防护措施。楼梯间可采取封闭式设置，开放式楼梯间不宜摆放玩具和杂物，楼梯间光线要好，楼梯表面做好防滑处理。室外安全疏散楼梯应有防水、防滑措施，以免阴雨天气湿滑或严寒天气结冰导致幼儿滑倒。

7. 幼儿独处空间

有条件的幼儿园可以给幼儿设置独处空间。当幼儿受挫、挨批评、闹纠纷乃至被误解而感到不痛快时，他们会在独处的空间里找到安慰。相对安静私密的空间对幼儿心理保健具有重要作用。

幼儿独处空间一般设在比较僻静的地方，可以是一间单独的小房间，也可以设置在相对封闭的楼梯拐角；独处空间内的设施简单，放置小沙发、软垫、绒毛玩具等；空间色彩柔和，以暖色为主，让孩子有安全感。

(三)户外环境的安全创设

幼儿园户外环境的创设主要包括场地的安全设计与活动设施设备的安全购置与摆放等。幼儿园应有足够的户外活动空间和坚固安全的设施设备保障幼儿活动的开放性和安全性。

1. 户外活动场地

户外活动场地是幼儿园开展户外体育、游戏活动，进行大型集会活动的重要场所。幼儿园户外活动场地(包括可利用的楼顶平台、走廊)分为共用活动场地和分班活动场地。

(1)活动场地的设计与使用。

①活动场地的面积要求。活动场地的面积不小于 4 平方米/生。共用活动场地应设置游戏场地、活动器械场地、30 米直跑道、沙池、戏水池及饲养区等。其中游戏场地包括硬化场地及草地、沙土地(塑胶场地)等软场地。分班活动场地每班不少于 60 平方米。

②活动场地的设计要求。户外游戏场地的设计应遵循安全实用、卫生舒适的原则，结合幼儿活泼好动的特点体现童趣。地面平坦，以具有保护作用的柔软草地或塑胶地面为主，幼儿可以根据自己的意愿在地面上走跑跳翻，滚爬立卧。

室外活动场地应配备良好的排水系统。场地四周离场地边缘 1 米处应画有边界线或警示线，提醒幼儿活动时不得超出边界线。场地周围避免修建高台，如需修要将其边角做圆弧状处理；如有水沟，要铺上盖子，以免幼儿在场地边活动时不慎磕碰、踏空陷落。

③活动场地的使用要求。教师带领幼儿到场地活动之前，要对场地进行打扫和检查，捡拾遗落的杂物，检查地面是否有破损、鼓起，如有发现，要及时通知后勤工作人员整理修补。

④创造性地设计使用活动场地。有条件的幼儿园还可以将户外活动场地设计成小小游乐园，设置玩沙池、戏水池，沙池深为 0.3～0.5 米，蓄水深度不超过 0.3 米，面积大小与办园规模相适应，池中沙(不得使用工业用沙)、水应经常更换，保持清洁卫生，让幼儿创造性地开展各种游戏，如沙堆塑造、涉水嬉戏、观察倒影等。还可以铺设不同材质的地面，石子路面、耐火砖地面、青石板地面、泥地、草地，让幼儿观察体验生活中的真实场景，学会面对危险、避免危险的方法与技能。

(2)绿化用地的设计。

绿化用地包括集中绿地、种植园地和房前屋后、道路两侧的零星绿地面积。绿化用地面积基本指标应不小于 2 平方米/生，规划指标不小于 4 平方米/生。有条件的幼儿园要扩大绿化面积，绿地率不低于 35%。面积受限的幼儿园可采用屋顶花园、垂直绿化等多种方式扩大绿化面积。园内的绿化应以花草为主，乔灌木为辅，尽可能种植一些适宜本地区气候条件的常见花草树木、蔬菜瓜果等，可以让幼儿在其中摘花拔草，捉昆虫、捕蝴蝶，乐享阳光和大自然带来的快乐。园内不宜种植高大树木，以免影响室内采光；严禁种植有毒、带刺的植物，以免幼儿受到意外伤害。

2. 户外大型运动器械

幼儿园室外大型运动器械具有攀、爬、滑、钻、荡、平衡、投掷等功能，是发展幼儿身体机能，促进其身体健康成长的必要内容和途径。3～6 岁幼儿年龄尚小，身体控制能力较弱，动作不够协调灵活，当他们争先恐后地在大型活动器械上钻爬攀登，体验着快乐的同时很容易玩得忘乎所以，出现推搡、拥挤现象，造成碰伤、摔伤等事故。有调查表明，每年发生在幼儿园大型器械上的伤害事故占全年总事故的 30%。只有合理选择、正确安装、规范使用、定期维护，才能使户外大型运动器械更好地为幼儿的健康成长服务。

(1)器械选择。

根据幼儿园园舍空间大小和大型运动器械的组合样式选择质地优良、材料坚固、做工精细、有售后服务保障的正规厂家产品。可操作性户外运动器械应以低结构器械为主，宜选择色彩丰富、玩法多样的玩具，如轻巧、美观的高密度塑料组合平衡木、多功能滑梯、跷跷板、滚筒等。

（2）器械安装。

大、中型运动器械应固定安装在草坪、塑胶地垫、沙池等软质地面上，以保护幼儿安全，避免身体伤害；器械之间应保持足够的安全距离，周边要设有一定的缓冲场地，避免幼儿发生拥挤和碰撞。

（3）器械配备。

根据幼儿年龄和身体发育特点配备相应的运动器械。3 岁以下幼儿以配备单一功能的运动器械为主；4 岁以上幼儿可配备简单的组合式套装器械；5 岁以上幼儿可配备集攀爬、钻滑、悠荡、平衡为一体的大型组合式套装器械。禁止使用全封闭的滑梯和通道，且运动器械上的装饰物不能遮挡教师和幼儿的视线。

（4）器械维护。

幼儿园应建立大型运动器械的安全使用、检查维修和卫生清洁制度，由专人负责卫生清扫，专人负责检查维护并做好记录。发现有破损、螺丝松动等现象要马上报告并及时进行维修或暂停使用。

（5）使用规范。

建立大型运动器械使用规范，指导幼儿正确使用大型运动器械，如每次活动前做好检查，提出安全要求；根据组合功能将全体幼儿分组游戏，依次从不同方向进入器械；对个别幼儿的危险动作和行为教师要及时干预、制止；活动结束后及时总结，清点幼儿人数。

（6）自制活动器械。

幼儿园不接受生产企业的试用产品，提倡幼儿园参照相关的标准和要求就地取材，利用各种无毒无害、安全卫生的自然物和废旧材料自制活动器械，如利用废旧轮胎或废纸箱做山洞，用饮料瓶松紧带做拉力器等。废旧物品的使用要注意清洗消毒，并定期检查及时更换，以免危害幼儿身体健康。

3. 屋顶平台

随着社会经济的发展，城市用地日趋紧张，如何充分利用现有环境，扩大幼儿活动空间、建造立体生态的环境成为众多幼儿园管理的共识。开辟屋顶平台空间改造成楼顶平台活动场地或建造屋顶平台花园成为幼儿园环境创设的最佳选择。

安全是屋顶平台活动空间或花园的首要保证。屋顶平台能够活动的先决条件是建筑物是否能安全地承受几十名幼儿同时活动所附加的荷载。这里所指的"安全"包括结构承重和屋顶防水构造的安全使用,以及屋顶四周的防护栏杆的安全等。

(1)结构承重安全。

结构承重安全是开辟屋顶平台活动空间的先决条件。如果活动时超过建筑物结构构件的承受能力,那么建筑物将有倒塌的危险。屋顶活动空间建造时,其结构设计可参照建筑安全规定,一般选用 200~250 千克/平方米的荷载,并根据原建筑物设计施工方案预留出充足的承载力,以保障幼儿在平台上的活动安全。

(2)屋顶的防水构造安全。

屋顶的防水构造安全是房屋安全的重要因素之一。防水层是为了防止雨水等进入屋面而设的材料层,一般包括柔性防水层(用油毡或 PEC 高分子防水卷材料粘贴而成的防水层)、刚性防水层(在钢筋混凝土结构层上,用普通硅酸盐水泥砂浆掺 5%防水粉抹面而成的防水层)和涂抹防水层(用聚氨酯等油性化工涂料,涂刷成一定厚度的防水膜而成的防水层)。应特别注意女儿墙、排水口等薄弱环节的处理,避免因刚性防水层面出现裂缝、柔性防水层铺设接口不严或涂抹不均而造成屋顶积水或渗漏。活动地面铺设有弹性的塑胶地面或人造草皮地面为宜。

(3)屋顶平台防护围栏。

屋顶平台活动场地应设置独立出入口和安全通道,必要时应设置专门的疏散楼梯。为防止高空物体坠落,保证幼儿安全,还应在屋顶周边设置高度在 1.2 米以上的防护围栏,防护围栏栏杆垂直线饰间的净距不应大于 0.11 米,且不加横向支撑。同时要注意屋顶平台活动器械应以适合幼儿平面活动的为主,不宜放置大型组装式可攀爬类玩具。

建造屋顶平台花园应根据《城市楼顶平台花园设计规范》中的相关规定进行设计,以"安全实用、精致美观"为原则,为幼儿开辟新的休息、活动场所,美化、绿化幼儿园整体环境,增加幼儿园绿地面积,打造田园式园所。

二、幼儿园精神环境的安全创设

幼儿园的精神环境是指幼儿园内对幼儿身心发展产生影响的一切精神要素总和,主要包括教育观念、教育行为、幼儿园制度、幼儿园文化等方面。《幼儿园教育指导纲要(试行)》明确要求:建立良好的师生、同伴关系,让幼儿在集体生活中感到温暖,心情愉快,形成安全感、信赖感。精神环境虽然是无形的,但却直接影响着幼儿的情感、交往行为和个性发展,可以说精神环境是更为重要的幼儿园环境。良好的精神环境可以帮助幼儿建立融洽、和谐、健康的人际关系，使幼儿产生积极愉悦的情感体验，形成有序的一日生活常规和行为准则，产生安全感。反之，不良的精神环境会使幼儿产生不良的情感体验，影响其身心的健康发展，甚至会对今后一生的健康和幸福产生影响。因此，创设安全和谐、文明有序、积极向上的精神环境是幼儿健康快乐成长的基本前提之一。

(一)正确的儿童观是精神环境创设的基础

儿童观是人们对儿童的看法和态度，即我们怎样看待和认识儿童。正确的儿童观应以幼儿为本，与幼儿有良好的交流与沟通，了解幼儿的兴趣与需要，尊重理解幼儿，关注每一个幼儿的成长。学会站在幼儿的角度看问题，体会幼儿的内心，用孩子的心理看世界，营造理解、认同、鼓励、支持的氛围，使每个幼儿都能在原有基础上得到提高。这是教师教育技巧、教育能力的体现，更是教师儿童观、教育观的反映，是幼儿园精神环境创设的基础。

幼儿是通过与环境的相互作用获得经验的，他们在生活中发展，在发展中生活。因此，幼儿园要在自由宽松的精神氛围中培养幼儿的兴趣爱好，满足幼儿的心理需求，帮助幼儿形成安全和谐的内部心理环境，给幼儿充分的心理安全和自由。

(二)友爱和谐的人际关系是精神环境创设的关键

人际关系是在社会生活实践过程中，个体所形成的对其他个体的一种心理倾向及其相应的行为。现代管理科学认为，人际关系是激励工作群体不可缺少的社会心理因素。良好的人际关系对幼儿的心理健康具有十分重要的意义。幼儿园友爱和谐的人际关系包括尊重平等的师幼关系、友爱互助的同伴关系、团结合作的同事关系以及和谐统一的家园关系。

1. 尊重平等的师幼关系

师幼关系可以说是幼儿园教育中最基本、最重要的人际关系。师幼关系融洽与否直接影响到幼儿身心的健康成长。首先，教师应当支持、尊重并接受幼儿的各种行为和表现，善于理解幼儿的各种情绪情感的需要，相信幼儿有自我判断、正确选择的能力并对幼儿的各种行为做出积极的反应。其次，教师应当以民主的态度平等地对待每一位幼儿。允许幼儿表达自己的想法和建议，而不以权威压制幼儿，尊重幼儿的个体差异，善待幼儿的不足。最后，教师在与幼儿交往的过程中应尽量采用适宜的肢体语言(例如，微笑、点头、注视、肯定性手势、抚摸、轻拍脑袋、肩膀等)来表达自己对幼儿的关心、接纳、鼓励、肯定等积极情感。

2. 友爱互助的同伴关系

班级是幼儿从家庭个体生活走向社会集体生活的基本社会关系群体。建立班级内友爱互助的群体氛围是幼儿园精神环境创设的重要内容。

首先，教师作为建立群体关系的主导者，不仅要掌握幼儿身心发展的规律，还要研究幼儿群体对每个成员的心理和行为产生的影响。鼓励每个幼儿积极参加班集体的各种活动，在活动中鼓励幼儿彼此之间进行良性互动，及时肯定他们的参与热情和良好表现，让幼儿产生安全感和归属感。

其次，教师要引导幼儿学会相互交流。交流有助于舒缓紧张的情绪，了解他人的需求，同时能够使幼儿学会与他人交往的正确方式。多给幼儿创造交流互动的机会，学会观察他人喜怒哀乐的表情，了解他人的情绪情感状态，知道如何友善待人，如何为他人提供帮助等。

最后，建立相互关心、友爱互助的良好氛围。在日常教育活动中，教师要通过各种方式教幼儿学会关心他人。如每天清晨点名时，可让幼儿看一看、说一说哪些小朋友来了，哪些没来？组织幼儿通过电话短信等方式，了解同伴没来的原因，学会关心他人。让没来园的幼儿感受到集体关怀的温暖，让来园的幼儿明白怎样关心同伴，形成同伴间相互关心、和睦友爱的良好氛围。

3. 团结合作的教师关系

教师与教师之间的人际交往对幼儿的社会性培养具有重要的影响。在缺乏人际交往的环境里幼儿无法获得交往所需的相互性和意向能力，无法获得归属感。俗话说身教重于言教，教师间的交往是幼儿同伴交往的重要榜样。教师应用自己的实际行动教会幼儿互相关心、帮助、抚慰、合作等行为。如果教师自己做到了，那幼儿就很容易产生这种行为方式并且长期稳定下来。教师间的交往影响到班级、幼儿园是否具有良好的人文环境。教师之间、教师与领导之间的相互关心、相互帮助无形中会给班级、幼儿园带来一股温情的气氛，在这种气氛的感染下更容易激发教师积极的社会性行为和工作热情。幼儿也会从中耳濡目染，逐渐形成良好的交往品质。久而久之，这种良性的人际交往有助于营造幼儿园健康向上的人文大环境。

4. 和谐统一的家园关系

和谐统一的家园关系是指教师与家长之间应建立相互尊重、密切合作的伙伴关系。家庭和幼儿园是影响幼儿发展的重要因素。教师与家长之间的关系融洽与否直接影响着幼儿心理的健康发展。在家园关系中，教师是家园合作活动的发起者、组织者与参与者，因此，教师应主动加强与家长的情感沟通与信息交流，了解家长对幼儿教育的需要，尽可能满足家长的教育需求，激发家长参与家园合作活动的兴趣和热情，建立良好的合作伙伴关系，以和谐、民主、平等的家园关系为幼儿健康发展架起安全的桥梁。

（三）完善的安全制度是精神环境创设的保障

建立健全安全管理制度是幼儿园工作有序、稳步发展的基本前提，是幼儿园精神环境创设的有力保障。幼儿园应建立健全安全制度体系，制订与幼儿园行政管理、教育教学以及保育等各项工作相关的安全管理制度，为幼儿创设一个全方位的安全制度环境。

1.“一岗双责制”是精神环境创设的基础

“一岗双责制”顾名思义是指某一具体岗位兼有双重责任的制度。幼儿园安全工作“一岗双责制”也就是一个岗位有两种责任，是指每个人在完成一个岗位的业务责任的同时，还要承担起安全管理的责任。“一岗双责制”是推行全员安全管理的重要举措，其对象包括幼儿园全体教职工。

幼儿园应建立园内安全工作领导机构，园长既是幼儿园行政工作的第一责任人，也是安全工作领导机构的第一责任人；其他工作人员同样要在完成本职业务工作的同时，承担相应的岗位安全工作职责。岗位责任人员因失职、渎职或违规、疏于管理、未恪尽职守等情况，导致本职工作任务未能顺利完成或造成安全事故的要承担相应的责任。幼儿园要坚持“安全第一、预防为主、综合管理”，持之以恒地把幼儿园的安全管理工作抓细、抓实、抓好，每年要逐级签订安全责任书，明确责任，实行责任追究，为幼儿和教职工创造一个安全、和谐的心理环境。

2. 完善的安全制度是精神环境创设的保障

《中小学幼儿园安全管理办法》明确规定：“学校应当遵守有关安全工作的法律、法规和规章，建立健全校内各项安全管理制度和安全应急机制，及时清除隐患，预防发生事故。”说明中小学幼儿园安全制度包括园长负责制、门卫制度、外来人员登记或者验证制度、危房报告制度、安全隐患排查制度、消防安全制度、活动室安全管理制度、安全信息通报制度、宿舍安全管理制度、校车管理制度、安全档案管理制度等。但幼儿园孩子不同于中小学生，幼儿年龄小，缺乏安全防范意识和基本的自我保护能力，因此，在上述制度的基础上，幼儿园还应增加幼儿接送制度、健康体检制度、安全教育制度、一日活动安全检查制度、周边环境安全管理制度等，加强对幼儿的监管力度，不断创建和完善安全管理制度，形成幼儿园、家庭、社会齐抓共管的安全管理机制，为幼儿的健康与安全保驾护航。

综上所述，幼儿园安全环境的创设是一项复杂的系统工程。建立健全安全管理制度是幼儿园工作有序、稳步发展的基本前提，在园内应加强安全管理，"横到边，纵到底"，不留死角，同时，还应当注意幼儿园周边环境的安全管理，建立幼儿园周边环境管理制度，加大宣传，争取更多的力量关注、关心幼儿园的安全。主动与派出所、社区办联系，协调有效资源加强周边环境的治理，不因周围的施工、经商而影响幼儿的安全，为幼儿营造健康安全的成长环境。定期排查，发现隐患和高危人员及时向有关部门报告，让孩子们在蕴含教育价值的环境作用下健康、和谐、全面的发展。

相关链接

幼儿园安全管理制度

1. 幼儿园应遵守有关安全工作的法律、法规和规章，建立健全各项安全管理制度和安全应急机制，及时消除隐患，预防发生事故。

2. 幼儿园应当建立园内安全工作领导机构，实行园长负责制；应当设立保卫机构，配备专职或者兼职安全保卫人员，明确其安全保卫职责。

3. 幼儿园应当健全门卫制度，建立园外人员入园的登记或者验证制度，禁止无关人员和园外机动车入内，禁止将非教学用易燃易爆物品、有毒物品、动物和管制器具等危险物品带入园内。幼儿园门卫应当由专职保安或者其他能够切实履行职责的人员担任。

4. 幼儿园应当建立园内安全定期检查制度和危房报告制度，按照国家有关规定安排对幼儿园建筑物、构筑物、设备、设施进行安全检查、检验；发现存在安全隐患的，应当停止使用，及时维修或者更换；维修、更换前应当采取必要的防护措施或者设置警示标志。幼儿园无力解决或者无法排除的重大安全隐患，应当及时书面报告主管部门和其他相关部门。幼儿园应当在园内高地、水池、楼梯等易发生危险的地方设置警示标志或者采取防护设施。

5. 幼儿园应当落实消防安全制度和消防工作责任制，对于政府保障配备的消防设施和器材加强日常维护，保证其能够有效使用，并设置消防安全标志，保证疏散通道、安全出口和消防车通道畅通。

6. 幼儿园应当建立用水、用电、用气等相关设施设备的安全管理制度，定期进行检查或者按照规定接受有关主管部门的定期检查，发现老化或者损毁的，及时进行维修或者更换。

7. 幼儿园应当严格执行《幼儿园食堂与幼儿集体用餐卫生管理规定》《餐饮

业和幼儿集体用餐配送单位卫生规范》，严格遵守卫生操作规范。建立食堂物资定点采购和索证、登记制度与饭菜留验和记录制度，检查饮用水的卫生安全状况，保障师生饮食卫生安全。

8. 幼儿园应当严格建立实验室安全管理制度，并将安全管理制度和操作规程置于实验室显著位置。幼儿园应严格建立危险化学品、放射物质的购买、保管、使用、登记、注销等制度，保证将危险化学品、放射物质存放在安全地点。

9. 幼儿园应当按照国家有关规定配备具有从业资格的专职医务（保健）人员或者兼职卫生保健教师，购置必需的急救器材和药品，保障对幼儿常见病的治疗，并负责幼儿园传染病疫情及其他突发公共卫生事件的报告。有条件的幼儿园，应当设立卫生（保健）室。新生入园应当提交体检证明。托幼机构与小学在入托、入园时应当查验预防接种证。幼儿园应当建立幼儿健康档案，组织幼儿定期体检。

10. 幼儿园应建立幼儿安全信息通报制度，将幼儿园规定的幼儿入园和离园时间、幼儿非正常缺席或者擅自离校情况以及幼儿身体和心理的异常状况等关系幼儿安全的信息，及时告知其监护人。对有特异体质、特定疾病或者其他生理、心理状况异常的幼儿，幼儿园应当作好安全信息记录，妥善保管幼儿的健康与安全信息资料，依法保护幼儿的个人隐私。

11. 寄宿制幼儿园应建立住宿幼儿安全管理制度，配备专人负责住宿幼儿的生活管理和安全保卫工作。幼儿园应当对幼儿宿舍实行夜间巡查、值班制度。幼儿园应当采取有效措施，保证幼儿宿舍的消防安全。

12. 幼儿园购买或租用机动车专门用于接送幼儿的，应当建立车辆管理制度，并及时到公安机关交通管理部门备案。接送幼儿的车辆必须检验合格，并定期维护和检测。接送幼儿专用校车应当粘贴统一标识。标识样式由省级公安机关交通管理部门和教育行政部门制订。幼儿园不得租用拼装车、报废车和个人机动车接送幼儿。接送幼儿的机动车驾驶员应当身体健康，具备相应准驾车型3年以上安全驾驶经历，最近3年内任一记分周期没有记满12分的记录，无致人伤亡的交通责任事故。

13. 幼儿园应建立安全工作档案，记录日常安全工作、安全责任落实、安全检查、安全隐患消除等情况。安全档案作为实施安全工作目标考核、责任追究和事故处理的重要依据。

资料来源：《中小学幼儿园安全管理办法》

第五章　幼儿园突发事件应急

《中华人民共和国突发事件应对法》和《中小学幼儿园安全管理办法》明确规定，幼儿园应建立健全安全预警机制，制定突发事件应急预案，完善事故预防措施，及时排除安全隐患，不断提高幼儿园安全工作管理水平。幼儿的安全关系千家万户的幸福和社会的稳定，幼儿园安全管理应本着"生命第一，预防为主"的原则，加强突发事件应急工作的管理，提高应急管理的能力与水平，杜绝各种安全隐患，防患于未然。

第一节　幼儿园突发事件应急的指导思想与组织管理

幼儿园突发事件应急应坚持以人为本的方针，认真落实"预防与应急并重"和"横向到边、纵向到底"的要求，健全应急预案体系，完善应急体制机制，强化应急基础设施建设，依靠现代教育技术，动员社会力量共同参与，提高全体教职工应对突发事件的能力，保障师幼生命及幼儿园财产安全，维护幼儿园安全稳定，促进幼儿平安、健康、身心和谐发展。

一、幼儿园突发事件应急的指导思想

要明确幼儿园突发事件应急的指导思想，首先要理解什么是突发事件，什么是幼儿园突发事件应急。

（一）突发事件应急的含义

《中华人民共和国突发事件应对法》将"突发事件"界定为：突然发生，造成或者可能造成严重社会危害，需要采取应急措施予以应对的自然灾害、事故灾难、公共卫生事件和社会安全事件。

应急是指应对突然发生的需要紧急处理的事件。其中包含两层含义：客观上，事件是突然发生的；主观上，需要紧急处理这种事件。钱伯斯词典把应急（Emergency）定义为：突然发生并要求立即处理的事件。

幼儿园突发事件是指在幼儿园内突然发生的，影响师幼生命安全和幼儿园财产安全的，需要采取紧急应对措施的事件。突发事件具有难以预见、危

99

害严重、处置紧迫、影响广泛等特点,如果不及时处置将会对师幼人身安全、幼儿园教育教学工作、生活秩序及社会稳定等造成严重的影响和危害。

幼儿园突发事件应急是指幼儿园应对突然发生的、危及师幼人身安全、幼儿园教育教学工作、生活秩序的事件时,在事前预防、事发应对、事中处置和善后管理的过程中,通过建立必要的应对机制所采取的一系列必要的措施。

(二)幼儿园突发事件应急的指导思想

幼儿园突发事件应急应坚持以预防为主,预防和应急救援相结合的原则,把工作重点放在事故防范上。根据《中华人民共和国突发事件应对法》的相关规定,幼儿园应制定具体的应急预案,配备报警装置和必要的应急救援设备、设施并注明使用方法,在适合幼儿视线的显著位置标明安全撤离的通道、路线,保证安全通道、出口的畅通。应加强应急演练,强化师幼安全意识,提高师幼安全防范能力和突发事件的应对能力。

1. 应急管理制度化

应急管理制度化是幼儿园应急管理工作得以顺利开展的有力保障。幼儿园是一个人群密集的特殊社会场所,教职工绝大多数为女性,女性群体在家庭、社会体系中一般处于被保护地位。而其所服务的对象——幼儿又是所有人群中的弱势群体,幼小的孩子本身缺乏基本的安全常识和自我保护能力。鉴于此,幼儿园应建立健全安全应急机制,对幼儿园可能发生的事件进行风险评估,制定超前预防对策体系,把可能引发的事故伤害降到最低程度。

幼儿园应加强应急管理制度建设,按照《中华人民共和国突发事件应对法》的相关要求和规定制定应急预案,整体框架以应急管理全过程为主线,涵盖事前、事发、事中和事后各个阶段,主要包括预防与应急准备、监测预警、应急处置与救援、恢复与重建等多个环节。同时做好日常的宣传教育、培训演练、监督检查等工作,不断提高应急管理工作的制度化、规范化、程序化水平,使应急管理各项工作能够基于制度,成于规范。

2. 应急工作流程化

应急管理是一项复杂的、开放的系统工程,需要各系统、各部门工作人员的组织协调、密切配合、统一联动,这就对流程设计的标准、术语的通用性与兼容性提出了更高的要求。从源头对风险进行控制,分析辨识各种危险源,制定相应的应对措施,将处置环节标准化,确保应急处置过程更加清晰、更具有操作性,缩短应急处置时间,切实提升幼儿园应急管理精益化、流程化水平。应急工作流程可分为风险预控、应急响应、事故处置三个阶段。

(1)风险控制阶段。

风险预控阶段应做到分析辨识危险源，合理规范幼儿一日生活常规，针对可能危及幼儿生活和学习的安全隐患制定相应的应急预案。加强应急救援培训学习，有计划地进行定期应急疏散演练，建立应急救援信息库(包括设施设备信息、人力资源信息等)。

(2)应急响应阶段。

应急响应阶段应做到突发事件发生后能够及时启动应急预案，第一时间报告相关政府机构，实施有效的应急救援行动，及时进行人员疏散和避难，防止事件的进一步扩大和发展，这是应急管理工作中重中之重的阶段。

(3)事故处置阶段。

事故处置阶段主要是对善后工作的处理。工作重点应该放在安抚受害人员及其家属、稳定局面、清理受灾现场、尽快使系统功能恢复或者部分恢复上。同时要及时调查突发事件的发生原因和性质，评估危害范围和危害程度。

3.应急手段技术化

随着电子技术的不断发展，信息技术的浪潮正冲击和改变着人们传统的思维方式和工作方式。科学技术在应对各类突发事件过程中发挥着至关重要的支撑作用。建设一套安全高效的安全防范和电视监控系统已成为教育系统建设不可或缺的组成部分。

(1)一键报警系统。

一键报警系统通过有线网络或无线3G与当地公安局110指挥中心及辖区公安分局、派出所实现三级同步联通，具备可视化对讲功能。当幼儿园遇暴恐袭击、不法侵害等紧急情况时，报警人只需按下固定式或便携式设备上的紧急按钮，当地公安局110指挥中心的大屏上就能显示报警点的地理位置和现场实时监控画面，辖区公安分局及派出所也能在第一时间同步接到报警。警方值机人员与报警人通过实时语音对讲了解现场情况。核实警情后，监控平台可立即指挥调度警力及幼儿园周边巡防力量前往处置，为幼儿园师幼报警求助提供一条更加便捷的通道，有助于全面提升幼儿园安防等级和应急水平。

(2)视频监控系统。

视频监控系统包括本地视频监控和远程视频监控。

本地视频监控是幼儿园为加强日常安全和教育教学的常规管理，实现幼儿园教学管理实时监督的视频监控系统。该系统通过在园区内各功能教室、各大门出入通道、公共活动场所、休息室、食堂、周界围墙等安装网络摄像机，实现 24 小时实时视频监控，根据需要视频录像可储存 15 天至 1 个月。

远程视频监控是指教育主管部门为了管理方便，当突发事件发生时能够迅速了解情况并及时做出响应而设置的远程视频监控系统。该系统有利于领导通过平台视频、双向语音系统了解现场情况并做出正确响应，以安排现场安全人员执行相应的应急预案，将损失降到最小，保护辖区内师幼人身安全和财产安全。

(3)安防接送系统。

安防接送系统是为了方便幼儿园对家长接送幼儿的管理，确保幼儿能安全入园、离园不发生意外而设计的防护系统。该系统能够对接送幼儿的家长进行身份识别、对幼儿园周边和园内情况实时监控，防止不法人员混入幼儿园。同时该系统能保留家长接送孩子时的视频资料，以便发生意外时调取查询。

4. 应急救援人本化

坚持以人为本是建设应急管理机制最根本的指导思想。当突发事件发生时，要把保障人民群众生命财产安全放在首位，把公众利益放在首位，兼顾管理对象、工作人员及所有利益相关者的具体权利与利益，而不能把管理方便放在首位。应急管理中"以人为本"的精髓主要体现在两个方面：第一，以人的生命健康为本，人的生命高于一切、先于一切、重于一切。第二，在应急救援时一定要坚持救人第一，注意救援人员的安全，避免发生次生事故。

此外，应急救援还应遵循"最小代价原则"，采取的措施应与突发事件可能造成的社会危害的性质、程度和范围相适应，讲求经济效益和社会效益的有机统一，避免"不计成本、不论代价"，"预防时舍不得投入、反应时不计成本"的错误倾向，力争以最小的成本实现最大的安全保障。

二、幼儿园突发事件应急的组织管理

幼儿园应成立突发事件应急管理小组，依靠全园教职员工的力量，凝心聚力，通力合作，将安全应急管理工作作为一项常规工作，使其制度化、常规化；制定完善的安全应急预案，建立联动机制；加强培训，让所有相关人员了解应急管理工作的程序和制度，明确各自的职责范围，遭遇突发事件能够快速反应，有效执行，避免因责权不明、互相推诿等因素造成二次人为伤害。

(一)组建应急管理小组

组建应急管理小组既是幼儿园日常安全管理工作的需要，也是面临突发事件快速反应，组织救援的必要保障。应急管理小组是整个幼儿园应急管理的核心，是应急管理工作的策划者、领导者、组织者和实施者。小组的每一位成员都是应急管理程序中重要的一员，都应清楚地了解整个应急管理系统的每个环节，明确自己的角色和职责，接受全面、系统的培训和演练。幼儿园应急管理小组一般包括以下人员。

1. 应急管理统筹指挥

应急管理统筹指挥即应急管理负责人，通常由园长或执行园长担任，是幼儿园应急管理的最高决策者。其主要职责是审核相关工作文件，协调各部门之间的工作关系，统筹指挥各部门开展应急救援工作；全面掌握了解事态发展的相关信息，配合上级主管部门或地方救援队伍完成救援任务。

2. 通讯协调联络人

通讯协调联络人的主要职责是在突发事件发生后第一时间向有关部门汇报。拨打110、119、120等电话，负责消防车、救护车到达现场的引导工作和情况的上传下达工作，确保通信联络的畅通。

3. 救援疏散组织人

救援疏散组织人主要负责组织园区各部门实施应急救援方案，配合负责人协调各部门之间的救援工作关系，组织维持现场秩序，组织各部门人员迅速有序地疏散撤离，组织救助现场伤患人员，清点班级人数等。

4. 后勤保障员

后勤保障员的主要职责是负责应急救援物资的准备与保障工作。当现有储备物资和设备不能满足灾害现场需要时，后勤保障员要在合理安排各部门有限资源的基础上，及时采购和添置应急必需品，保证应急救援过程中所需救援物资的齐全和通信设备的正常使用，确保安全、高效地完成后勤保障任务。

5. 紧急救护人

紧急救护人的主要职责是在医院救护人员没有到达现场之前，负责对现场伤患人员采取有效的、必要的紧急救护措施。协助伤患人员撤离现场，组织人员护送伤患人员入院就医。

6. 园所保卫员

当园内或周边发生或可能发生安全事故时，园所保卫员负责及时通报各部门做好防范，监测事故动态，防止不法分子借机进行现场破坏，阻止当事人家长恶意闯入。

7. 家长联络人

幼儿发生安全事故后，家长作为最大利益相关者，幼儿园家长联络人负责及时与当事人家长取得联系，为当事人家长提供支援并与其他家长进行良好的沟通与协商。

8. 信息传播代言人

信息传播代言人的主要职责是在应急救援工作中做好各部门之间的信息传递。负责收集、报告及发布各类相关信息，把握突发事件进展情况。作为幼儿园发言人，消除公众的疑虑和误解，做好宣传报道工作，使幼儿园平安度过危机。

9. 资料整理记录人

资料整理记录人的主要职责是整理记录事故发生、发展及处理过程，保障事故过程的信息传阅、相关材料的记录、存档、留存；事故结束后收集整理相关材料，做好事故报告。

10. 事故调查人

事故调查人的主要职责是进入事故现场进行调查，查明事故原因和经过，查清事故责任及责任人，提出对责任部门及责任人员的处理建议，提出事故善后处理的解决方案等。

11. 应急管理顾问

幼儿园应聘请法律顾问或心理咨询等有关方面的专家作为应急管理顾问，为幼儿园制订应急计划、对外沟通及事故评估等方面提供专业意见和支援。为有需要的幼儿、家长及教职员工提供及时的心理辅导，协助幼儿园安排适当的跟踪服务，做好事故的善后处置工作。

应急管理小组应当基于自身职责范围制订相应的应急管理计划，将应急管理的组织、成员职责和联系方式写入具体的应急管理计划中，并根据计划对潜在的或现实的危机采取积极的行为。加强培训和演练，确保所有相关组织和成员能够熟知自身的责任，从而做到突发事件来临时能快速进入角色，提高应急处置效率。

(二)制定应急预案

应急预案，又称应急计划，是针对可能发生的重大事故或灾害，为保证迅速、有序、有效地开展应急救援行动、降低事故损失而预先制订的有关计划或方案。幼儿园在组建应急管理小组后，首先要做的就是着力建立健全一套科学规范的幼儿园应急管理预案体系，明确在突发事件前、发生过程中以及刚刚结束后，谁负责做什么，何时做以及相应的策略和资源准备等。

应急预案是在辨识和评估潜在的重大危险、事故类型、发生的可能性及发生过程、事故后果及影响严重程度的基础上，对应急的职责、人员、技术、装备、设施、物资、救援行动以及指挥协调方面预先做出的具体安排。应急预案的编制一般可以分为五个步骤，即组建应急预案编制队伍、开展危险与应急能力分析、预案编制、预案评审与发布、预案的实施。

(三)开展应急培训

应急培训是应急救援行动成功的前提和保证。这不仅仅是对安全意识的强化，更是熟练掌握应对各种突发事件技能的保证。近似真实的危险情境常常会给置身其中的人们留下深刻的印象，在模拟情境中扮演角色可以克服安全情况下的麻痹心理，提高全体教职工应对突发事件的心理承受能力。应急救援培训与演习的指导思想应以加强基础、突出重点、边练边战、逐步提高为原则。

对各类人员进行的基本应急培训是对参与应急行动所有相关人员进行的最低程度的应急培训。要求应急人员了解和掌握如何识别危险、如何采取必要的应急措施、如何启动紧急警报系统、如何安全疏散人群等基本操作，一般包括以下培训内容。

1. 应急知识培训

应急知识培训是对全体教职员工开展的关于安全事件的识别、防范、处理、恢复等方面的安全知识培训。其中了解安全事件发生前的防范措施以及各类安全事件发生后的具体应对处理方法是应急知识培训的主要内容。通过培训，幼儿园教职员工应该能对威胁生命或财产安全的危险源进行识别和分析，熟悉并能运用安全应急管理中经常涉及的术语和概念，确保在危险来临之际能够迅速反应，各就各位，各负其责应对突发事件。

2. 应急技能培训

应急技能培训可以说是应急培训工作中重中之重的内容。幼儿园应急技能培训通常是通过应急演练来进行的。在相对真实的危险情境中，使大家切身感受危险状况，训练教职员工和幼儿掌握安全应急技能，检验应急管理预案的可行性。幼儿园安全应急演练工作要按照一定的程序有条不紊地进行，通常包括确定任务、制订计划、选择方法、实施演练、总结评估5个步骤。在总结评估环节中应对演练过程和效果进行《应急预案》评价，并做好《应急演练记录》。记录的内容包括演练时间、演练地点或装置、演练人数、主要参加人员、演练的主要内容和过程、演练过程存在的问题缺陷并提出改进措施和意见。

3. 沟通技能培训

良好的沟通技能既是一个人日常工作学习生活的必需，也是安全应急管理的保障。在突发事件的巨大压力下，只有临危不惧，沉着、冷静地与相关部门、相关人员及媒体进行有效沟通，方可使事件在第一时间内得到有效控制。沟通技能培训的重点是训练教师如何消除沟通障碍，掌握沟通的策略和技巧。

(四)明确应急工作程序

应急工作程序也叫应急处置流程，是指突发事件发生后，应急响应、处置的一般程序。需要注意的是在事故发生、发现、反应、报告、处置、紧急疏散、协调、善后等一系列工作程序中，有些环节是同时进行的，如发现后报告、处置、紧急疏散、协调等，按照应急预案规定分别由应急管理机构的成员各负其责，合作进行。幼儿园应急工作程序可用简洁易懂的图表方式呈现，说明每个环节的主要任务和负责人(如图 5-1 所示)。

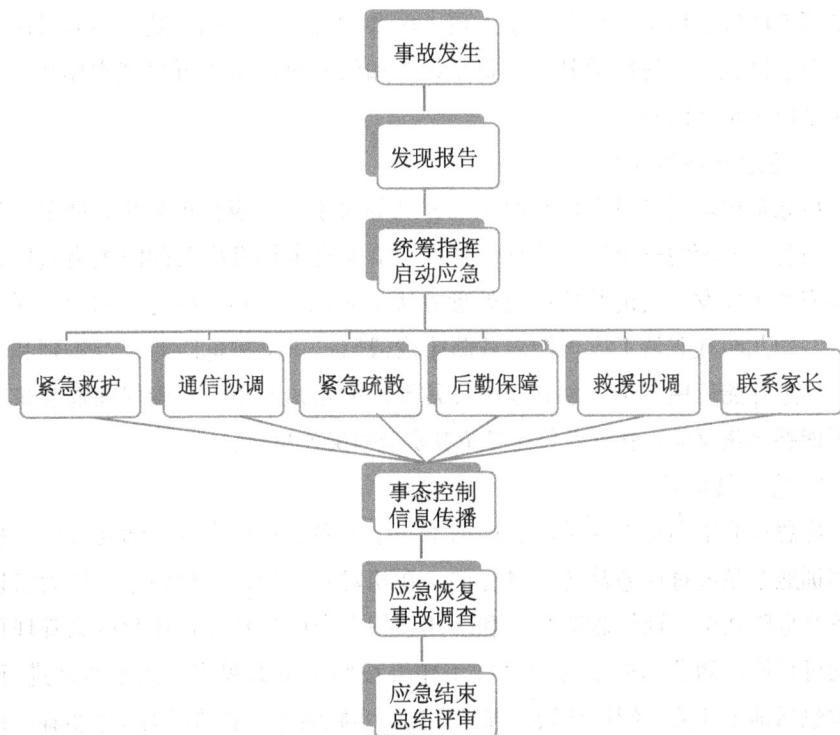

图 5-1 幼儿园应急工作程序

第二节　幼儿园应急预案

随着 2006 年 1 月 8 日国务院发布的《国家突发公共事件总体应急预案》出台，我国应急预案框架体系初步形成。应急预案制定与否标志着社会、企业、社区、家庭安全文化的基本素质程度。幼儿园作为基层服务单位，应根据实际情况编制应急预案，普及应急管理知识，提高教职员工的应急能力，增强应急心理素质，最大限度地减少和杜绝人员伤害事件的发生。

一、幼儿园应急预案编制原则

《突发事件应急预案管理办法》中明确规定，应急预案编制要依据有关法律、行政法规和制度的要求，紧密结合实际，合理确定内容，切实提高应急预案的实用性和可操作性。

(一)实用性原则

编制应急预案既要符合有关法律、法规、规章和标准的规定，又要结合教育系统的特点和幼儿园的实际情况，在分析幼儿园可能存在的安全隐患和可能发生的事故特点的基础上，本着"生命第一，预防为主"的原则，将安全隐患控制在萌芽状态。幼儿园不同于其他生产部门，属于较为特殊的人群聚集的服务场所，幼儿年龄小，风险意识和自我保护能力都不强，且教职员工多数是女性，缺乏应对突发事件的经验。为此，制定应急预案一定要充分考虑幼儿园人员构成特点，针对突发事件的性质识别事件的危害因素，分析事件可能产生的直接后果以及次生、衍生后果，评估各种后果的危害程度，从而提出切实可行的控制风险、治理隐患的措施。

(二)操作性原则

幼儿园作为一级单位基层组织，在制定应急预案时应体现具体、可操作性的特点，确保在事件发生时能在第一时间紧急启动实施。在应急预案中要明确应急响应责任人、风险隐患监测情况、信息报告、预警响应、应急处置、人员疏散撤离组织和路线、可调用或可请求援助的应急资源情况及如何实施等。必要时可对本区域内居民应急资源情况进行调查并在应急响应措施中明确说明。

(三)简明性原则

为保障应对突发事件的快速反应，应急预案的编制应简洁、明了。预案内容一般包括风险隐患分析、处置工作程序、响应措施、应急队伍和装备物资情况，以及相关单位联络人员和电话等。为方便查阅，可采用图文并茂的方式编制应急预案操作手册，向教师、幼儿、家长以及相关人员免费发放。

二、幼儿园应急预案的分类

幼儿园应急预案体系一般包括应急救援总体预案和专项应急预案。

(一)幼儿园应急总体预案

应急救援总体预案是幼儿园应急预案体系的总纲，是一个能够帮助克服危机或减轻危机伤害程度的具有普遍指导意义的管理方案，同时也是幼儿园应对特别重大的安全事件的规范性文件，主要从宏观上阐述事故应急的工作原则，包括幼儿园设立的应急组织机构及职责、应急预案体系、事故风险描述、预警及信息报告、应急响应、保障措施、应急预案管理等内容。

为确保幼儿园能够及时、有序、高效地应对各种可能发生的突发事件，维护全体教职员工和幼儿身体健康和生命安全，促进幼儿园各项工作顺利开展，防范各类事故发生，切实有效地降低和控制安全事故的危害，依照上级有关文件要求和相关法律法规，制定幼儿园应急总体预案。

1. 总则

(1)目的。

有效预防、及时控制突发事件的发生，提高幼儿园迅速、高效、有序处置突发事件的能力，最大限度减少人员伤亡和财产损失，消除危害，保护生命和财产安全。

(2)编制依据。

《中华人民共和国突发事件应对法》《突发事件应急预案管理办法》《中小学幼儿园安全管理办法》《中华人民共和国未成年人保护法》《学生伤害事故处理办法》等法律法规，结合本地区、本部门和本单位实际制定本预案。

(3)工作原则。

在预防为主的前提下，按照统一指挥，分级负责，条块结合，协调一致的原则，坚持科学性、严密性、程序性的方针，提高预案的针对性和可操作性。

(4)适用范围。

适用于幼儿园防范处置突发事件所有需要应急疏散的情形。

2. 应急组织机构及职责任务

幼儿园应急组织机构包括决策机构和工作机构，分别承担着应急事件的指挥统筹、紧急处理和沟通协调等工作。

（1）应急管理领导小组。

一般由幼儿园领导班子全体成员组成，幼儿园法人或执行园长为应急管理的第一责任人，担任应急管理小组组长，负责指挥协调各工作小组相互配合，通力协作应对突发事件。应急管理领导小组全面负责突发事件的决策和指挥；组织有关人员按预案对现场进行紧急处置，控制事态的发展并逐级上报上级主管部门；协调公安、消防等相关部门妥善处理事故。

（2）应急管理工作小组。

应急管理领导小组下设通信联络组、紧急抢险组、安全疏散组、医疗救助组、后勤保障组等工作小组，负责突发事件的现场处理。按照指挥部要求，快速深入现场，摸清情况及时报告，控制现场果断处置；配备并使用必要的通信器材和安全防护设备，依据预案措施和疏散路线进行有序疏散和撤离。

3. 风险隐患分析

编制应急预案首先要对可能存在或发生的隐患进行风险评估，分析原因，制定措施，消除隐患。就幼儿园来说，常见的安全事故隐患有游戏时的意外伤害；设施设备、大型玩具年久失修，陈旧老化；由于管理不善，制度不严造成儿童走失；用电操作不规范发生火灾；外来人员侵入；组织校外活动引发事故；食物中毒；楼道拥挤踩踏；教师体罚和变相体罚等。通过对可能存在的隐患进行评估分析，并在此基础上采取相应的措施，确保师幼安全，达到防患于未然的目的。

4. 信息报告

突发事件发生后，现场相关人员应立即报告幼儿园应急领导小组负责人并立即启动应急预案，进行紧急处置。同时要保持通信畅通，及时报告事态变化。

（1）报告范围。

对于可能发生或者已经发生的给幼儿园正常的教育教学工作和师幼人身安全造成不良影响和较为严重后果的突发公共事件。

（2）报告程序。

幼儿园重大突发公共事件发生（发现）后，现场有关人员应当立即报告幼儿园负责人，负责人接到报告后立即向当地政府、区教育局及相关部门报告。

（3）报告要求。

第一，迅速。最先发现或接到发生突发公共事件的单位和个人应在第一时间向当地政府、公安等部门报告，不得延迟。

第二，准确。事故报告应准确无误，包括以下内容：事故发生单位概况；事故发生的时间、地点及现场情况；事故简要经过；事故已经造成的伤亡人数(包括下落不明人数和初步估计的直接经济损失)；已经采取的措施；其他应当报告的情况。

第三，全面。事故报告应全面，当事故情况发生变化后应及时补报。自事故发生之日起30日内，事故造成的伤亡人数发生变化的应当及时补报；道路交通事故、火灾事故自发生之日起7日内，事故造成伤亡人数发生变化的应当及时补报。

5. 应急处置程序及要求

(1)事件发生后应立即停止教育教学活动，拉响报警器，组织师幼按照疏散路线有序、快速撤离到安全地带并清点上报人数。

(2)幼儿园接到报告后，由突发公共事件应急处置指挥部长或副指挥部长立即通知相关人员在最短的时间内赶赴现场。幼儿园主要负责人要在第一时间内到达事故现场，积极组织开展救治工作，准确真实地向教育局和当地人民政府报告。

(3)相关小组按要求立即进入应急救援状态，迅速调集力量组织施救和疏散，并适时向公安、卫生等部门请求救援。

(4)现场的教职工要及时采取正确的急救措施，对受伤害幼儿进行紧急救治或直接向120急救中心进行求助。

(5)控制所有出入口，封闭现场，设立隔离线，组织专人维护现场秩序，同时加强幼儿园周边的巡逻和控制。

(6)及时告知受伤害幼儿家长迅速赶赴现场，陪同幼儿家长前往卫生机构慰问受伤害的幼儿，做好安抚工作。

(7)保护好事故现场和各种证据，包括人证、物证(含文字、声像资料等)，避免事故现场遭到人为破坏，积极配合公安、卫生部门进行调查取证，按公安、卫生部门的要求如实提供相关证据。

(8)开展事故调查。幼儿园及时召开全体教职工会议，通报事故发生的经过及处理情况，配合相关部门及时对事故进行善后处理，尽快恢复幼儿园正常的教育教学秩序，确保师幼思想情绪稳定。落实教育部门、公安部门和卫生部门的其他措施，把事态控制在最小范围内。

6. 人员疏散组织及路线

幼儿园应急预案的编制要明确人员疏散的具体负责人和疏散路线。疏散路线要根据幼儿园建筑结构特点，制订详细的疏散路线图并以图文结合的方式编制在应急预案中（如图5-2所示）。

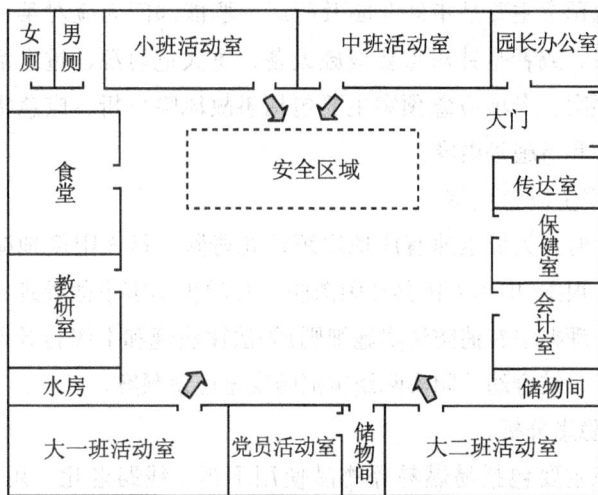

图 5-2　某幼儿园一楼紧急疏散示意图

7. 应急保障

幼儿园应急保障包括应急通信信息保障和应急资源保障两部分内容。

（1）应急通信信息保障。

负责通信信息系统的维护，确保应急期间信息畅通并从各种媒体上获取相关信息。必要时可联系相关通信公司派专业技术人员共同维护。

（2）应急资源保障。

应急资源保障包括人力资源保障和装备资源保障。人力资源保障有上级医疗机构的医疗保障和公安消防部门的维稳保障。装备资源如救援所需的绷带、消毒水、止痛药、消炎药等药品由幼儿园后勤管理统一调度支配。

8. 应急责任奖惩

对在预防和处置幼儿园突发事件和善后工作中服从命令、忠于职守，表现突出的个人或有特殊贡献的个人，将视其情节给予表彰奖励；对在预防和处置幼儿园突发事件中和善后处理工作中擅离职守、放弃职责造成幼儿园安全事故的责任人，视其情节轻重给予相应处分；构成犯罪的，移交司法机关追究其法律责任。

9. 附则

《幼儿园应急总体预案》由幼儿园应急管理小组负责制定和维护，并根据幼儿园实际情况和上级相关法律法规、政策及时更新。

（二）专项应急预案

专项应急预案主要是指幼儿园及所属各职能部门为应对某一类型或某几种类型的事故，或者是针对重要设施设备、重大危险源、重大活动等内容而定制的应急预案。专项应急预案主要包括事故风险分析、应急指挥机构及职责、处置程序和措施等内容。

1. 消防安全应急预案

火灾发生时，为能迅速有序地组织幼儿避险，最大限度地减少人员伤亡和财产损失，根据《中华人民共和国消防法》《学生伤害事故处理办法》《中小学幼儿园安全管理办法》《消防法实施细则》等法律法规和上级行政部门及消防部门的相关要求，结合幼儿园实际制定消防安全应急预案。

（1）火灾隐患分析。

火灾隐患主要包括易燃易爆物品使用不当、线路老化、用火用电不慎、不法分子纵火、其他单位或个人失火殃及幼儿园以及其他原因。

（2）应急指挥机构及职责。

防火领导小组：由幼儿园法人或执行园长担任组长，幼儿园领导班子成员任组员，负责应急管理工作的指挥与协调。

通信联络小组：负责在灾害发生后第一时间向有关部门汇报，负责消防车、救护车到达现场的引导工作和情况的上传下达工作，确保通信联络的畅通。

疏散引导小组：在灾害发生后在援助人员没有到来之前负责紧急疏散幼儿，安全撤离事故现场（特别是容易发生踩踏事故的重点地带的引导），到达安全地带。援助人员到达后负责协助援助人员进行疏散引导工作。

灭火行动小组：后勤、保安等组成灭火行动小组，积极协调专业灭火人员的工作，了解幼儿园建筑布局及道路情况；了解电路铺设情况；了解幼儿园内楼房设施材料的性质；清楚幼儿园所有消防设施的放置地点及保养维护与使用办法；了解火的走势；清楚逃生路线。

防护救护小组：在医院救护人员没有到达现场之前负责对受伤幼儿进行必要的紧急救护，并协助疏散引导小组做好对幼儿的疏散引导工作，医院救护人员到达后负责协助他们进行救护工作。

（3）预防措施。

防火领导小组要组织人员定期检查，完善防火设施，绿色通道标志明显，每班配备紧急疏散图，应急灯能正常使用。定期进行消防安全检查，认真落实幼儿园重点部位安全保卫责任区，做到防患于未然。

幼儿在园活动期间，活动室的前后门、走廊门必须处于打开状态，保持各通道畅通。

食堂操作间保持通风，油烟机定期清洗，不留油垢。

加强对教职工和幼儿防火安全知识的教育与培训，教职工会正确使用灭火器。结合教育内容进行防火演习，掌握紧急情况下的逃生技能。

（4）应急处理程序。

发生火灾时，由现场教师向园长或副园长报告，幼儿园领导立即指挥相关人员采取行动，迅速到达预定地点。总指挥或副总指挥迅速到现场和主控室进行指挥。通过广播、电话以及喊话等方式向全体员工报警。

发现火灾后立即拨打119报警。在报警电话中要说明以下情况：起火单位、位置、着火物、火势大小、火场内有无化学物品及类型、着火部位、报警人姓名、单位及所用电话等，并派人员在醒目处等候接车。

灭火行动小组到位。在火灾初起时，灭火行动小组可就近起用灭火器进行紧急扑救，尽最大努力扑灭初起火源或减弱火势，关闭门窗控制火势蔓延，为幼儿疏散争取更多时间，在幼儿未完全撤离前且能确保自己安全的前提下不得撤离火灾现场。

疏散引导小组到位。疏散线路原则上按幼儿出操线路，特殊情况下疏散组可临时根据火灾发生的地点果断做出决定并加以引导。撤离顺序按发生火灾地点，所在班级同层优先原则，先撤离所在班级幼儿，后撤离同层次幼儿（离火源近的班级先撤），再撤离其他层次。这样既确保重点，又便于扑救人员进出。疏散人员引导幼儿撤离到安全地带并告知幼儿不得任意走动，更不得返回火灾区。班主任或指挥教师迅速清点幼儿人数，并向指挥教师汇报幼儿情况。

火灾发生后，幼儿园要积极协助公安消防机关查明火灾原因，提供必要的信息。若属人为的火灾事故，按照"三不放过"（原因没有查清不放过，事故责任不放过，没有落实防范措施不放过）的原则进行严肃处理。

2. 户外活动突发事件应急预案

为了切实保护幼儿的身心健康和生命安全，预防和减少伤害事故隐患，提升幼儿园应对伤害事故的处理能力，依据《中小幼儿园幼儿伤害事故处理条例》《学生伤害事故处理办法》等法律法规要求和"预防为主、安全第一"的原则，建立应对迅速、处理及时的防范体系制定本预案。

```
┌─────────────────┐
│    发现火情      │
│  报告园领导      │
└────────┬────────┘
         │
┌────────┴────────┐
│   园领导组织     │
│     救援         │
└────────┬────────┘
    ┌────┬────┬────┬────┐
┌───┴──┐┌──┴──┐┌──┴──┐┌──┴──┐
│通信  ││疏散 ││灭火 ││防护 │
│联络组││引导组││行动组││救治组│
└───┬──┘└──┬──┘└──┬──┘└──┬──┘
    └──────┴───┬──┴──────┘
          ┌────┴────┐
          │  查明原因 │
          │  严肃处理 │
          └─────────┘
```

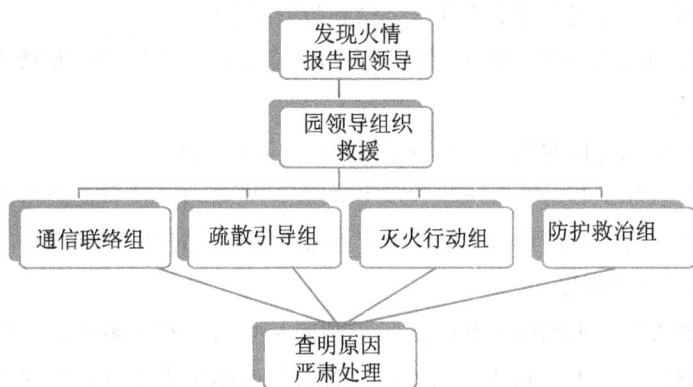

图 5-3　幼儿园消防安全应急处理程序

(1)活动隐患分析。

幼儿年龄小，身体协调能力差，缺乏基本的危险辨识能力；争抢玩具，相互碰撞；运动器械老化、活动场所存在安全隐患等都是导致活动时发生危险的诱因。

(2)应急处理小组及职责。

应急领导小组：由幼儿园法人或执行园长担任组长，幼儿园领导班子成员任组员，负责应急管理的指挥与协调工作。

防护救护小组：在医院救护人员没有到达之前负责对受伤幼儿进行必要的紧急救护，并协助疏散引导组做好对幼儿的疏散引导工作，医院救护人员到达后负责协助他们进行救护工作。

通信联络小组：事故发生后，经园领导授权负责向有关部门汇报；负责120救护车到达现场的引导工作和情况的上传下达工作，确保通信联络的畅通。

(3)预防措施。

幼儿园应建立体育活动的管理规章制度。幼儿园内的体育器材、场地设施每天有专人定时检查、维护并做好记录，确保使用安全。设施设备及活动器材达到使用年限必须进行更换，不得延期使用。

加强幼儿自护能力教育，帮助幼儿掌握运动技术要领，教会幼儿锻炼和保护的方法。建立幼儿体格检查制度，对体弱多病的幼儿在专业医生的指导下进行适当的户外活动。合理安排户外活动场地，避免同一场地幼儿过多。在易发、多发事故区设置明显的警示标志并根据具体情况采取相应的保护措施，制订活动规则，保障活动秩序。为幼儿购买意外伤害保险，分解风险，将损失降到最低程度。

(4)应急处理程序。

事故发生后，相关责任人在第一时间报告园长和分管领导并启动应急预案，应急领导小组人员迅速到达现场，各负其责。园领导根据情况决定是否上报上级部门。

以最快的方式实施现场救护或将伤者紧急送至附近医院救治，同时电话通知家长，告知伤害事故发生的时间、地点，伤害事故的原因及处理情况等，做好家长安抚工作，消除家长的误解。

对于情况严重的应及时控制事态，维护幼儿园教育教学秩序的正常进行。

及时收集有关事故信息，保护现场并做好相应的记录。

及时调查事故原因并妥善处理，协助家长走保险程序。

3. 预防幼儿踩踏应急预案

为进一步加强幼儿园安全工作，严防幼儿园拥挤踩踏事故的发生，切实保障幼儿的人身安全，确保事件发生时能高效有序地开展应急工作，最大限度地减少人员伤亡，根据《学生伤害事故处理办法》《中小学幼儿园安全管理办法》《关于加强中小学安全预防拥挤踩踏事故的通知》等相关文件精神，制定本应急预案。

(1)拥挤踩踏隐患分析。

幼儿园大型集体活动，如做操、应急演练、集合等上下楼梯、走廊通道中容易发生拥挤踩踏事故。

(2)应急处理小组及职责。

应急领导小组：由幼儿园法人或执行园长担任组长，幼儿园领导班子成员任组员，负责制定应急预案，落实各项措施，完善工作机制和应急保障系统。

疏散引导小组：由各班班主任和保育员组成，一旦发生踩踏事件，班主任和保育员要安抚幼儿慌张心理并组织幼儿有序撤离到安全地带。

防护救护小组：在医院救护人员没有到达前负责对受伤幼儿进行必要的紧急救护，并协助疏散引导组做好对幼儿的疏散引导工作，医院救护人员到达后负责协助他们进行救护工作。

通信联络小组：在事故发生后，经园领导授权负责向有关部门汇报；负责 120 救护车到达现场的引导工作和情况的上传下达工作，确保通信联络的畅通。

(3)预防措施。

幼儿园应急管理领导小组要识别容易出现踩踏的风险所在，重点防范并设置明显的警示标志，提醒教师和幼儿注意。

由专人负责定期对幼儿园教学和生活设施、设备以及场地、房屋等进行安全检查，发现隐患要立即整改；确保走廊、通道的畅通，照明条件良好。

实行日值班管理制度，履行值日工作职责，日值班管理人要坚守幼岗位，有事外出必须告知另外的值班管理人，或请其他负责人代替履行值日工作职责。

建立预防拥挤踩踏事故制度。在进行集合、演练等集体活动时，适当错开时间，分级部逐次下楼，"两教一保"在幼儿队伍的前、中、后分别跟随指导，对体弱或动作不协调的幼儿牵手行动。

对幼儿进行文明礼仪教育，教育幼儿上下楼梯时要靠右行，不打闹、不拥挤，防止踩踏挤压等不安全事故的发生。

在上下楼期间活动室门都要打开，一旦发生拥挤踩踏等问题，便于幼儿及时有效地疏散。

(4)应急处理程序。

事故发生后相关人员要立即向应急领导小组反映，应急领导小组立即启动应急预案，所有成员必须立即赶赴现场组织抢救。同时，迅速拨打电话报警并向上级主管部门报告，请求援助。报告应该包括以下信息：事故发生的时间与地点、种类、程度、危害；已采取和准备采取的应急行动。

在第一时间内对受伤教师和幼儿进行现场救护，送往就近医院治疗并及时通知家长。及时做好现场处置，保护现场以便调查取证。积极协助家长救治幼儿，以适当的方式向家长通报情况，取得家长的信任和谅解，协商处理善后工作。及时调查事故原因，妥善处理并实事求是地向上级汇报，分清责任，做好善后处置工作。加强对全园教职员工和幼儿的教育，充分认识到发生拥挤踩踏事故的严重后果，做好防范措施，严防拥挤踩踏等安全事故的发生。

4. 食物中毒应急预案

幼儿园应从保障幼儿和教师身体健康的目的出发，在加强幼儿园常规管理的同时，加强对食品卫生工作的管理。根据《托儿所幼儿园卫生保健管理办法》(卫生部、教育部令第 76 号)、《托儿所幼儿园卫生保健工作规范》(卫生部以卫妇社发〔2012〕35 号)、《学生伤害事故处理办法》《中小学幼儿园安全管理办法》《中华人民共和国食品卫生法》等相关法律、法规，制定本应急预案。

(1)食品隐患分析。

发生食物中毒的原因有多种，如误食隔夜食物、发芽食物、不熟食物、搭配不合理的食物或者不法分子故意投毒等。

（2）应急处理小组及职责。

应急领导小组：由幼儿园主要领导任组长、副组长，成员由总务处、德育处和日值班管理、食堂管理员、保健人员、保育员等组成。负责对食品卫生的检查监督工作。

救护陪护小组：幼儿园保健医生协助医疗人员负责救护工作，班主任及骨干教师负责陪护幼儿，稳定幼儿情绪。

通信联络小组：在事故发生后，经园领导授权负责向有关部门汇报；负责 120 救护车到达现场的引导工作和情况的上传下达工作，确保通信联络的畅通。

（3）防范措施。

幼儿园食堂应当按照《食品安全法》《食品安全法实施条例》以及《餐饮服务许可管理办法》《餐饮服务食品安全监督管理办法》《幼儿园食堂与幼儿集体用餐卫生管理规定》等有关法律法规和规章制度的要求取得《餐饮服务许可证》，建立健全各项食品安全管理制度。

加强安全防范，严格出入人员登记制度，禁止无关人员进入幼儿园。上级检查人员进入幼儿园须持证登记并报告幼儿园领导，经批准后由相关领导陪同进行巡视检查。

广泛深入地开展预防食物中毒的宣传教育工作，结合幼儿园实际情况，充分利用橱窗、展板、宣传画和实物标本等各种形式宣传普及有关的卫生知识，提高食品从业人员和广大教职员工的卫生管理水平，减少食物中毒事件的发生。

园内应设置区域性餐具集中清洗消毒间并配有保洁存放设施，配有食物留样专用冰箱并有专人管理。

建立食品采购和验收记录，儿童食品应当在具有《食品生产许可证》或《食品流通许可证》的单位采购。食品进货前必须采购查验并索要票证。

食堂应当每日清扫、消毒，保持内外环境整洁。食品加工用具必须生熟标识明确、分开使用、定位存放。库存食品应当分类定位储藏并注明保质日期。

禁止加工变质、有毒、不洁、超过保质期的食物，不得制作和提供冷荤凉菜。留样食品应当按品种分别盛放于清洗消毒后的密闭专用容器内，在冷藏条件下存放 48 小时以上，每样品种不少于 100 克以满足检验需要并做好记录。

进餐环境应当卫生、整洁、舒适。餐前做好充分准备，按时进餐，饭菜按量制作与分发，不得存放剩饭剩菜，避免幼儿进食剩饭菜。

培养幼儿良好的饮食行为和卫生习惯。

（4）应急处理程序。

①及时逐级报告。一旦发生食物中毒，班主任或保育员应及时向幼儿园领导或保健医报告，幼儿园则向市区卫生局和教育局报告。报告内容包括发生中毒的单位、地址、时间、中毒人数及死亡人数、主要临床表现以及可能引起中毒的食物等。全面明确的报告有利于相关部门正确调查分析中毒原因并采取相应的措施和预防方法。若怀疑投毒则向公安部门报告。

②各部门协同合作。幼儿园应急管理小组组长向教育局主管领导及相关部门汇报，同时启动应急预案，指挥各部门有序开展工作。

班主任负责协助保健医护理患病幼儿，如发现人数较少可在班级中进行护理治疗；若病情较重、人数较多则应立即就近送医院抢救或向120求援。

封存一切剩余可疑食物及原料、工具、设备，保护好中毒现场（病人吃剩的食物不要急于倒掉，食品用工具、容器、餐具等不要急于冲洗，病人的排泄物要保留）以便卫生部门采样检验，为确定食物中毒提供可靠的情况。

食堂负责人要协助卫生部门作带菌检查和取证工作，按照卫生部门的要求如实提供有关材料和样品。将病人所吃的食物，进餐总人数，同时进餐而未发病者所吃的食物，病人中毒的主要特点，可疑食物的来源、质量、存放条件、加工烹调的方法和加热的温度、时间等情况如实向有关部门反映。

幼儿园落实专人接受新闻部门采访、应对社会质询；协助上级有关部门做好善后处理工作。做好后勤保障工作，保障抢救机动车、药品、消毒用品到位，保障抢救中心必需品的供应。

③对中毒食物的处理。对中毒食物可采取煮沸15分钟后掩埋或焚烧的方式进行处理。液体食品可用漂白粉混合消毒。食品用工具、容器可用1%～2%的碱水或漂白粉溶液消毒。病人的排泄物可用20%的石灰乳或5%的来苏溶液进行消毒。

④对中毒场所的处理。封存被污染的食品及用具并进行清洗消毒；微生物性食物中毒，要彻底清洁、消毒接触过中毒食物的餐具、容器、用具以及储存食品的冰箱、设备，加工人员的手也要进行消毒处理；化学性食物中毒要用热碱水彻底清洁接触中毒食品或可能接触过的容器、餐具、用具等并对剩余的可疑食物彻底清理，消灭中毒隐患。

⑤善后处理。根据查明的事故原因，向上级领导和卫生部门递交书面事故分析报告，对事故的处理坚持"三不放过"原则，即坚持"事故原因分析不清

不放过、事故责任者和群众没有受到教育不放过、没有采取切实可行的防范措施不放过。"对所有食堂工作人员进行安全教育，引以为戒，对造成中毒的责任人、当事人进行严肃处理，追究其责任。如因故意破坏造成中毒事故的，当事人交由司法机关处理；如因工作疏忽造成中毒事故的，根据事故伤害程度，对当事人进行扣发工资、辞退或进行行政处分的处理。

5. 社会人员侵袭应急预案

为有效保障幼儿园教职员工及幼儿的生命安全，预防幼儿园暴力事件的发生，维护幼儿园秩序的稳定，根据《学生伤害事故处理办法》《中小学幼儿园安全管理办法》《中华人民共和国突发事件应对法》特制定本预案。

(1)幼儿园暴力事件发生的原因分析。

对社会不满的极端分子的恶性行为、不法之徒的威胁性与破坏性行为、精神病人的严重失控行为、因矛盾激化或利益冲突而引发的报复性行为等都可能导致幼儿园暴力事件的发生。

(2)防暴应急小组及职责。

领导小组：幼儿园园长任组长，领导班子及部门负责人任组员。主要负责暴力事件的预防和事后处理工作，实行分工逐级负责制。

报警联络人：一般由幼儿园园长、保安担任，主要负责一键报警或拨打电话报警。可根据"一键报警"装置按钮的位置，按照就近快速的原则确定报警联络人。

周旋疏导人：可以由擅长言辞、应变能力强的教师、保安或公安机关专业人员担任，负责与暴力分子周旋，安抚其情绪，阻止其暴力行为。

护送幼儿转移人：由各班班主任和保育员负责将幼儿就近带入安全位置。

(3)预防措施。

幼儿园要加强安全宣传及教育工作，强化师幼的安全意识及自我保护意识，增强面对突发事件的应变能力。

由符合条件的专职保安担任门卫，完善门卫登记制度，禁止外来人员进入幼儿园。为防止非法侵入，幼儿园围墙顶部可做防护处理。

幼儿园不得聘用有犯罪记录或有精神疾病病史的人员，如发现园内工作人员有异常言行应劝其在家休养治疗并在生活上给予帮助与照顾。

对可能引发矛盾激化事件的当事人进行逐一登记，耐心细致地做好化解工作，多给予人文关怀，避免矛盾激化。

加强行政值班制度，细化值班人员职责，监控设备后台每天有专人值班监视，及时掌握园内发生的异常情况并迅速做出反应。

所有教职员工要学会正确使用辣椒水、钢叉等武防设备。严格执行《安全责任书》中的各项条款规定。

联合社区、派出所排查幼儿园周边居民中有精神疾病病史或有犯罪记录的人员并做好记录。

图 5-4　防暴演习

(4)应急处理程序。

一旦发生幼儿园暴力事件，务必以保护幼儿和教师生命安全为首要原则，一般按照下列程序处理。

①安排专人第一时间拨打"110"，电话报警或按下紧急报警按钮。

②选派擅长言辞、应变能力强的老师与犯罪嫌疑人周旋，尽力规劝其中止犯罪，达到拖延时间的目的。

③教职员工要保护幼儿，尽快带领幼儿寻找可以躲避的地方或可以撤离的出口。如在活动场地，立即就近转移到活动室内；如在活动室内，必须及时转移到指定安全地点。及时清点幼儿人数，防止因工作疏漏造成幼儿伤害。

④如有人员受伤，及时拨打 120 进行紧急救护，在第一时间内将伤员送往就近医院进行抢救，并通知家长或亲属。

⑤保护好现场并在警方的指导下维持秩序，配合警方调查，做好善后处理工作。

⑥上报上级主管部门。

除了上述介绍的突发事件应急预案之外，幼儿园可能发生的突发事件还有很多，如突发传染病、突发自然灾害等。幼儿园安全管理要善于根据幼儿园实际不断更新、完善应急预案体系，坚守"预防第一，生命至上"的理念，建立健全幼儿园安全应急管理制度，形成科学化、网络化、制度化的应急管理体系，把应急预案管理与实战演习体验有机结合起来，在演练中检验预案的可行性、操作性，不断完善应急预案体系，提高师幼应急自护能力。

第三节　幼儿园应急疏散演练

俗话说防范胜于救灾，预防胜于处理。应急预案如果没有实战演练的检验只能是"一纸空文""纸上谈兵"，只有通过实战型应急疏散演练，才能有效检验应急预案的可行性和操作性，才能进一步增强师幼安全意识，提高逃生自救能力，在发生紧急情况时才能有序、迅速地安全撤离，确保师幼的生命安全。

一、幼儿园应急疏散演练的意义

纵观中外重大灾难发生时的受灾情况不难发现，必备的应急知识和快速反应能力是避免灾难的重要因素。

2008年5月12日汶川地震，安县桑枣中学2300多名师生无一伤亡。这得益于这所学校整整3年每周、每月、每学期的安全教育内容，得益于每学期都进行的灾难紧急情况演习。从模拟停电、火灾、垮塌到暴雨、地震，每个班、每个学生都有对应的疏散路线和安全疏散点，数年坚持，终有结果：地震来临之际，全校仅用1分36秒就成功疏散。

2001年9月11日，发生在美国的"9·11恐怖袭击事件"，当时美国世贸中心内有几万人在办公，而伤亡只有3千人。究其原因，数万人顺着楼梯下行时，都遵守靠右走的指令，没有惊慌失措，没有争先恐后，更没有发生拥挤踩踏事件，这依然得益于美国防灾救灾的教育和训练。

2005年3月20日，日本福冈县以西海域发生里氏7级地震，仅有1人死亡，735人受伤，这更是得益于日本日常的防灾教育和避险救护技能的训练，使国民遇到地震并不慌张，显示出冷静、顽强、有序和善于协作的素养。

上述案例说明，日常的应急疏散演练对提高师幼应对突发事件的反应能力和逃生能力，掌握紧急避险的方法有着极为重要的意义。

(一)应急疏散演练是检验应急预案的最佳途径

应急疏散演练可以检验应急预案本身的可行性和可操作性，在突发事件发生前暴露预案的缺点，验证预案在应对可能出现的各种意外情况方面所具备的适应性，找出预案需要进一步完善和修正的地方；可以检验应急反应的准备情况，验证应急预案的整体或关键性局部是否可以有效地付诸实施；可以检验应急工作机制是否完善，应急反应和应急救援能力是否提高，各部门之间的协调配合是否一致等。

(二)应急疏散演练可以有效培养应急意识和应急能力

应急疏散演练是培养、检验应急意识和应急能力的重要途径。一方面，应急疏散演练可以让师幼更直观、更感性地认识突发事件，提高对突发事件风险源的警惕性，促使师幼在亲身体验中不断增强应急意识，掌握应急知识和处置技能，提高自救、互救能力，进而增强应对突发重大事故救援的信心。另一方面，应急演练可以帮助应急管理人员和各类救援人员熟悉突发事件情景，提高应急熟练程度和实战技能，为应对真正发生的突发事件积累经验，做好准备。

(三)应急疏散演练可以有效提高各部门间的沟通与合作

应急疏散演练能有效促进各应急部门、机构、人员之间的协调，使参与应急救援人员能够协调一致应对事故，实施救援。通过近似真实的亲身体验，可以提高各级领导者应对突发事件的分析研判、决策指挥和组织协调能力；应急小组成员进一步明确自己的岗位和职责，提高各应急组织机构、人员之间的交流沟通、协调合作能力。

(四)应急疏散演练可以帮助师幼建立良好的应急心理

应急疏散演练可以帮助师幼做好应急心理准备，当突发事件来临之际能够沉着冷静，处乱不惊，保持良好的心理状态，最大限度地降低因人员恐慌而造成的二次伤害。积极配合政府和相关部门共同应对突发事件，从而有助于提高整个社会的应急反应能力。

安全工作是幼儿园工作的一把大伞，其他各项工作都在这把伞下进行。幼儿园应着眼于幼儿终身发展的需要，将培养幼儿安全素养作为首要任务，赋予幼儿终身安全的能力，将安全教育课程化、制度化、常态化、行动化，把应急疏散演练作为安全教育的重要抓手，抓牢、抓实，抓出成效。

二、幼儿园应急疏散演练的组织

2014年2月，教育部印发的《中小学幼儿园应急疏散演练指南》(以下简称《指南》)对幼儿园应急疏散演练做了明确要求，是幼儿园开展应急疏散演练的纲领性文件。幼儿园开展应急疏散演练应该以此为依据，编制适合本园实际情况的应急疏散演练方案，定期开展防火、防震、防暴、防汛等应急疏散演练，增强师幼安全意识，提高逃生自救能力。

幼儿园应急疏散演练按照《指南》规定，遵循"精心准备，科学组织；着眼实战，注重细节；明确目标，循序渐进；立足实际，务求实效"的原则，充分考虑幼儿群体的行为特点，合理确定时间、地点、参演人员、形式、内容、规模、疏散路线和保障措施等，在确保参演师幼生命安全的前提下，通过模拟突发事件发生时的真实情景开展经常性的演练。

为避免发生拥挤、踩踏、摔伤等安全事故，演练可采取分班、分组等小规模的演练方式，以确保演练活动安全顺利、规范有序、切实有效。演练前幼儿园要根据演练科目的不同特点，制订专门的演练方案，明确疏散程序、疏散信号、疏散路线、疏散顺序、疏散场地和时间要求；同时做好对教职员工的培训工作，确保教职员工能够向幼儿详细讲解关键动作要领和注意事项。演练后要认真总结经验，及时修订预案，进一步增强预案的针对性、实用性和可操作性。

幼儿园应急疏散演练分为准备阶段、实施阶段、总结阶段。

(一)演练准备阶段

应急疏散演练准备阶段的主要任务是制订演练方案，成立演练组织结构，进行演练前的安全教育及其他准备工作。

1. 制订演练方案

应急疏散演练方案应以《国家突发公共事件总体应急预案》《教育系统突发公共事件应急预案》等相关文件为依据，结合幼儿园自身性质、地理位置、周边环境、园内建(构)筑物类型和数量以及师幼人数等实际情况来制订。演练方案一般包括演练主题、演练目的意义、演练时间和地点、参与演练人员、演练组织结构及人员分工、演练准备工作、疏散路线、演练流程、保障措施、善后处置和信息报告等内容。演练方案的制订应做到内容完整、简洁规范、责任明确、路线科学、措施具体、便于操作。

2. 建立演练组织机构

幼儿园应根据演练方案的要求，建立健全演练组织机构。成立由园长、有关园领导及工作人员组成的演练指挥部(领导小组)，全面负责演练活动的组织领导和协调指挥工作，同时落实每位成员在演练中的具体工作。

(1)演练指挥部(领导小组)的主要职责。

全面负责应急疏散演练工作。总指挥要亲自组织，现场指挥，确保演练效果。执行上级有关指示和命令，领导小组成员按其所在部门的职能、职责各负其责，认真做好应急疏散工作。合理划分幼儿园及周边应急疏散场地(避险场所)、疏散通道，明确应急疏散信号，设立应急疏散指示标志。

(2)各工作小组的主要职责。

演练指挥部下设若干小组，各小组应明确职责，落实人员，一般包括以下几个小组。

组织协调小组：负责演练方案的制订、演练过程的协调指挥以及信息的上传下达、对外联系等。

宣传报道小组：负责安排演练前的宣传教育、演练的摄影、记录、计时、总结等。

疏散引导小组：负责科学编制和张贴幼儿园应急疏散路线图、班级应急疏散路线等；引导、组织师幼安全有序疏散；帮助伤病幼儿疏散并妥善安置；疏散完成后协助其他各组工作。

抢险救护小组：负责第一时间组织实施自救互救，抢救遇险师幼，视情况抢救重要财产、档案等；检查幼儿身心状况、进行临时救治和必要的心理疏导；演练中如果发生意外事故，负责将受伤师幼尽快运送到指定安全区域，并迅速联系急救中心或拨打 120，在专业医务人员到达之前救护组应对受伤师幼采取必要的救助措施，为救治伤者赢得时间，预防次生灾害发生。

后勤保障小组：负责治安保卫工作，布设演练场地，维护演练秩序，拉响演练警报；准备通信、标识、广播、救助等演练所需物资装备；检查、恢复幼儿园水电、通信等后勤保障设施。

各小组应设立负责人，统一协调本组工作。演练前应充分了解本小组职责，并将职责落实到每位成员；演练中按照职责开展工作；演练后各小组负责人应及时向总指挥进行汇报。幼儿园可视演练主题和幼儿园实际情况调整演练组织结构，以保证演练质量。

3. 开展演练前的宣传教育

幼儿园应根据演练的主题，在演练前依托校园网、校园广播、宣传橱窗、板报等传播载体，通过专题会议、班校会等多种途径和方式向全校师幼宣讲疏散演练方案，让师幼明确演练的必要性和基本步骤，熟悉疏散程序、疏散信号、疏散路线、疏散顺序、疏散后的集合场地和时间要求等。有针对性地组织师幼学习安全知识，掌握避险、撤离、疏散和自救互救的方法和技能。

4. 进行演练前师幼身体状况的问询检查

演练前要对师幼身体情况做一次问询检查，凡有特异体质（先天性心脏病、癫痫等）的师幼、演练前发烧、腿受伤等不宜进行紧张和奔跑活动的师幼要给予特殊考虑和安排。

5. 其他准备工作

（1）加强协调宣传工作。

演练前幼儿园应向教育主管部门报告，根据不同演练主题，加强与公安、交管、地震、消防等部门的沟通协调，并邀请专业人员到园指导。幼儿园可视情况通报相关部门和周边单位，并通过广播、网站、横幅标语等方式，预告演练的时间、地点、内容，避免发生误解、谣传和恐慌，保证演练安全顺利进行。

（2）印制演练的相关材料。

相关材料包括演练方案、演练人员手册、演练脚本等；酌情配备需要的装备器材，如胸挂式应急工作证和指挥员、安全疏导员标志等。

（3）张贴疏散线路图和指示标识。

在每个教室、休息室、办公室内或门后张贴应急疏散示意图，在教学楼、休息室楼、办公楼、实验楼等场所疏导通道的适当位置张贴应急疏散示意图以及到达避险场地的指示标识。疏散示意图和指示标识应当清晰完整、简洁规范、美观大方。

（4）准备演练器材。

演练前后勤保障组要提出演练经费申请计划，根据需要购置或准备演练所需的手电、应急灯、口哨、对讲机、手持扩音器、医疗急救箱、灭火器材、烟雾发生器、警报器、场地标志等物品。

（二）演练实施阶段

演练实施包括避险科目和疏散科目。通常情况下，防震疏散演练要依次实施避险科目、疏散科目；消防疏散演练直接实施疏散科目；其他应急疏散演练应结合实际情况进行具体安排。幼儿园可结合本园实际，酌情增加或强化医疗救护、卫生防疫、人员搜救、治安维护、火灾处置、危化品处置等科目及内容。

1．避险科目

（1）总指挥宣布演练开始，广播响起："现在地震来袭，实施紧急避险"，同时避险警报信号（电铃声、警报声、哨声等）响起，长鸣 60 秒。

（2）听到信号后，教职工应第一时间通知幼儿地震来袭，进行避震。在科学发现室等地点的教职工应迅速关闭火源、电源、气源等，处理好易燃、易爆、易起化学反应的物品。

（3）师幼避险要求：头脑清醒，保持镇静；就近蹲或躺在课桌、实验台、床铺的旁边或承重墙的墙根、墙角；用手或其他柔软物品等保护好头部，尽量蜷曲身体，降低身体重心，缩小面积，不要靠近窗口，避开灯扇，避免被砸；避险动作原则上在 12 秒内完成。

2．疏散科目

（1）火灾发生后或者地震暂停后需要进行疏散时，广播响起："现在发生火灾（现在紧急避险结束），全体师幼立即疏散"，同时疏散警报信号（电铃声、警报声、哨声等）长鸣约 60 秒后停 30 秒，反复两遍为一个周期，时间共 3 分钟。

（2）教职工组织幼儿有序进行疏散，并且根据教室、科学发现室、休息室等的位置，按照不同楼层就近从疏散楼梯向下疏散。

(3)疏散时要求师幼做到沉着冷静，服从指挥；所有人员应做到猫腰、护头、掩鼻(遇到浓烟时，可利用衣服、毛巾或者其他可利用的东西捂住口鼻，并尽量降低行走姿势，以免烟气进入呼吸道。如果烟气特别浓而使人感到呼吸困难，可贴近墙边爬行，因为近地处往往残留清新空气)快速撤离；不拥挤，不推搡他人，不起哄，不高声喧哗，不争先恐后，不拉手搭肩，不嬉戏打闹，不弯腰拾物，不逆流而行；在拥挤的人群中，注意双肘撑开平放胸前，形成一定空间保证呼吸；当自己摔倒时应尽快爬起；当发现自己前面有人摔倒时应立即停下脚步并大声呼救，告知后面的人不要向前靠近；当被踩踏时要两手十指交叉相扣、护住后脑和颈部，两肘向前护住双侧太阳穴，双膝尽量前屈护住胸腔和腹腔的重要脏器。

(4)疏散引导小组在第一时间赶到指定位置(楼梯口、转角处、楼门口等)引导疏散，指挥幼儿保持秩序，控制速度，逐次疏散。同时视实际情况可喊"大家注意脚下，防止滑倒；保持秩序，不要拥挤；注意保护头部，小心坠物；有人摔倒了，大家小心；不要向回跑，不要捡东西"等提示语。帮助有困难的人员疏散。如出现拥挤摔倒等突发情况，负责疏散引导的老师应立即向指挥部报告，等险情排除后再组织幼儿有序撤出。待幼儿疏散完毕后方可撤离。

(5)幼儿疏散到避险场所后，应按照班级形成队列在指定位置站好，避免混乱。班主任或负责统计的人员进行幼儿人数统计；抢险救护小组检查幼儿身体、心理状况，进行临时救治、心理疏导；后勤保障小组检查幼儿园各项设施、物资等。完成后，各小组负责人及时向总指挥报告，并根据总指挥的指令采取下一步行动。

(6)总指挥宣布演练结束。

图5-5 幼儿园消防安全演练

(三)演练总结阶段

第一，总指挥对演练进行现场总结讲评，内容主要包括演练目标及效果、演练组织情况、演练中暴露的问题及解决办法等。

第二，对演练场地进行清理恢复，回收整理演练物资装备。

第三，结合演练的主题和目的适当开展相应的安全教育。

第四，对演练进行总结评估。各部门和有关人员通过访谈、填写评价表、提交报告等方式，进行总结评估。有条件的幼儿园可建立独立评价机制，聘请相关人员为整个演练进行测评。

第五，将演练文字及视频资料进行整理、保存。

三、幼儿园应急疏散演练应注意的问题

第一，幼儿园每次开展应急演练都应明确本次演练的目标，分步骤完成对现有应急能力的检验和改进，保证演练的质量。

第二，演练情境要以本单位或本区域存在的风险和真实事故发生的特征为基础进行设定，演练的文件要根据演练中对象职责的不同分别策划与编制，演练方案的设计不仅要包含本次演练如何开展，还应保障演练活动本身的安全，避免因演练发生次生事故。

第三，演练的培训要根据演练岗位和演练内容的不同而展开，针对不同对象、不同风险特征分层次、分类培训。

第四，成立相应的演练组织机构，权责清晰，演练活动现场的布置不仅包含人员的准备、器材的准备，还要有演练对周围环境造成的影响的处置措施。

第五，演练结束后要及时对演练情况进行分析总结，对演练资料和记录进行归档，对需解决的问题进行追踪，确保改进措施的落实，不断完善应急机制，提高应急处置能力。

下 编

幼儿安全教育

第六章　幼儿安全教育概述

幼儿园重中之重的工作是保护幼儿的安全。幼儿园的安全工作除了完善硬件设施和管理措施外，更重要的是加强对幼儿的安全教育。这是由幼儿身心发展的特点以及幼儿健康的特殊价值所决定的。

第一节　幼儿安全教育的基本问题

对幼儿实施安全教育是幼儿园教育永恒的话题。《幼儿园教育指导纲要（试行）》（以下简称《纲要》）中明确指出："幼儿园必须把保护幼儿的生命和促进幼儿的健康放在工作的首位。"可见，幼儿的安全是一切发展的保障，其身心的健康发展是建立在生命安全基础之上的。

一、对幼儿安全教育的理解

（一）什么是幼儿安全教育

幼儿安全教育是教师通过有目的、有计划、有组织地开展各项教育活动，帮助幼儿掌握必要的安全知识和技能，培养幼儿的安全意识以及正确应对生活和突发安全事件的能力，以期最大限度地预防安全事故的发生，降低安全事故对幼儿造成的危害，保障幼儿的健康成长。

（二）对幼儿安全教育的理解

通常情况下，对幼儿安全教育的理解，主要涉及生命、家庭和社会三个方面。

1. 生命与安全

对于每一个人来讲生命只有一次，而这一次的生命却时刻与无数次的安全隐患相连，如果忽视了安全，生命随时都可能丧失。因此，生命对于我们而言是珍贵且脆弱的，人人都要珍惜自己宝贵的生命。作为年幼的儿童，他们正处在生命历程的开端，机体的不成熟导致其随时会面临各种各样的危险，任何危及他们个体的外来刺激都关乎他们的生命安全。据有关部门统计，0～14岁这一年龄阶段的少年儿童属于意外事故的高发人群，意外伤害是造成这一群体死亡和伤残的主要原因。所以，对于发展中的儿童来说，安全与生命更是息息相关。教育幼儿从小珍视生命，对自己和他人的生命负责是教育者义不容辞的责任和义务。

2. 家庭与安全

1990年9月，联合国世界儿童问题首脑会议在《关于儿童生存、保护和发展的世界宣言》中声明："家庭是儿童成长和幸福的基本群体和自然环境，应予以所有必要的保护和帮助。"①家庭是幼儿出生后接触的第一个社会环境，父母是幼儿的第一任启蒙老师，家庭对于培养和保护幼儿身心健康成长负有主要的责任。家长应为幼儿创设一个充满爱和安全的成长环境，这个环境既包括安全的物质环境，也包括安全的精神环境。所谓安全的物质环境是指幼儿生活和活动所处的自然环境应该是安全的、远离危险的，幼儿的身体不会受到伤害的空间；所谓安全的精神环境则是指为幼儿营造快乐、温馨、和谐的家庭氛围，让幼儿在心理上产生一种满足感、安全感、愉悦感。只有在这种物质和精神双重安全的环境中才更有利于幼儿身心的健康成长。

3. 社会与安全

家庭是构成社会的基本单位，而作为社会中的个体——幼儿则是家庭幸福、社会和谐的要素。随着社会的发展和时代的进步，幼儿越来越得到社会各界的关注，尤其是幼儿的安全问题也越来越成为人类发展诸多问题中的凸显问题。近年来，幼儿因溺水、交通事故、中毒等意外伤害事故受伤害的比例呈现逐年上升的趋势。如何为幼儿的健康成长创造一个良好的社会环境是我们必须面对的一个严肃问题，它是现阶段实现国家和民族可持续发展的一个重要前提。环境对人，尤其是对幼儿的影响是巨大的。因此，关注幼儿安全、保障幼儿安全，为幼儿健康成长创造一个和谐、稳定、安全的社会大环境是当代社会所有社会成员的共同责任。

二、幼儿安全教育的意义

美国人本主义心理学家马斯洛在其需要层次理论中指出，当人的生理需要得到满足后就会出现安全需要，具体包括人类要求保障自身安全、摆脱威胁，免受侵害等方面。可见，安全是个体最基本、最重要的需求之一，安全对处于生长发育期的幼儿来讲更为重要。

① 田宝军，张春炬主编. 幼儿园安全教育常识. 石家庄：河北大学出版社. 2012：3.

幼儿期是人的一生中发展最关键、最迅速的时期，同时也是最容易出现危险和事故的时期。因为这一时期的幼儿年龄尚小，好奇好动，强烈的求知欲望促使着他们大胆地探索周围的世界。然而，由于生活经验相对匮乏，且缺少防范意识，幼儿不具备自我保护的能力，很容易出现危险事故，造成伤害。教育和帮助幼儿健康安全地成长是每一位社会成员，尤其是教师和家长应尽的职责和义务。那么如何减少幼儿意外事故的发生，如何提高幼儿的生存质量，自然成为每一个家庭、幼儿园乃至全社会共同关注的问题。幼儿园工作的核心是安全，安全是幼儿园各项工作得以顺利开展的前提，更是幼儿健康成长的有力保障。所以安全教育对于幼儿身心的健康成长有着重要的意义。

可以说，幼儿安全教育既是时代发展的必然，也是幼儿自我生存的需要。幼儿时期的教育既要重视知识的获取，更要注重身心成长的引领。要珍视幼儿的生命，要体现对幼儿的人文关怀，对幼儿生命的健康成长给予必要的教育引导，让幼儿在拥有知识的同时，拥有健康的体魄和快乐的人生。

三、幼儿安全教育的原则

为保障幼儿安全教育取得好的效果，教育者在实施安全教育时要遵循一定的原则，讲求一定的方式方法。通常情况下，进行幼儿安全教育时应遵循以下几个基本原则。

(一)预防性原则

对幼儿进行的安全教育应该是一种防患于未然的教育，而不是等事故发生了再去被动处理。因此，预防性原则是幼儿安全教育原则的核心。教师和家长要做有心人，以预防为主，努力为幼儿营造安全的心理氛围，创设安全的生活和游戏环境，做好危险品、特殊物品的保管和防范措施，保障幼儿的活动安全、生活安全和出行安全。

(二)示范性原则

幼儿年龄小，模仿性强，对幼儿的教育更多的是一种感染和熏陶，是通过耳濡目染的方式潜移默化地进行的。良好的生活方式和行为习惯可以有效降低意外事故对幼儿造成的伤害，而幼儿的知识经验和对危险的辨识能力相对较弱，因此成人的正确示范在幼儿安全教育中发挥着重要作用。父母和教师的言传身教既是幼儿行为塑造的重要途径，也是实施安全教育的主要手段。父母和教师应以身作则，充分发挥榜样的示范作用，用自己的好行为、好作风、好习惯影响带动幼儿健康成长。

(三)实践性原则

陈鹤琴先生在"活教育理论"中强调："做中教，做中学，做中求进步。"他认为只有做了，感受了，才能获得真实的体验。尤其是对于几岁的小孩子，只有在实践中，在亲身的感受中才能获得真知。鉴于此，在对幼儿进行安全教育时不能纸上谈兵，应充分考虑能否将"死的安全知识"转化为"活的操作技能"；能否让幼儿在实践中去体验，去感知；能否通过知识的学习和技能的锻炼达到学以致用的目的。最终将安全知识和技能的学习落实在行动上、渗透在生活中、运用于实践中。

(四)自护性原则

保护幼儿的人身安全不受伤害是教育者义不容辞的责任，但"授之以鱼，不如授之以渔"，与看护、爱护相比，培养幼儿的自护能力更为重要。研究表明，导致安全事故发生的一个非常重要的原因是幼儿缺乏必要的安全知识，缺乏基本的自护能力。可见，培养幼儿必要的自护能力是解决问题的关键，也是安全教育的主要任务。自护是幼儿生存的基础，而生存又是发展的保障，所以不论是教师还是家长都应清醒地认识到对幼儿实施安全教育的最终目的是培养幼儿独立适应环境、应对危险的能力，而不是一味地保护。通过启发引导，实践操作等方法让幼儿知道生活中、环境中潜藏的安全隐患在哪里，让幼儿在解决实际问题的过程中掌握安全知识，提升自我防护的能力。

(五)合力性原则

预防伤害是一项社会性很强的系统工程，仅靠幼儿园的力量是很难完成的。幼儿安全教育需要幼儿园、家庭、社会三方面的通力合作，更需要多个学科、多个部门的支持与配合。幼儿是社会的人，只有通过全社会、全方位、全面性的合作，才能保障幼儿安全教育工作全面顺利开展。

四、幼儿安全教育的任务

安全教育是幼儿园教育的基础，保护幼儿的生命，促进幼儿的健康是幼儿园安全工作的核心目标。为更好地实现这一目标，幼教工作者需要一进步明确和落实幼儿安全教育的任务。具体来讲，幼儿安全教育的任务包括以下几个方面。

(一)培养幼儿的安全意识

俗话说："无知者无畏"。幼儿活泼好动，受好奇心的驱使，喜欢探索周围的事物。但是受认知水平的制约，幼儿分辨不出周围世界中哪些是安全的，哪些是危险的，在主动探索的过程中常会因无知而引发安全事故。幼儿的安全意识不是与生俱有的，而是在不断吸取教训与总结经验的基础上逐渐形成的，所以培养幼儿的安全意识，提高安全防范是幼儿安全教育的首要任务。针对幼儿的年龄特点和认知发展水平，教师可以通过讲故事、念儿歌、情境表演等生动直观的形式开展安全教育活动，让幼儿在感知和体验中逐渐认识和适应周围的环境，知道环境中的危险因素会对自己造成伤害，要远离危险的环境和物品，以此来提高幼儿的安全意识。同时，教师也可以通过张贴安全标识牌、随时随地的口头提醒等方式创设安全的环境，让幼儿在潜移默化中感受到安全的重要性，进而提高安全意识。

(二)教会幼儿简单的安全知识和技能

必要的安全知识的学习和安全技能的掌握可以让幼儿远离危险，避免伤害，是幼儿安全教育的核心内容。教师可以结合幼儿熟悉的现实生活，帮助他们学习掌握一些基本的安全常识，如了解水、电、燃气、药品等的使用方法和注意事项；学习火灾、地震、雷击等自然灾害发生时的逃生和自救知识；记住110、119等特殊电话号码，认识常见的安全标识，在遇到突发事件时会寻求帮助等。在学习知识的同时，教师可以组织幼儿开展安全演习活动，在实际操练中引导幼儿将理论知识转化为实际操作的技能，达到学以致用的目的，以便在危险真来临时能确保自己和他人的安全免受伤害。

(三)培养幼儿良好的行为习惯

培养正确的生活方式和良好的行为习惯是对幼儿进行安全教育的关键。我国著名的儿童教育家陈鹤琴先生指出，所谓的教育就是培养习惯。习惯是自动化了的条件反射，良好的行为习惯能够有效降低危险出现的概率。幼儿期是习惯养成的重要时期，这一时期的幼儿年龄尚小，可塑性强，教师应意识到并充分利用幼儿的这一特点，在生活中、游戏中，有意识地反复地对幼儿进行正确行为的强化训练，持之以恒，帮助幼儿养成良好的行为习惯和正确的生活方式，可以大大减少或避免意外事故对幼儿造成的伤害。与此同时，教师还要关注幼儿的社会化发展，尤其要注重培养幼儿正确的交友方式，引导幼儿学会分享与合作，避免彼此之间因不友好、不合群等原因而造成的人为伤害事故。

(四)鼓励幼儿进行体育锻炼

《纲要》指出，要充分活动幼儿的身体，逐步养成运动习惯，动作协调、灵活、有耐力，具有安全知识和初步的自我保护能力，有利于幼儿肢体的均衡发展和基本运动能力的全面发展。幼儿正处在生长发育的关键阶段，肌肉、骨骼等机体发育还不成熟、不完善。由于身体的灵活性和协调性相对较差，还达不到自我保护的要求，这也是幼儿容易发生安全事故的主要诱因。经常进行体育锻炼，可以有效提高幼儿的身体素质和应变能力，为幼儿应对危险、避险逃生提供保障。因此，教师要有意识地激发幼儿参加体育活动的兴趣，通过组织各种有益的体育活动，使幼儿身体的灵活性和协调性得到相应的锻炼，提高身体素质。同时教师还要注重提高幼儿的危机意识，为增强自我保护能力奠定良好的基础。

第二节　幼儿安全教育存在的问题、影响因素及应对策略

幼儿园都非常重视幼儿的安全教育工作，通过各种手段、各种途径确保幼儿的安全与健康。但在实际工作中，由于受各种因素的影响，也暴露出一些问题，给安全工作的开展带来一些障碍。这就需要我们在理性分析问题的基础上寻找到解决问题的最佳策略，实现幼儿安全教育的目标。

一、幼儿安全教育存在的问题

虽然安全教育被幼儿园当作头等大事来抓，但在实际工作中，由于受教育观念、教育水平以及家长素质等因素的影响，幼儿园在开展安全教育时仍存在着很多的问题。

(一)重保护，轻教育

幼儿好奇好动，喜欢探索和尝试，但由于受年龄和认知水平的局限，在探索周围世界的过程中往往缺少安全意识，缺乏自我保护的能力。目前独生子这一社会现状，导致家长因害怕这唯一的孩子有什么闪失而普遍存在着保护过度的现象。家长的这种过度保护不仅成为幼儿成长的羁绊，更是束缚了教师的手脚，给幼儿园的安全教育工作带来极大的障碍。大家普遍认为，防止幼儿出现意外事故的最佳方法就是减少幼儿的活动机会。为了保障幼儿的安全，为了减少不必要的麻烦，很多教师顺应家长的心理，本着"少活动少出事，不活动不出事"的原则，在一日生活中采取全方位的保护措施，严格控制幼儿的行为，甚至有相当多的幼儿园自作主张地减少了幼儿户外活动的时间，以牺牲幼儿自由活动的代价确保将安全事故降到最低。

不难看出，这种取消"危险活动"画地为牢的做法，无形中剥夺了幼儿在实践锻炼中提高自我保护能力的机会。虽然我们竭尽全力保护幼儿的安全，尽量将事故的发生率降到最低，但同时我们也应该清楚地意识到，幼儿不可能总是生活在我们的庇护之下，而我们也不可能永远做幼儿的保护神。幼儿平时缺少适当的锻炼，当身处险境时只会茫然而不知所措。这种只知保护而不懂得教育的极端做法是极其被动的，是不利于幼儿身心的健康成长的。

（二）重说教，轻实操

调查表明，分别有 93.8% 和 96.5% 的教师和家长采用说教的方式对幼儿进行安全教育。他们普遍认为说教和看管是最为有效的教育方式。在幼儿园日常安全教育中，教师多采用集体教学的方式，习惯性地采取说教式的教育方法，一味机械地告诉幼儿"应该做什么、不应该做什么"，而对逃生教育和避难技巧等方面的训练、演习等实践性的内容重视不够。这种单一、枯燥的说教使幼儿对安全教育的内容没有丝毫的兴趣，容易出现"左耳朵进，右耳朵出"的现象。幼儿缺乏实际的体验和操作，既不能有效提高安全救护技能，也不利于安全教育目标的有效达成。久而久之，这种说教式的安全教育对幼儿的刺激就会越来越小。例如，教师反复强调不能带玩具或零食来幼儿园，但仍然有少数幼儿偷偷带来并以此为荣。可见，形式单一的说教势必造成幼儿对安全知识的反感和麻木不仁，对于年龄尚小的幼儿而言，这种纸上谈兵的教育方式其效果是可想而知的。

（三）重形式，轻内容

幼儿园的安全教育工作，在某种程度上不过是流于形式。

其一，活动中对幼儿的安全教育缺乏实际的意义。教师只是告诉幼儿什么是危险的，而并没有深入分析为什么危险，怎样识别危险，进而怎样避开危险。这种知其然而不知其所以然的教育方法是没有实质性意义的。幼儿是生活在现实世界中的活生生的个体，仅仅学会远离危险是远远不够的，重要的是学会处于危险境地时如何最大限度地保护自己的救护方法。只有教会幼儿识别危险、应对危险的技能，才能真正帮助幼儿避开危险，而实际上多数幼儿园达不到这一教育要求。

其二，幼儿园虽然将安全教育纳入到五大领域的课程体系中，但其仍处于边缘化的地位。例如，幼儿自我保护的内容虽然列入幼儿园五大领域中的健康领域，但安全教育很难纳入到主题教育的范围内，因此教师围绕主题设计的教育活动很难涉及安全方面的内容，即便能涉及，也是蜻蜓点水般一带而过，并未深入到实质内容；同时教师也很少设计安全教育主题，更多的是在一日生活和游戏活动中进行简单的、说教式的教育，这就使得安全教育的内容相对比较杂乱，缺乏计划性、系统性。

(四)降标准，限范围

很多幼儿园在教育教学活动中人为地降低活动标准，降低对幼儿的要求，限制幼儿的活动范围，取消危险的活动项目，以期保障幼儿的在园安全。

1. 降低标准保安全

为保证幼儿的安全，幼儿园的教育教学也降低了要求，不选择可能造成意外事故的游戏操作材料。《3—6 儿童学习与发展指南》中的健康领域目标指出："3～4 岁幼儿能用剪刀沿直线剪，边线基本吻合。"这意味着小班幼儿就可以使用剪刀。这一阶段幼儿的小肌肉群正处于迅速发育阶段，需要通过经常的、反复的练习使其得到锻炼。剪刀的使用正是锻炼幼儿手指灵活性和手眼协调能力的有效途径。然而为了防止剪刀剪破手指、戳伤眼睛的事故发生，教师不给幼儿提供剪刀，所有剪切的工作全部由教师包办代替。这种越俎代庖的做法不仅剥夺了幼儿动手操作的机会，更打击了幼儿参与手工活动的热情。幼儿一旦丧失了动手操作的乐趣，锻炼动手能力也就成为空谈。

2. 限制范围保安全

为确保安全工作万无一失，很多幼儿园取消了一些存在安全隐患的游戏活动，如禁止幼儿在大型攀爬器械上玩耍，减少幼儿的户外活动时间。甚至有些幼儿园将体育活动中的荡秋千、走独木桥、玩跷跷板等含有安全隐患的器械项目也取消了。幼儿园的很多大型玩具器械成了摆设，幼儿失去了玩耍的机会，大肌肉群长期得不到锻炼，导致肢体的灵活性和协调性相对较差，肢体的活动能力大大降低，当遇到自然灾害或人为伤害时幼儿将无以应对，最终酿成悲剧的发生。通过限制活动范围来换取幼儿的安全，这种消极应对安全的做法是和幼儿的身心发展背道而驰的。

(五)家长要求高，配合参与低

幼儿园的教育工作离不开家长的参与和配合，而家长素质也是影响幼儿安全教育顺利开展的重要因素。一方面，家长过度重视幼儿园安全教育的结果，对幼儿园和幼儿教师要求过高，不允许自己的孩子在园内有任何的闪失；另一方面，家长的安全观念普遍较差，一味地认为安全教育是幼儿园的事情，缺少对幼儿安全教育的配合和参与。同时家长自身不具备安全教育的理念和常识，只知道全面的保护和爱护，却不懂得教给幼儿安全防护的知识和技能。

(六)缺乏创新精神，忽略社会资源

《纲要》中指出："充分利用自然环境和社区的教育资源，拓展幼儿生活和学习的空间。"然而，在实际的幼儿安全教育中，很多幼儿教师墨守成规，不敢给安全教育模式注入新鲜血液，不能有效利用社区中的教育资源，闭门造车，缺乏创新精神，使幼儿的安全教育长期处于平淡乏味的状态中。

二、影响幼儿安全教育的因素

影响幼儿安全教育顺利开展的因素有很多，其中最主要的影响因素是物的因素和人的因素两个方面。

(一)物的因素

1. 幼儿园安全管理有漏洞

(1)幼儿园的安全制度不完善。

很多幼儿园存在安全制度不完善，安全内容不严谨的问题。安全管理与实际情况联系不够密切，存在着很大的管理漏洞。有关交通安全、消防安全的内容涉及较少。

(2)幼儿园的安全教育目标不合理。

由于很多幼儿园在设计安全教育目标的时候，没有真正考虑从幼儿的身心发展特点和规律出发，同时有些幼儿教师对安全教育目标的理解有偏差，最终导致了安全教育目标与幼儿的身心发展不协调，安全教育难以见成效。

2. 幼儿园环境创设有缺陷

众所周知，良好的环境是幼儿安全的有力保障。然而，有些幼儿园在选择园址，进行园舍设计时却忽略了保证幼儿安全的这一重要因素，致使幼儿园的周边自然环境、装修规划、户外大型器材的配置、危险物品的存放等方面都存在着安全隐患，最终导致安全事故频频发生。

3. 安全教育教学设备设施不健全

幼儿园安全教育教学设备设施不健全也是影响幼儿安全教育的重要因素。例如，游戏设施不能定期检修与维护，消防设施不够完善，安全教育的书籍、教学器具、影像资料缺乏等，都给安全教育工作的顺利开展带来障碍。

(二)人的因素

1. 幼儿方面

幼儿的身心正处于迅速发展阶段，身体的运动能力和协调能力相对较差，同时缺少必要的生活经验，自我保护意识差，常常不能预见自己行为可能产

生的后果。

2. 教师方面

教师是幼儿安全教育的主要实施者,保护幼儿安全是幼儿教师的首要职责。然而在实际的教育工作中有一部分幼儿教师由于没有经过专业学习和专门培训,缺乏基本的安全常识,导致自身的安全意识不强,对幼儿的危险行为不能及时发现并制止,从而造成严重的后果。此外,有些老师缺乏责任感,缺乏工作热情,玩忽职守,甚至出现脱岗现象,也为幼儿的安全埋下了隐患。

3. 家长方面

家长的安全意识淡薄,安全教育知识匮乏,对幼儿自护能力的培养意识不强,对幼儿的不良习惯和危险行为姑息迁就。

三、应对策略

针对目前安全教育普遍存在的问题,幼儿园和幼儿教师应采取相应的策略,将幼儿安全教育工作不断改进,不断完善,确保幼儿的生命安全和身心健康。

(一)转变安全教育观念,完善安全教育内容

1. 转变安全教育观念

对于幼教工作者来说,充分认识到安全知识的传授固然重要,但安全技能的训练和提高对幼儿来说更具有现实意义。幼儿教师应有意识地转变传统的安全教育观念,对幼儿的安全教育不能仅停留在纯粹的保护和反复的说教上,而是要变消极保护为积极促进,将安全知识的学习和安全技能的训练有机结合起来,在学习安全知识的基础上,让幼儿熟练掌握应对危险的技能,活学活用,有助于幼儿更好地适应环境、适应生活,在危险来临时才能从容应对。

2. 完善安全教育内容

(1)建构安全教育知识体系。

幼儿安全教育的问题涉及方方面面,内容繁多而且琐碎,有些细节容易被忽视,而这些细节往往最容易出现安全隐患。只有将零散的安全知识按照一定的原则和规律进行归类、整合,建构完整的内容体系,有针对性地进行教育,才能达到预期的教育效果。如按照类型划分,可将教育内容分为安全预防和安全救护两大类;按照时间划分,可以将安全教育内容分为游戏活动时间、日常生活时间和盥洗睡眠时间三个时间段。将安全教育内容归类整合

后，教师在开展安全教育时就会有的放矢地进行，避免出现疏漏。

(2)安全教育内容与时俱进。

随着社会的发展和时代的进步，许多新型的安全隐患不断涌现，危害着幼儿的身心健康。为了更好地适应社会的发展，最大限度地减少和避免新生事物对幼儿可能造成的伤害，幼儿安全教育的内容应不断丰富，不断更新，紧跟时代步伐，做到与时俱进。如野营安全、电子产品使用安全、防走失、防拐骗教育、情感安全教育等内容都可以纳入其中。同时注意与国际幼儿教育接轨，学习先进国家的先进教育经验，使幼儿安全教育不断得到完善。

(二)加强幼儿安全意识和自护能力的培养

幼儿安全意识和自护能力的培养是幼儿安全教育的核心内容，工作中通过多种途径、多个渠道加强对幼儿安全意识和自护能力的培养，确保将幼儿安全教育的任务落到实处，使幼儿成为真正的受益者。

1. 培养幼儿的安全意识

意识决定行动。首先让幼儿在思想上紧绷安全弦，才能保证幼儿时刻提高警惕，防患于未然，减少安全事故的发生。

(1)在生活体验中建立正确的安全认知。

我们强调教育生活化、情境化、游戏化，就是要将幼儿带到真实的世界里，让他们自由地去感知世界，体验生活。幼儿教育的内容应该和现实生活融为一体。将安全教育纳入到幼儿生活的真实环境，这种在日常生活中建构起来的"安全经验"是最为有效的。这就要求教师要做有心人，关注幼儿一日生活的各个环节，调动幼儿体验生活的兴趣，将安全教育内容有机渗透在幼儿的生活中，让幼儿在感受和体验中树立安全意识，获得安全方面的教益。例如，当幼儿在玩大型攀登器械出现拥挤现象时，教师应及时地制止幼儿的行为并组织讨论这样做的后果是什么？怎样做是对的？让幼儿达成共识并在此基础上制定出相应的安全规则。经由自己参与制定的规则，幼儿自然会自觉遵守，积极维护。

(2)在日常生活中学习简单的安全常识。

培养幼儿的主人翁意识，放手让他们承担一定的任务，使之真正成为生活的主人，在责任感和使命感中引导幼儿学习运用安全常识。例如，在班内开展"我是小小安全员"的活动。让幼儿轮流当"小安全员"，每天负责检查活动室、休息室、盥洗室等地方的安全隐患，发现问题及时向老师汇报，并在相应醒目的位置张贴安全标志，提醒小朋友注意安全；同时还要时刻注意其他小朋友有无不安全的行为，并及时给予制止和纠正。幼儿在检查同伴的同时还要规范自己的行为，以身作则。这种自我管理、自我监督、自我服务的活动形式最大限度地调动了幼儿的主观能动性，从而使幼儿的安全意识和安全知识都会有不同程度的提高。

2. 提高幼儿的自护能力

(1)在生活经历中实现认知到行为的转变。

幼儿的思维特点和身心发展水平决定了其学习是一种主动参与，主动建构的过程。鉴于此，有些时候幼儿的认知和行为会出现不一致的现象。例如，在游戏活动中，教师教育幼儿不能跟陌生人走，不能吃陌生人给的食物，幼儿也能够明白和接受这样的教育，但这并不意味着幼儿能够将这一认知真正落实到行为上，当陌生人通过各种方式诱惑幼儿时，他们终会因抵不住诱惑而渐渐放松安全这根弦，从而导致危险事故的发生。媒体曾报道过，在幼儿园进行的"防拐实验"中，有近一半的幼儿没有抵挡住"坏人"的诱惑，被成功"拐走"。实验结果令我们瞠目，同时也给我们的安全教育敲响了警钟。这个实验很好地说明了虽然在平时教师和家长都能够有意识地对幼儿进行防走失、防拐骗教育，让幼儿在思想上引起足够的重视，但幼儿毕竟少不更事，在陌生人的花言巧语或物质诱骗面前，幼儿也就没有了安全防线。所以教师在组织幼儿开展安全活动时一定要注意从如何帮助幼儿获得安全认知，如何将安全认知转化为安全行为的角度去思考和设计，以确保安全活动开展的有效性。

(2)在活动练习中培养幼儿良好的自护习惯。

良好生活方式和行为习惯的培养与安全教育是紧密相连，相辅相成的。好的行为习惯和生活方式可以帮助幼儿避开危险，免受伤害。例如，吃饭时不说笑，可以避免食物进入气管；喝水前先用手摸一摸，以免烫伤；上下楼梯不拥挤、不打闹，知道靠右行走就不会出现踩踏事故等。当然习惯的养成需要一个长期的过程，在这个过程中，教师要注意帮助幼儿将好的习惯不断地进行巩固和强化，对幼儿表现出的正确的行为习惯，教师要及时给予表扬和鼓励，从而促进幼儿良好行为习惯的养成。

(3)在体育锻炼和演习活动中提高幼儿躲避危险的能力。

研究表明，每个人的机体在遇到危险时都会潜意识地产生自我保护反应。例如，当幼儿摔倒时，会不自觉地双手撑地，保护头部不受伤害。良好的身体素质是应对危险的基础，进行适当的体育锻炼能提高幼儿的反应能力，使他们在面对危险时不至于束手无策。所以，教师和家长应重视幼儿的体育锻炼，通过各种体育活动，锻炼幼儿身体的灵活性和协调性，提高身体素质，为幼儿独立应对危险做好充分的准备。

此外，生活中幼儿不能正确应对危险的原因之一就是缺乏社会活动锻炼的机会。所以幼儿园的安全教育切不可只停留在教师的说教上，应充分体现"教—学—做"合一的特点，让幼儿在实际操作和体验中学习安全知识，提高安全防范意识，获取安全防护技能。为此，幼儿园可以结合本园的实际情况，有目的、有计划、有组织地开展各种安全演习、演练活动，通过实际的参与和体验，提高幼儿的自我保护能力。例如，在开展"遇到火灾怎么办"的主题活动时，可以通过模拟演习，利用干冰、消防车等器材和物品营造出火灾现场，让幼儿练习低头弯腰，毛巾捂口鼻迅速逃离火灾现场。在这一过程中，引导幼儿思考各种自救自护的方法，组织幼儿探讨远离危险的最佳方案。让幼儿在亲身体验中获得安全知识和救护技能。

除了让幼儿具备自救自护能力之外，还要教会幼儿遇到危险时的求助技巧，如鼓励幼儿在面对危险不能自救时要敢于向他人求助，要掌握求助技能，会正确拨打求助电话等。

（三）开展丰富多彩的安全教育主题活动

1. 将安全教育纳入主题活动

针对安全教育缺乏计划性、系统性的现状，除了随机的安全教育之外，教师还要根据教学大纲和安全教育的要求制订安全教育计划，设计实施符合幼儿特点和需求的安全教育主题活动，将安全教育从外在于教育活动的具体保护措施内化为教育活动目标，让幼儿在教师精心设计组织的主题活动中获得亲身的感受和体验。以不同的教育形式激发幼儿学习安全知识的兴趣，通过参与活动，让幼儿正确识别危险，掌握安全技能，达到安全教育的目的。例如，在家庭生活中往往存在着很多安全隐患，教师可以设计"居家安全我能行"的主题活动，通过一系列的活动教会幼儿如何判断水的冷热；怎样不误食药品；如何避免触电、陌生人来访怎样应对等安全知识。让幼儿了解生活常识，提高防范意识，远离危险。

2. 根据幼儿的年龄和认知水平设计安全主题活动

教师在设计以安全为主题的教育活动时应充分考虑幼儿的年龄特点和理解接受水平，循序渐进地开展主题活动。例如，可以组织小班幼儿开展《我会安全玩玩具》的主题活动，教育幼儿在玩大型娱乐玩具时要遵守秩序，不争不抢；中班幼儿可以开展《保护我自己》的安全主题活动，以此来强化幼儿的自我保护意识；对于已经积累了大量生活经验的大班幼儿，教师可以组织开展以遵守交通安全为主题的安全教育活动，在活动中引导幼儿认识交通安全标志，认识斑马线，懂得如何遵守交通规则等。

针对幼儿思维具体形象的特点，在开展活动时要尽可能地突出直观性、情境性和生活化的特点。例如，以故事教学、情境表演或游戏问答的形式教育幼儿记住家庭住址以及父母的姓名、工作单位和电话号码等基本的安全信息，教育幼儿远离陌生人，更不能跟陌生人走或吃陌生人给的食物，以提高幼儿的安全自护意识。

3. 开展安全主题活动应注意的问题

将安全教育内容融入主题活动中，和单一枯燥的说教方式相比，这种方式更生动、更直接、更容易让幼儿理解和接受，也就更有利于幼儿安全防护技能的提升。然而需要特别注意的是，在开展安全教育主题活动时，幼教工作者一定要明确活动只是安全教育的知识载体，要力求通过灵活多样的活动形式调动幼儿学习的积极性和主动性，切忌搞形式主义，出现为活动而活动的现象。幼儿教师应充分认识到安全教育是一个长期的、复杂的、反复的过程，而幼儿年幼无知，往往缺乏安全意识，需要教师不断地提醒。一方面，将安全教育渗透在一日生活之中；另一方面，在组织游戏开展活动时要反复强调游戏规则，提高幼儿的自我保护意识。双管齐下，保障幼儿身心的健康成长。

(四)加强环境建设，消除安全隐患

受认知水平和活动能力的制约，环境对幼儿的安全保护起着重要的作用，安全的环境是幼儿安全活动的前提和保障。幼儿园既是幼儿生活游戏的主要场所，也是安全事故的多发区，在幼儿的各类事故中，因环境中存在不安全因素造成的意外事故也为数不少。应加强对幼儿园园所的环境建设，发挥环境的隐性教育功能，消除环境中的安全隐患，努力为幼儿创设一个安全可靠的活动环境。

1. 创设安全的物质环境

为减少幼儿意外事故的发生，幼儿园应组织人员定期检查幼儿活动的场地和设施，发现问题及时解决。同时，不断提升幼儿园硬件层次，如可在幼儿游戏活动的场地上铺设塑胶场地；在大型器械、楼道、盥洗室等易发生危险的地方安放警示牌或安全标示，用无声的语言时刻提醒幼儿提高安全意识；消毒液、杀虫剂等危险物品应放在固定的安全位置；活动室内的电源、电线、插头和电器安置好。

2. 创设安全的心理环境

所谓安全的心理环境就是从情绪情感上给幼儿提供安全的保障。幼儿会察言观色，尤其对成人的言行格外敏感，会因成人的不安和焦虑而产生不安全感，因此教师和家长应在情绪情感上给幼儿安全的经验。

幼儿在成长的过程中不可避免地会遇到各种各样的危险。面对生活中无处不在的危险，作为幼教工作人员和家长，一方面要培养幼儿的安全意识，提高警惕，防患于未然；另一方面，也要给幼儿营造温馨、和谐、安全的心理健康环境，鼓励幼儿正视危险，当危险来临时教师或家长要用语言或肢体语言及时安抚幼儿，帮助他们舒缓紧张心理，树立克服困难的勇气和信心，让幼儿始终在心理上感到自己是安全的，受保护的。

此外，在生活中教师和家长应有意识地引导幼儿了解一日生活的各个环节，经常和幼儿讨论各种可能发生的灾难，以此来减少幼儿因无法预知而产生的恐惧和焦虑情绪。

(五)联系家长与社区，形成安全教育合力

幼儿的生活空间是多元化的，在他们的生活中会遇到形形色色的人和物，也会遇到各种各样的安全威胁，只有幼儿园、家庭和社会一起联动，形成教育合力，才能真正为幼儿筑起一道安全屏障。

1. 与家长建立良好的联系

家庭是幼儿生活和学习的主要场所，安全教育的顺利开展离不开家长的支持和配合。把安全教育延伸到家庭，幼儿园首先应转变家长的错误观念，促使家长认同幼儿园的培养要求和教育策略，通过定期召开家长会、建立家园联系栏、组织家长参加亲子活动等形式，多与家长交流沟通，及时了解家长的思想动向，帮助家长树立安全教育意识，明确应承担的安全教育责任和义务，懂得如何与幼儿园配合对幼儿进行安全防范教育，形成家园教育的一致性和一贯性，为安全教育的实施打造一个全方位的教育环境。

2. 合理利用社会资源

丰富的社会资源是幼儿园进行安全教育的有力保障，幼儿园要善于将社会资源进行合理运用，通过邀请社会专业人士来园做讲座、报告，请安全部门协助进行安全演习等形式，多渠道、多途径地开展幼儿安全教育，让幼儿在感受、操作、体验的过程中真正成为安全教育的受益者。

幼儿园只有充分利用家长和社区丰富的教育资源，才能实现三位一体，形成幼儿园—家庭—社会的教育合力，共同为幼儿的健康成长服务。

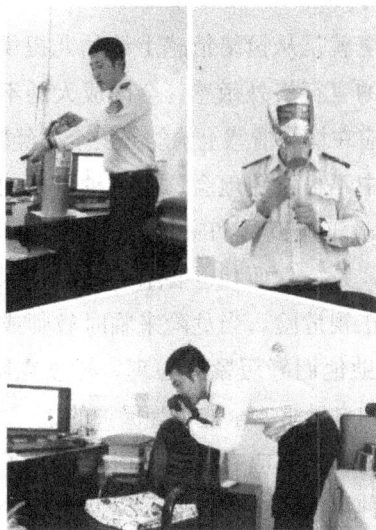

图 6-1　请专业人士讲解演示如何使用消防器材

总之，幼儿的安全教育应常抓不懈，在落实安全教育时应注意做到几个结合，即知识学习与实践操作相结合，主题活动与生活渗透相结合，教育管理与习惯培养相结合，自护自救与帮助他人相结合，幼儿园教育与家庭、社区教育相结合。只有循序渐进，不断强化，才能真正将幼儿安全教育的工作做稳、做实。

第三节　国外幼儿安全教育特色及启示

幼儿期是人的一生中最容易出现意外和危险的时期，安全教育关乎幼儿的健康成长，我国幼儿园在安全教育工作中还存在着一些问题，国外幼儿安全教育方面的一些经验和特色值得我们学习和借鉴。

一、国外幼儿安全教育的特色

国外的幼儿园非常重视幼儿的安全教育工作，在开展安全工作时主要体现出以下几点特色。

(一)加强立法是幼儿安全教育的根本保障

法律是由国家强制力保障实施的行为规范，强有力的法律法规是幼儿安全教育的坚强后盾。很多国家政府以法律法规的形式强制幼教机构进行安全教育。鉴于此，国外很多国家在儿童安全方面的法律法规相对比较健全，其中主要涉及食品卫生安全、看护安全、校车安全、情感安全、秩序安全等多个方面的内容。例如，在校车安全方面，日本幼儿园明确规定，校车上除了司机之外必须配备两名幼儿教师随车照顾幼儿。再如食品安全方面，法国明确规定将生产假冒伪劣儿童食品的罪行和贩毒、军火走私一样定为"危害安全罪"，可见管理力度之大。

新加坡政府明确规定，将幼儿应急能力的培养渗透到日常的教育活动中。幼儿园经常会在幼儿游戏时响起紧急铃声，教师带领幼儿从安全出口紧急撤离，以出其不意的方式锻炼幼儿的应急能力。结合多台风和地震的现象，日本的幼儿园则经常开展防台风和防震的演习活动，提高幼儿的应急逃生意识和能力。

(二)环境创设是幼儿安全教育的前提条件

众所周知，环境对于一个人的影响是巨大的，尤其是对正处于生长发育关键期的幼儿。可以说安全的大环境既是保障幼儿身心健康成长的乐园，也是实施安全教育的前提条件。由此，安全环境的创设就显得尤为重要。那么，国外的幼儿园是如何为幼儿创设环境的呢？

很多国家的幼儿园在环境设计方面有着共同的设计理念，即贴近自然、适应自然，力图让幼儿获得真正的人与自然的交往体验。他们一致认为儿童不是生活在纯粹封闭的、完全安全的环境之中，儿童现实生活环境中的危险处处存在，时时发生，只有让幼儿在充满危险的自然环境中去探索、去体验、去冒险，才能在身临其境中获得最真实、最具体的经验和教训，形成防御危险的意识和能力；同时，这种自然的环境无形中也减少了人为因素导致的塑胶等化学制品可能对幼儿造成的污染危害。

据美国和日本有关部门的统计表明，户外活动场地和游戏设施等处是幼儿意外事故的高发地。对此，他们采取了相应的对策，一方面，保证有充分的活动场地和游戏设施供幼儿活动使用；另一方面，在维持场地和设施为幼儿提供获得应有的运动经验的同时，有意识地创设充满"危险的环境"，教师适当给予提醒，让幼儿在亲身体验这些随时可能发生危险的环境中提高防范意识和自护行为。

当然，不同国家的幼儿园在具体设计环境时也各有不同。以美国为例，他们在环境的设计和安全检查方面有自己的特点。

第一，在对环境的设计上体现了周全性的特点。美国一些幼儿园的活动场地通常是由不同的材质建成的，如塑胶地、草地、水泥地和沙土地等，利用不同材质的活动场地来满足幼儿活动的不同需求，提高幼儿适应以及应对各种环境的能力，达到锻炼的目的。

第二，十分注重环境的安全检查工作。美国的教育者认为安全的环境并不是一蹴而就，一成不变的。定期对环境进行检查与维护比创设安全环境更为重要。他们以《美国幼儿园环境安全评估标准》为参照，组织幼儿园的教师每日、每周、每月进行定期与不定期的安全检查，随时排查安全隐患，以确保幼儿活动环境的安全。

此外，日本的幼儿园在环境创设方面也体现了自己的独到之处，尤其是在安全防护上做了充分的准备。例如，为了降低幼儿摔倒后的受伤程度，幼儿园绝大多数的户外活动场地以硬沙土地为主；在单杠、双杠等攀爬类设施下面铺有塑胶地垫；通过设置围栏或用白线标示提醒幼儿秋千摆动的安全区域。

在做好防护措施的同时，日本的幼儿园还会人为地设置一些危险因素，来锻炼幼儿的自护能力，提高防范意识。如尖尖屋顶的小房子，拴在大树之间的有网眼的绳子等都是专门为幼儿设计的具有一定危险性和挑战性的攀爬环境，旨在培养幼儿勇于挑战自我的精神，让幼儿在体验中成长。

(三)教师在安全教育中的角色定位

国外幼儿园普遍重视幼儿园精神环境的优化，努力为幼儿建立良好的师生关系和同伴关系，倡导民主和科学，让幼儿学会遵纪守法，培养幼儿健全人格。幼儿教师作为安全教育的主要实施者，有责任和义务保护在园幼儿的安全。国外幼儿教师在对幼儿实施安全教育时扮演着多重角色。

1. 教师是幼儿的游戏伙伴(参与者)

开展户外活动时，教师会给幼儿充分的自由，放手让幼儿主动尝试一些自创的"冒险游戏"或根据已有的游戏设施设计一些有反常规的"新玩法"，在充满刺激的探索创新中培养幼儿预测、判断以及回避危险的意识和能力。在活动中，教师不会轻易制止幼儿的某些行为，也不会为完成某些活动任务而强行要求幼儿。相反，教师会以游戏伙伴的身份参与到各种新奇刺激的活动中，在必要的时候提供支持和帮助，与幼儿同游同乐。

2. 教师是幼儿的引导者

上面讲到教师作为游戏活动的参与者与幼儿一起游戏，幼儿作为整个活动的主体享有充分的自由。这里需要特别强调的是给幼儿充分的自由是以幼儿掌握一些基本的安全行为规则为前提的。教师作为一个有经验的成年人，在幼儿游戏时，特别是在幼儿对游戏设施还未完全适应，或第一次玩新器械，抑或首次尝试具有危险性的活动时，要充分发挥引导者和帮助者的作用，教给幼儿正确使用器械的方法，并与幼儿一起讨论活动中潜在的危险，分享避免危险的经验。活动进行中，教师适时适当地对幼儿进行必要的安全指导与提醒。教师在对幼儿进行指导时，本着平等、尊重的原则，不是规定游戏的统一玩法，而是让幼儿有一个基本的安全规则和意识。例如，在荡秋千之前，要先观察一下周围有没有其他小朋友，以免发生碰撞等。

德国的一所幼儿园曾做过一个关于"鼓励幼儿运动与事故发生率关系"的实验调查。实验人员把幼儿分成实验组和对照组两组，其中对实验组的幼儿在运动方面进行不断的鼓励，放手让幼儿大胆尝试和体验，而对照组的幼儿则不予鼓励。实验共持续了八周，结果表明，经常受到鼓励的实验组幼儿，不仅运动能力增强，而且运动中的事故发生率也明显降低；而对照组幼儿则基本没有改变。通过这一实验结果说明：第一，适宜的环境是进行安全教育的前提。这里所谓的"适宜的环境"，是指在创设环境时要把握好尺度。既要考虑保障幼儿活动时的安全，同时又要注意贴近自然，制造一些人为的危险，为幼儿创设一个真正面对危险或困难的情境，在解决问题的过程中培养幼儿的防范意识和自护能力。这种做法的好处是既水到渠成，又不露痕迹，易于幼儿接受。第二，适度的自由是进行安全教育的必要条件。只有放开手脚，让幼儿在实践中得到锻炼，不断积累运动经验和安全经验，幼儿的自我保护能力和规避危险的能力才能得到增强。那种为避免危险发生而束缚幼儿手脚，因噎废食的做法是不可取的。第三，适当的引导是进行安全教育的关键。给幼儿活动的自由，这里的"自由"并不是无限度的自由，而是在教师睿智的引导之下的自由。教师以各种角色出现在幼儿的活动中，在适当的时候给予幼儿适度的引导、帮助、支持和鼓励。

3. 教师是幼儿的示范者

针对幼儿知识经验少但模仿能力强的特点，国外的幼儿教师时刻注意为幼儿树立安全行为的榜样，扮演示范者的角色，有意识地通过言传身教来培养幼儿的安全意识和技能。例如，在组织幼儿开展烹饪活动时，教师会采用边示范边讲解的方式教幼儿掌握正确的操作方法，并给幼儿提供大量的练习机会，让幼儿在反复的操练中获得安全技能。

4. 教师是安全规则的制定者

俗话说："没有规矩，不成方圆。"为保证各项活动的顺利进行，在活动正式开展之前，教师都会为幼儿制定严格的规章制度，明确规定什么是可以做的，什么是不可以做的。例如，在进行木工操作时要戴上防护镜以保护眼睛免受伤害；当其他幼儿荡秋千时不要离秋千距离太近，以免被撞伤；搭积木时不要离积木架太近，以防被取积木的幼儿踩伤手脚等。

制定必要的规章制度可以有效化解幼儿的危险行为。随着幼儿年龄的增长和经验的累积，安全规则的制定可以由教师一人制定转化为幼儿参与讨论，师生共同制定。让幼儿成为规则的制定者和执行者，以此提高幼儿遵守安全规则的自觉性和主动性。

(四)家庭和社区是幼儿安全教育的合作伙伴

国外的幼儿园都会把家庭和社区作为重要的合作伙伴。他们普遍认同保障幼儿的安全，不仅仅是幼儿园和幼儿教师的工作，更需要得到家长和社区的全力配合。所以，与家长的沟通，与社区资源的共享，实现幼儿园、家庭和社区的合作共育是幼儿安全教育顺利进行的关键和保障。

1. 家长方面

在国外的幼儿园里，开展手工活动时教师会让幼儿使用刀子、剪子、锤子、锯子或斧头等"危险"工具进行操作。这种做法在国内的幼儿园是完全行不通的，但在国外却是司空见惯。究其原因，与家长对待幼儿安全的态度和观念有很大关系。例如，日本的家长普遍认同这样一个观念：孩子在活动中出现磕磕碰碰的现象是在所难免的，不必为一点小状况而大惊小怪，要放手让孩子得到应有的锻炼，没有锻炼就没有成长。他们一致认为那些被过度保护的孩子将来是不会有所作为的。正是因为有了家长的大力支持和配合，幼儿园的各项活动课程才会开展得游刃有余，孩子最终成为真正的受益者。

当然，家长持有正确的教育观念是一方面，另一方面，国外的幼儿园也非常注重与家长的交流与沟通。例如，在组织幼儿外出参观游览时，幼儿园会提前向家长发放专门的告知书，家长在上面签字就表明同意幼儿外出并为外出可能发生的危险承担一定的责任。此外，国外的很多幼儿园还会定期把家长请到幼儿园来，组织一些亲子游戏，通过互动的方式让家长真正参与到幼儿安全教育中来并发挥应有的作用。英国政府还把母亲介入幼儿教育作为一种政策性的要求。

2. 社区方面

在国外，社区也是幼儿安全教育的大力支持者和合作者。通常情况下，幼儿园所在的社区会为其免费提供一些可进行安全教育的资源。例如，让孩子参观警局、消防局等安全部门，了解相关部门的工作性质和职能；或者请安全方面的专家为幼儿讲解安全知识，提供安全画册等。可以说，社区强大的教育资源为幼儿园安全教育提供了有力的支持和保障。

(五)游戏和生活是安全教育实施的有效途径

国外幼儿园游戏活动的时间普遍占有相当大的比例，他们的安全教育是和幼儿的游戏融合在一起的，而且更多地与生活相结合。让幼儿在玩乐中亲自体验什么是安全，并逐渐形成安全意识和应对危险的技能。

1. 安全教育渗透在游戏中

美国幼儿园有意识地将现实生活中与幼儿密切相关的危险融入相应的游戏和课程中，多途径、多渠道地帮助幼儿学习掌握应对生活中人为造成危险的技能和方法。例如，在对幼儿进行消防安全教育时，教师将与消防安全教育相关的内容进行分解细化并有机渗透在各种游戏中：在美术活动中，引导幼儿根据已有的知识经验自制一些诸如灭火器、水管等简单的消防用品，并在此基础上组织幼儿学习讨论这些消防用品的用途及操作方法；在角色游戏中，让幼儿分别扮演消防队员和逃离人员，在亲身体验中让幼儿练习使用灭火器材的正确方法以及逃生自救的技能；在语言游戏中，组织幼儿讲一讲关于消防安全的故事或根据有关消防内容的图片进行看图说话等。通过一系列的游戏和课程，让幼儿对消防安全有一个基本的、整体的认识。

2. 安全教育融入生活里

幼儿的成长离不开现实生活，而真实的生活中充满了各种各样的危险因素，让幼儿在生活中学会保护自己是非常重要的。因此，国外的幼儿安全教育倡导将安全教育的内容与幼儿熟悉的生活结合起来，实现教育生活化、生活教育化。例如，如何与陌生人打交道、如何遵守交通安全、在公共场所玩耍时如何避免拥挤，远离危险等安全教育的内容都是渗透在生活中，自然而然地进行的。这种融入生活中的教育效果是显而易见的。

(六)自护教育和情感安全是安全教育的特色内容

1. 幼儿的安全自护教育

在与幼儿密切联系的现实生活中处处隐藏着危险，让幼儿学会自我保护是其生存必须掌握的技能。所以，国外的幼儿园特别重视幼儿的安全自护教育，并把这种教育作为幼儿安全教育的重要组成部分。在国外，幼儿的安全自护教育大体可分为应对人为造成的危险和应对自然灾害两块内容。

(1)应对人为造成的危险。

幼儿好奇好动的天性使得他们喜欢探索却又缺乏相应的经验，这是幼儿发生危险的主要诱因。针对幼儿独自在家可能出现的危险，美国警方专门为孩子们制作了安全教育手册，让幼儿在生动形象的图册中记住一些安全规则，学习独自在家时应对陌生人的策略：如遇到危险时怎样拨打报警电话；有陌生人敲门时怎样不暴露独自在家；接陌生人的电话时怎样隐藏个人信息等。此外，他们还通过电视宣传教育片的形式丰富幼儿的安全经验。例如，美国北卡罗来纳州政府的教育部门就特别制作了"不要开门"的专题节目，教育幼儿学会避免生活中人为因素造成的危险。

(2)应对自然灾害。

如何应对自然灾害也是国外幼儿安全教育的一个重要内容。美国的一些幼儿园每个学期都有一个"防火周"活动。具体内容包括参观附近的防火站，观摩真正的消防演习并由消防队员亲自给幼儿讲解消防安全自救技能；同时每一位幼儿都会得到一本防火画册，在浏览和涂画中学习消防知识。

美国幼儿园每月进行一次火灾、地震等灾难的逃生演习，在实际操作中锻炼幼儿应对灾难的心理素质和逃避危险的能力。

2. 幼儿的情感安全教育

情感是指人对客观事物的态度和相应的行为反应。而情感安全则是指儿童的情绪情感很容易受到成人的影响和暗示，并会因成人的一些负面情绪（如过度担心和焦虑等）而产生不安全感。因而情感安全教育就是要给幼儿提供情绪情感上的安全经验，用积极的、正面的情绪情感影响感染幼儿，以确保幼儿的情感不受伤害。

情感安全教育是近些年来对幼儿进行安全教育的一个崭新的焦点内容。其目的是让幼儿获得积极的情绪情感体验，促进心理的健康发展。国外很多幼儿园非常注重幼儿的心理健康，教师会有意识地向幼儿传递积极健康的情感。

一方面，教师用自己的行为和语言给幼儿积极的心理暗示，让幼儿获得情感上的满足和安全。例如，经常向幼儿微笑，经常和幼儿拥抱；多一些鼓励的语言和眼神，通过语言的互动和肢体的亲密接触，让幼儿体验到温暖，感受到自己是安全的、是受重视的、是被关爱的，让幼儿在心理上获得满足，进而获得安全的情感体验。

另一方面，教师会结合生活中的实际，通过理性的、预见性的分析，帮助幼儿掌握一些简单的安全经验和技能，进而建立起安全感。例如，选择合适的机会和幼儿讨论各种使他们感到恐惧的灾难，让幼儿明白灾难是可以控制的，帮助会及时到达；不断丰富幼儿的生活经验，以减少因无法预知而产生的恐惧心理。

二、国外幼儿安全教育带给我们的启示

国外的幼儿园在幼儿安全教育方面采取了一些积极的措施，他们的一些好的理念和好的做法会给我们带来一些启示。

(一)完善相关的法律体系

针对我国关于儿童安全方面的立法不多，而且缺乏系统性和全面性的现状，在儿童安全立法上要逐步建立健全相关的法律体系，修改完善《安全法》《儿童权利法》，建立健全《校车法》《儿童乘车安全法》等法律法规，确保幼儿的合法权益受到应有的保护。当然安全教育的重点是做好防范工作，防患于未然，不要等到安全事故发生了再进行立法。

(二)创设安全的教育环境

创设安全的环境有利于幼儿安全教育的顺利展开。具体来讲，在物质环境的创设上，不仅要因地制宜地为幼儿创设适宜的室内外环境，更要定期对环境进行检查和养护，使活动器材和游戏设备符合安全要求；同时做好卫生、消毒和通风工作，确保幼儿生活环境的安全，预防疾病的发生。在精神环境的创设上，注重对幼儿进行情绪情感方面的安全教育，用真心、真爱温暖幼儿柔软而娇嫩的心灵，保障幼儿心理的健康发展。

(三)开展有效的安全教育

1. 游戏和生活是实施安全教育的最佳途径

幼儿的年龄特点和思维发展水平决定了他们的学习是在不断地探索周围世界的游戏和生活中进行的。可以说孩子们喜闻乐见的游戏和与之密切联系的生活是对幼儿进行安全教育的最佳途径。教师可以有意识地将安全教育的意图和内容物化在游戏中、生活中，在亲身体验的过程中自然而然地培养幼儿的安全意识和自我防护的能力。

2. 加强家园合作的力度

幼儿园和家庭是幼儿生活学习的主要场所，是幼儿接触最多的社会环境。安全教育仅靠幼儿园单方面的努力是不行的，需要得到家长的理解、支持和配合。

首先，幼儿园要加强对家长的安全培训工作。提升家长的教育素养，指

导家长学习相关的法律法规，向家长普及安全知识，提高家长的安全防范意识，充分发挥家长在预防儿童安全伤害中的作用。

其次，幼儿园要加强与家长的联系与沟通。幼儿园可以通过召开家长会、开放日、举办安全讲座、开展亲子游戏等方式，让家长更好地了解幼儿园安全教育的内容与要求，了解幼儿安全教育的方式方法，引导家长主动与幼儿园密切配合，对幼儿实施一致性、一贯性的安全教育。

最后，幼儿园要引导家长掌握向幼儿传授安全知识的方法。作为幼儿的监护人和第一任教师，家长仅仅制止孩子的危险行为是远远不够的，还要向孩子传授简单的安全知识，关键是在危险来临之前，告诉孩子身边可能存在的安全隐患，远离危险源，教会孩子应对危险的技能。当然，如果这种正面的安全教育不奏效的话，在安全范围内，也可以通过"尝试错误"的方式，让孩子在吃点"苦头"的过程中接受教训，积累安全经验。

幼儿的安全问题是幼儿园的头等大事，也关系着每一个家庭的幸福。作为教师和家长，有义务、有责任为幼儿的安全筑起防线。通过学习和借鉴国外先进的安全教育经验，尽量将幼儿的安全事故的发生率降到最低，确保幼儿健康快乐地成长。

第七章　幼儿安全教育的目标、内容、方法与途径

幼儿作为安全教育的对象，其身心发展的不成熟、不完善导致了意外伤害事故的频频发生。对幼儿进行安全教育，必须根据幼儿的身心发展水平和特点以及《幼儿园教育指导纲要（试行）》与《3—6岁儿童学习与发展指南》等相关文件的精神来确定幼儿安全教育的目标，选择适宜的安全教育的内容、方法和途径，把安全教育落到实处，使幼儿成为真正的受益者。

第一节　幼儿安全教育的目标

教育是有目的、有计划、有组织地实施培养人的社会活动，其中教育目标是整个教育活动的核心与指南。幼儿安全教育目标是对幼儿进行安全教育的方向和准则，是衡量幼儿发展是否达到预期目标的主要标准。它不仅影响着安全教育的内容、方法和途径的选择，指导着安全教育活动的设计与实施，同时也制约着幼儿教师的教育观念和教育行为，最终决定着幼儿的发展。

一、幼儿安全教育目标的制定

幼儿安全教育目标的制定需要有一定的理论依据。一方面，要遵循相关的法律法规的要求；另一方面，还要结合社会发展的需要以及教育对象身心发展的规律和特点，做到依法施教，科学施教。

（一）依据相关的法律法规

与安全教育相关的法律法规是制定幼儿安全教育目标的总的指导思想和重要依据。制定安全教育目标时，要认真学习诸如《中华人民共和国未成年人保护法》《教育法》《中小学幼儿园安全管理办法》《教育系统突发公共事件总体应急预案》《幼儿园工作规程》《幼儿园安全管理条例》《幼儿园教育指导纲要（试行）》《3—6岁儿童学习与发展指南》等相关的法律法规，并以此为依据制定出科学可行的幼儿安全教育目标，做到有法可依、依法施教。

（二）符合社会发展的需求

众所周知，教育是为社会发展服务的，所以教育具有鲜明的时代性特点。

随着科学技术的不断发展和进步，我们的生活也随之发生着翻天覆地的变化。诚然，先进的科学技术的确给我们的生活带来更多的便利，但同时我们也应该清醒地意识到潜藏在幼儿身边的安全隐患也越来越多。例如，电子产品的使用呈现出低龄化特点，威胁着幼儿的身心健康；拐骗幼儿的手段也越来越"高明"，危害着家庭和社会……诸如此类的例子举不胜举，这使我们感到肩上担子的沉重。制定安全教育目标的时候，在正确体现相关法律法规的指导性思想的前提下，还要充分结合社会发展的特点，考虑幼儿适应社会发展的能力，尽可能全方位地为幼儿营造一个安全、温馨、和谐的大环境，为幼儿身心的健康成长保驾护航。

(三)考虑幼儿的身心发展特点

作为教育对象的幼儿正处于生长发育迅速发展的时期，其身心发展的规律和特点也是制定安全教育目标的重要依据。只有在充分了解幼儿在认知、动作技能、情感态度等方面发展特点的基础上，才能制定出符合幼儿实际，切实可行的安全教育目标。具体操作时应注意以下几点。

1. 考虑幼儿的年龄差异和个体差异

不同年龄阶段的幼儿在认知、动作技能和情感态度等方面存在着很大的差异，同时即便是同一个年龄阶段的幼儿也存在着个体差异。在制定安全教育目标时要在把握幼儿身心发展的一般规律的基础上，充分考虑到幼儿的年龄差异和个体差异，因人制宜，因材施教，以适应不同阶段、不同个体发展的需求。

2. 了解幼儿的发展现状和内在需求

有时候幼儿发展的现状与内在需求和幼儿身心发展的一般规律是不同步的，即实然与应然之间存在差距。在这种情况下，要力求将安全教育目标落在幼儿的"最近发展区"之内，通过持续不断的教育引导，促进幼儿从现实的发展水平向理想的发展水平过渡，实现促进幼儿发展的目的。

3. 明确幼儿的发展是整合的发展过程

幼儿的发展，包括认知、动作技能以及情感态度等方面的发展都不是孤立地进行的，而是彼此相互影响、相互促进的，是一个整合的发展过程。这就要求我们的安全教育也要符合幼儿整体发展的特点。所以安全教育目标的制定也要体现综合性、全面性的特点。

综上所述，幼儿安全教育目标的制定，既要以法律法规为依据，又要考虑幼儿的身心发展特点，密切联系生活实际，由浅入深、由近及远、层层深入，体现安全教育目标的科学性、阶段性和适应性。

二、幼儿安全教育的总目标

在《幼儿园教育指导纲要(试行)》的健康教育中明确规定："幼儿应知道必要的安全保健常识，学习保护自己"；"密切结合幼儿的生活进行安全、营养和保健教育，提高幼儿的自我保护意识和能力。"根据《幼儿园教育指导纲要(试行)》和《中小学幼儿园安全管理办法》的指导精神，我们可以把幼儿安全教育目标设定为以下几点。

第一，与同伴友好相处，初步形成避免在游戏活动中造成伤害的意识。

第二，了解基本的饮食卫生和公共卫生常识，培养良好的个人卫生、健康行为和饮食习惯。

第三，了解并遵守公共场所的安全常识；在与陌生人交往时具备基本的自我保护意识。

第四，学会正确拨打求助电话，初步识别简单的危险标志。

第五，初步学会在面临危险时的自我保护和求救逃生的简单技能。

三、幼儿安全教育的阶段目标

在 2012 年国家教育部颁发的《3—6 岁儿童学习与发展指南》中明确规定了幼儿园各年龄阶段幼儿应具备的安全知识和自我保护能力。

3~4 岁幼儿：

1. 不吃陌生人给的东西，不跟陌生人走。

2. 在提醒下能注意安全，不做危险的事。

3. 在公共场所走失时，能向警察或有关人员说出相关信息，如自己的名字、家庭地址、家长的名字或电话号码等。

4~5 岁幼儿：

1. 在公共场合下不远离成人的视线单独活动。

2. 认识常见的安全标志，能遵守安全规则。

3. 运动时能主动躲避危险。

4. 知道简单的求助方式。

5~6 岁幼儿：

1. 未经大人允许不给陌生人开门。

2. 能自觉遵守基本的安全规则和交通规则。

157

3. 运动时注意安全，不给他人造成危险。

4. 知道一些基本的防灾知识。

以《3—6岁儿童学习与发展指南》《幼儿园教育指导纲要（试行）》以及《中小学幼儿园安全管理办法》等相关法律法规的精神为指导思想，从在园安全教育、居家安全教育和公共安全教育三个方面进一步明确和细化出幼儿各年龄阶段的安全教育目标。

(一)小班幼儿安全教育目标

1. 在园安全教育方面

(1)注意着装安全，不佩戴饰物入园。

(2)不随身携带锐利的物品；不将小物品塞入口、耳、鼻中，一旦发生危险知道及时告诉成人。

(3)喝水、盥洗、如厕时做到不推挤、不争抢。

(4)游戏时遵守规则，外出活动时听从老师安排，不擅自脱离集体，不靠近危险区域。

(5)上下楼梯时有秩序，知道靠右行走。

(6)会正确使用剪刀，避免安全隐患。

(7)离园时不乱跑、不逗留，和家长一起离开；找不到爸爸妈妈时知道求助的方法。

2. 居家安全教育方面

(1)不玩火、玩电，知道玩水、玩沙时的注意事项。

(2)不做爬窗、玩门、从高处往下跳等危险动作。

(3)知道吃东西前要洗手，吃东西时不嬉闹，做到细嚼慢咽。

(4)不捡拾桌上或地上的食物，不喝生水，不乱吃药。

(5)睡觉时不蒙头、不玩玩具，养成按时睡、按时起的作息习惯。

3. 公共安全教育方面

(1)能记住自己的姓名和家长的姓名、电话。

(2)初步建立遵守公共秩序的意识。

(3)认识交通信号灯，在成人的带领下过马路，不在马路上玩耍。

(4)不随便逗弄小动物，如被抓伤或咬伤能立即告诉成人。

(5)不吃、不要陌生人的东西，不跟陌生人走，不让陌生人触摸自己的身体。

(6)知道在没有成人陪伴的情况下，不玩水，不靠近水源。

(7)遇到危险情况，不害怕、不哭闹，听从成人的指挥。

(二)中班幼儿安全教育目标

1. 在园安全教育方面

(1)不去幼儿园的厨房、开水房等危险的地方。

(2)知道爱惜玩具，不独占玩具并能够与同伴分享。

(3)发现同伴的不安全行为或同伴遇到危险时能及时告诉老师。

(4)知道消防栓、灭火器的用途，知道幼儿园的安全通道出口，了解逃生的基本知识。

(5)玩大型玩具时遵守规则，不做危险动作。

2. 居家安全教育方面

(1)知道家庭的详细地址，记住父母的姓名、电话号码及工作单位。

(2)独自在家时不随意开门，有危险时会拨打求助电话。

(3)知道厨房里有危险，不独自在厨房使用煤气灶、菜刀等危险物品；不触摸电源插头、电器开关，不将手指、别针等导电物品放进插座。

(4)在家玩耍时知道躲避家具和墙壁的尖角，捉迷藏时不躲在橱柜或门后。不用塑料袋套头，不把绳子缠绕在脖子上。

(5)不反锁房门，不接触饮水机、热水壶、打火机等危险物品。

3. 公共安全教育方面

(1)知道报警电话，掌握报警电话的拨打方法。

(2)知道行人要走人行道，靠右行走；过马路要走斑马线、过街天桥或地下通道，不钻爬翻越护栏。

(3)在野外游玩时不随便采摘花果，捕捉昆虫，不吃野生瓜果，以免中毒。

(4)不轻信陌生人的话，不跟陌生人走，不让陌生人触摸自己的身体。

(5)初步了解地震、雷雨等自然灾害的危险及简单的保护方法。

(三)大班幼儿安全教育目标

1. 在园安全教育方面

(1)自由活动时不和同伴追逐、打闹；不抓、咬、打同伴。

(2)逃生演习时能听从指挥，行动迅速，有序到达安全地点。

(3)能正确、安全地使用铅笔、小刀、剪刀等用具。

(4)当自己或同伴受到伤害时能及时求助，并用适当的方法进行自护和自救。

(5)知道怎样避免外伤发生，一旦发生擦伤或扭伤等事故时能配合成人处理和治疗。

2. 居家安全教育方面

(1)知道清洁用品和杀虫剂等物品的危害并远离。

(2)知道独自一人在家时的安全注意事项。

(3)不碰触电磁炉、微波炉、打火机、煤气灶等易燃、易爆用具。

(4)能正确使用简单的家用电器，懂得安全用电、节约用电。

(5)不在阳台、窗边以及楼梯口处嬉闹，避免坠楼或滚落事件发生。

3. 公共安全教育方面

(1)有初步的自我约束意识，养成遵守公共规则的习惯。

(2)认识常见的交通标志，能看懂简单的交警指挥手势。

(3)能安全乘坐电梯，知道被困电梯中的求救方法。

(4)尽量远离人多拥挤的场所，一旦发生拥挤不慌乱，用正确方式自护。

(5)在户外活动时远离水井、变压器、建筑工地等危险区域；发生意外时会大声呼救。

(6)了解大风、台风、龙卷风的危害，知道简单的避风方法。

第二节　幼儿安全教育的内容

　　幼儿园课程改革对幼儿园教育活动的影响非常大，其中一个较为明显的改变就是教师对安全教育活动内容的选择与安排有了越来越大的自主权，教师不必拘泥于一套教学指导用书，按部就班地实施教学计划，而是可以依据《幼儿园工作规程》提出的保教目标和《幼儿园教育指导纲要(试行)》所述的各领域目标，结合本地、本园和本班的实际情况灵活地选择安全教育内容，甚至追随儿童的兴趣、需要生成教育活动。这种改变在给予教师较大自主权的同时，也对教师提出了更高的要求。

一、幼儿安全教育内容的选择

　　幼儿安全教育的内容是实现幼儿安全教育目标的主要载体，是将教育目标转化为幼儿发展的关键环节，也是幼儿安全教育活动设计和实施的主要依据。因此，在选择和设计安全教育内容时应遵循一定的原则。

(一)目标性原则

幼儿安全教育的目标是依据相关的法律法规和幼儿的发展需要制定的，

目的是培养幼儿的安全意识，提高幼儿自我保护的能力。安全教育的内容是实现安全教育目标的载体，是为更好地实现安全教育目标服务的。所以，在选择和设计安全教育内容时，首先应以是否有助于实现安全教育目标为标准，紧紧围绕目标的要求选取有价值的教育内容。

(二)生活化原则

幼儿的成长离不开与之密切相关的现实生活，可以说，现实生活是幼儿取之不尽用之不竭的丰富的知识宝库。我们强调教育生活化，就是要让幼儿在生活中学生活，在做事中学做事，在做人中学做人。安全教育的内容自然也离不开幼儿熟悉的日常生活。在选择和设计安全教育的内容时，必须以幼儿的生活和经验为基础，从幼儿的生活实际出发，所选内容既要符合幼儿的生活实际，又要考虑社会生活的现实意义；既要考虑安全知识本身的科学性、逻辑性和系统性，又要符合幼儿的认知特点和发展需要。生活中与安全相关的内容很多，教师要进行必要的筛选，多选择幼儿感兴趣的、实用性强的、与幼儿生活密切相关的教育内容。将安全教育的内容自然渗透在生活之中，同时将生活中的安全知识有机融入安全教育的内容中，使安全教育的内容取之于生活，用之于生活。

(三)适宜性原则

《幼儿园教育指导纲要(试行)》中指出，教育活动内容的选择应体现"既适合幼儿的现有水平，又有一定挑战性"的原则，即教育活动内容的难易程度要落在幼儿的"最近发展区"之内。这就要求我们在选择安全教育活动内容时应遵循各年龄段幼儿在认知、情感态度、能力、社会性、个性等方面的一般发展规律，确定既与幼儿原有经验相适宜又有利于幼儿主动建构的活动内容。如引导幼儿了解电时，首先应引导幼儿认识各种电器、知道什么是电、电的作用及危害、如何防触电等，通过层层递进的活动，引导幼儿从生活中切入学习相关的安全常识。

(四)兴趣性原则

幼儿的年龄特征决定了兴趣是直接支配他们学习的最大动力，有了兴趣，幼儿就有了主动参与活动的愿望和积极的态度。因此安全教育活动内容的选择必须考虑幼儿的兴趣特点。

教师可运用以下三种策略来协调教育内容与幼儿兴趣之间的关系。第一，教师预设一些既能促进幼儿发展，又是幼儿感兴趣的内容。如"盥洗室中的安全"这一内容，既能让幼儿感受了解幼儿园的环境，又能在活动中引导幼儿形成安全意识，知道小便、洗手时的注意事项。第二，观察幼儿，及时捕捉幼儿的兴趣点，在幼儿感兴趣的事物中生成活动内容。《纲要》中要求我们"善于发现幼儿感兴趣的事物、游戏和偶发事件中所隐含的教育价值，把握时机，积极引导。"如在一次大班语言活动中，天空突然电闪雷鸣，大雨倾盆而下，孩子们的注意立刻发生了转移。教师及时调整了计划，顺应孩子们的兴趣需要，引导孩子们讨论有关雷电的内容。"要下雨了，天空是什么样的?""雨中的人是怎样的?""如果出现雷电，我们可以怎么做? 不能怎么做?"孩子们围绕这一感兴趣的话题展开讨论。教师的这种做法既满足了幼儿的愿望，学习了相关的安全常识，又增进了师幼间的情感。第三，对一些促进幼儿发展确有必要，但难以直接引发幼儿兴趣的内容，教师要善于运用幼儿感兴趣的方式，引导他们参与活动。

（五）可行性原则

幼儿的年龄尚小，经验相对匮乏，同时理解接受水平又十分有限，选择和设计的安全教育内容要符合幼儿的学习特点和认知水平，贯彻切实可行，操作性强的原则，让幼儿在感知、体验中获得最直接的安全经验，掌握应有的安全防范知识和自救自护技能。切忌简单说教，好高骛远，力求让幼儿在理解吸收的基础上灵活运用，将安全知识的学习转化成安全技能的操作。

（六）全面性原则

根据相关法律法规的要求，幼儿园应将安全教育纳入到教学内容之中，全面、系统地对幼儿进行安全教育。安全教育的内容要尽可能的丰富，涉及幼儿成长需要的方方面面，包括饮食安全、活动安全、交通安全、使用设施、设备安全以及防范自然灾害等教育内容。

二、幼儿安全教育的内容

近些年来，幼儿安全事故发生率居高不下。据有关资料表明，3～6岁幼儿意外事故发生率为46.10%。77.6%的幼儿有过在游戏中受伤的经历；66.8%的幼儿有过从床上摔下来的经历；25.8%的幼儿则有过从楼梯上摔落的经历。惨痛的事实给我们敲响了警钟，幼儿的安全教育绝不能是纸上谈兵，而是要根据安全教育目标真正去落实。依照相关法律法规的要求和幼儿的发展需要，对幼儿进行的安全教育内容大体可以划分为以下几个方面。

（一）安全信息教育

所谓安全信息教育是指让幼儿掌握一些基本的安全信息，如熟记自己和父母的姓名、家庭住址、父母电话、工作单位以及所在幼儿园名称；认识生活中常见的安全标志；知道保护身体的各器官；能够熟练运用110、119等求救电话，以备在危急时刻正确使用，寻求救援。

为了提高安全信息学习的趣味性和实效性，教师可通过组织角色游戏、情景表演、知识竞赛等多种形式帮助幼儿掌握，以备不时之需。

(二)生活安全教育

幼儿安全教育的内容与幼儿的生活息息相关。幼儿生活中涉及的安全教育内容是复杂的、细致的，同时又是非常琐碎的。教师和家长要做有心人，尽可能地周全考虑，细致部署，确保幼儿的身心免受伤害。

1. 生活细节安全

幼儿的年龄越小，所要面对的危险因素就越多。教师和家长应从小处着手，从细节入手，结合幼儿一日生活的各个环节，耐心细致地对幼儿进行全面的安全教育。例如，来幼儿园不能随身携带小刀、剪子等锐利的器具和豆粒、纽扣等细小物品；幼儿着装要舒适安全，尽量不要穿有带子的衣服，不佩戴首饰和复杂的发饰；上下楼梯靠右行走，不拥挤、不推搡，不从楼梯扶手上往下滑；喝开水吃热饭时知道先用嘴吹一吹；在盥洗室不打闹；不将纽扣、豆粒等小物品放入耳鼻口中等。

2. 食品卫生安全

幼儿喜欢将各种物品放入口中，零食更是幼儿的最爱，在进食这些东西的时候，很容易引发安全事故，所以食品卫生安全教育对于几岁的幼儿而言，就显得尤为重要。

(1)严把食品卫生关。

通常情况下，幼儿的一日三餐都是在幼儿园进行的。幼儿园一方面要严格把好食品采购、储藏和烹饪等方面的卫生关，另一方面还要经常教育引导幼儿不吃腐烂、有异味的食物；不吃隔夜饭，不喝生冷水；不吃垃圾食品；不吃"三无"零食。

(2)培养幼儿良好的饮食习惯。

培养良好的饮食习惯是对幼儿进行食品安全教育的关键。平时要教育幼儿不偏食、不挑食；在进食热饭热汤或热水时要先用嘴吹一吹，以免烫伤；在吃鱼等带刺或骨头的食物时要把刺或骨头挑干净，以免鱼刺或骨头卡住喉咙发生危险；进食时不嬉笑、不打闹，防止食物进入气管等。

(3)做好药品管理工作。

幼儿在服药的过程中也容易发生危险。例如，有些药物外观漂亮，口感也很好，幼儿喜欢把这样的药品当零食来吃，造成过量服用，引发危险。教师要让幼儿明确药品不是食品，不能随便乱服，一定要在成人的监督指导下服用。

此外，作为幼儿园的教职员工，在投放老鼠药、使用消毒液时要注意规范，放在幼儿安全活动范围之外，并做好标识或明确告知，让幼儿远离危险药品，以免因误食而引发事故。同时还要教育幼儿不随便捡拾和食用不明物品。

3. 交通安全教育

常言道："车祸猛于虎"。据交通部门的统计，全国交通事故平均每 50 秒发生一次，每 2 分 40 秒就会有一人丧生于车祸。其中，少年儿童占全年交通事故死亡率的 10%，且呈现出逐年上升的趋势。可见，对幼儿进行交通安全教育是幼儿园安全工作中非常重要的内容之一。交通安全教育的目的是帮助幼儿初步形成交通安全意识，了解基本的交通规则，认识常见的交通标志，养成自觉遵守交通规则的良好习惯。

(1)学习交通规则 认识交通标志。

学习基本的交通规则，知道"红灯停，绿灯行，黄灯亮时等一等"；知道行人要走人行道并靠右行走；行人不能横穿马路，过马路要走人行横道线；不在马路上打闹玩耍和逗留(踢球、玩滑板车)。

认识交通标志，如斑马线、红绿灯等，知道这些交通标志的意义和作用。

相关链接

交通安全儿歌

小朋友，你别跑，站稳脚跟把灯瞧。

红灯停，绿灯行，黄灯请你准备好，

过路应走斑马线，交通规则要记牢。

资料来源：http://wenku.baidu.com/view/e1690bb8ad51f01dc281f174.html

(2)乘车安全。

引导幼儿知道在乘坐公共交通工具时应先下后上；站立时抓好扶手；不随意将头和手臂伸出窗外；尊老爱幼，主动给老人让座。在乘坐私家车时不坐副驾驶座位，要系好安全带或坐在婴幼儿安全座椅中。

(3)乘电梯安全。

教育幼儿乘坐扶梯时注意脚下安全，不要踩在黄色安全警示线以及两个梯级相连的部位，靠右站立，不在扶梯上来回跑动，不用脚踢扶梯带板，不逆行、攀爬或倚靠扶梯；不把手放在梯级及围裙板的间隙内，不将头和四肢伸出扶手装置外；不在扶梯进出口处逗留。

教育幼儿乘坐箱式电梯时不在电梯门口逗留，快速进出；不随便按触电梯按钮，不用身体倚靠门板，更不要在门开启和关闭的时候将手放在电梯门旁；不用身体或其他物品阻挡将要关闭的电梯门；在电梯内保持安静，不打闹蹦跳；电梯发生故障时保持冷静并及时按动紧急呼救按钮或拨打呼救电话等待救援。

相关链接

电梯应急自救儿歌

电梯突停莫害怕，

电话急救门拍打，

配合救援要听话，

层层按键快按下，

头背紧贴电梯壁，

手抱脖颈半蹲下。

资料来源：http://wenku.baidu.com/view/1fa588fdbceb19e8b8f6baea.html

(4)培养遵守交通规则的良好习惯。

从小培养幼儿交通安全意识，养成遵守交通规则的良好习惯。为了便于幼儿理解和接受，在进行交通安全教育时可采用随机教育、反复强化、游戏练习等方式进行，也可以借助儿歌、故事等文学作品增加教育的趣味性和感染力。

4. 防触电、防溺水、防烫伤

随着生活娱乐设施的不断丰富，触电和溺水成为幼儿日常生活中意外伤亡的主要原因。每年因触电或溺水而死亡的儿童人数呈逐年上升的趋势。据有关部门统计，少年儿童因触电死亡的人数约占儿童意外死亡总人数的10.6%，因溺水死亡的人数则占到50%之多。

(1)防触电教育。

随着科学技术的不断进步，现代化的设施和各种各样的电子产品充斥着我们的家庭。这就为幼儿的安全埋下了隐患。作为教师和家长应有针对性地为幼儿普及用电安全方面的基本知识，进行防触电教育。如告诉幼儿远离电源插座，不能玩电器，不用手或导电物(如钉子、铁丝等金属物品)去接触或试探电源插座内部；不用湿手触摸电器，不用湿抹布擦拭电器；拔电源插头时不用力拉拽电线，也不能用剪刀或小刀刻划电线等。同时还要告诉幼儿触电后的正确做法，一旦发生触电事故，要及时切断电源，不能用手去拉拽触电的幼儿，可以用干燥的木棍或竹竿等不导电的物品将电线挑开。

(2)防溺水教育。

溺水危害着少年儿童的生命和健康。夏季是幼儿溺水的高发季节，溺水在少年儿童意外死亡中所占的比例是最大的，所以对幼儿进行防溺水教育是刻不容缓的事情。

教师可以通过视频、故事等形式让幼儿认识到溺水可能造成的危害，并教给幼儿具体的防溺水的方法，如不独自在水边玩耍；不到非正规的游泳池游泳，下水游泳前要做好充分的准备活动；当有同伴失足落水时不要擅自下水营救，而是要及时呼叫附近的成人来施救，或者拨打110。

相关链接

溺水自救歌

溺水勿自慌，迅速离现场。

清除口鼻保畅通，拍打后背让肺畅。

若无呼吸人工上，若无心跳挤心脏。

赶紧换上干衣裳，尽快送到病床上。

资料来源：http://wenku.baidu.com/view/750d1d240722192e4536f61b.html

(3)防烫伤教育。

烫伤是幼儿在生活中常会遇到的事故，其中以被热水或热油烫伤最为常见。为防止幼儿被烫伤，教师和家长在日常生活中应注意提醒幼儿远离热水壶和热油锅，不玩火、不在火源附近玩耍，不随便触摸电暖气、电熨斗等带电发热的电器。生活中一旦发生烫伤，可采取以下措施：烫伤部位如果是轻微红肿，可用冷水反复冲洗后涂抹清凉油；如果烫伤部位已经起了水泡，可在水泡周围涂擦酒精后进行包扎；如果烫伤严重，应立即送医院进行救治。

相关链接

烫伤自救歌

小朋友，被烫伤，莫要慌。

手指伤，有点红，摸耳朵。

面积大，冷水冲，涂膏药。

无膏药，用酱油，抹蜂蜜。

烫得重，送医院，莫犹豫。

小朋友，要牢记，

一冲洗，二护送，莫忘了。

资料来源：http://wenku.baidu.com/view/750d1d240722192e4536f61b.html

生活中的危险随时可见、随处可见，教师只有时时留心、处处提醒，才能帮助幼儿避开危险，免受伤害。

相关链接

安全知识儿歌

小朋友，请注意，安全知识要牢记。

遇到困难不要怕，分析情况打电话。

生病拨打120，火灾拨打119。

110找警察，还要讲清我在哪，

陌生人不答话，玩火玩电危险大。

爸妈不在看好家，自我保护能力大。

资料来源：http://wenku.baidu.com/view/e254455d2b160b4e767fcf19.html

(三)活动安全教育

1.玩玩具器械的安全教育

游戏是幼儿最喜欢的活动，玩具则是幼儿活动的主要工具。作为最受幼儿喜爱的玩具本身也潜藏着一些安全隐患，因此，教幼儿掌握正确使用和操作玩具的方法是保障幼儿顺利开展活动的关键。操作不同的玩具有不同的安全要求。

(1)玩大型玩具的安全教育。

组织幼儿玩户外大型器械玩具时，首先要教会幼儿正确的玩法：例如，玩攀登架时要双手抓牢，双脚踩稳；荡秋千时要坐稳，双手抓紧绳子；玩滑梯时严禁头朝下滑行，不能沿着滑梯逆向爬行，要等到前面的小朋友起身后再下滑，不能在滑梯上长时间逗留或爬出栏杆；玩跷跷板时双手要抓紧扶手，脚下用力要稳等。其次强调纪律保障，教育幼儿在玩耍时要有秩序，不争抢、不拥挤，发扬先人后己的精神。

167

此外，活动前教师要帮助幼儿检查衣带和鞋带是否系好，以防安全隐患。在活动时如果发现大型玩具器材松动或链接脱离，应及时制止幼儿玩耍并上报幼儿园相关部门。

(2)玩中型玩具的安全教育。

玩游戏枪、游戏棍，以及角色扮演游戏中使用的道具等中型玩具时，教师应告诫幼儿不能伤害到他人，更不能故意用这些玩具击打同伴的身体，尤其是头部；同时也要提醒幼儿注意防止自己的身体受到挤压、撞击等不必要的伤害。

(3)玩小型玩具的安全教育。

为幼儿选择的小型玩具应具有无毒、无伤害性的特点。避免让幼儿操作有尖角或玻璃材质的玩具。玩雪花片、串珠、玻璃球等微小玩具时，教育幼儿不能因好奇、好玩而将这些小物件放在口、耳、鼻中，以免造成危险。

2. 玩电子产品的安全教育

随着科学技术的不断进步，手机、平板电脑、电视和游戏机等电子产品已经成为家庭生活不可或缺的物品，且呈现出低龄化特点。很多家长以此作为哄逗孩子的工具。不可否认，这些电子产品开发的一些学习游戏软件在某种程度上的确能促进幼儿认知能力等方面的发展，但我们也应该清楚地认识到电子产品也正在以迅雷不及掩耳之势的速度损害着孩子的身心健康。一方面，我们要取其精华，合理运用；另一方面我们也要对幼儿进行相应的教育，做好适当的防护。

三岁以下的幼儿不建议接触手机、电脑等电子产品。三岁以上的幼儿玩手机、看电视的时间要有节制，一次不超过三十分钟，看电脑、电视时眼睛和屏幕要保持一定的距离，看一段时间后要到户外放松一下，让眼睛得到适当的休息；用餐时间关闭电视；在夜间熄灯后不玩手机；玩电子游戏时多选择寓教于乐的益智游戏，不玩充满血腥暴力的对战游戏。用亲子游戏代替电子产品，家长多陪伴孩子，和孩子一起聊天、运动，每天固定时间进行亲子阅读或亲子游戏，让孩子在享受阅读和游戏乐趣的同时，增进亲子情感；多带幼儿进行户外活动，亲近大自然；家长在家中尽量减少使用电子产品的时间，为幼儿树立良好榜样。

3. 旅游野营安全教育

俗话说，"读万卷书，行万里路。"年轻的家长越来越意识到读书、行路对孩子成长的深远意义，也越来越热衷于通过外出旅游的方式开阔孩子的视野，增长孩子的知识。然而在旅行的过程中也会遇到各种各样的意外事故，需要家长格外小心。

外出旅游时乘坐汽车、火车、轮船、飞机等交通工具时应注意安全。出门在外不乱吃东西，多吃新鲜的蔬菜瓜果，及时补充水分，保持体力；着装要宽松舒适，最好穿运动鞋，以免跌倒或扭伤；游玩时教育幼儿不能独自行动，要跟好家长，尤其在游人密集的地方不随便乱跑。如需要走开应先征得家长同意，一旦走失，站在原地不动，沉着冷静等待家长，或寻求工作人员的帮助，也可以借附近游人的手机和家长联系。夏季出游时，白天注意防晒，晚上注意防蚊虫叮咬；幼儿在水边玩耍时要有家长陪伴；不随便碰触不熟悉的动物和植物。到野外旅行时不随意采摘瓜果，捕捉昆虫，更不能随意品尝野花野果，以防中毒或过敏。

4. 活动场所的安全

在室内开展活动时，注意保持地面清洁，不能有水渍或油渍，提醒幼儿听从教师指挥，保持安静，不要乱跑，以防摔倒。为避免拥挤可以根据室内场地的大小安排适宜的活动量。

在室外开展活动时，所选择的活动场地应平整、开阔，告诉幼儿在规定的场地内活动，不能跑出教师的视线范围，不做危险的动作或行为，出现问题及时找教师处理。

组织幼儿外出活动时，告诉幼儿要避开人群嘈杂的公园或游乐场，乘车行路遵守交通规则，在出园回园、上下车、变化活动场所时教师要及时清点人数，以免发生丢失。

(四)社会安全教育

1. 生命安全教育

对幼儿实施科学有效的安全教育本身就是一项基本的生存教育。因为它可以逐步引导幼儿树立安全意识，学习安全知识，掌握安全技能，从而提高幼儿的生存能力。

生命安全教育的目的是让幼儿知道生命对于每一个人来讲只有一次，是非常珍贵的。教育幼儿要懂得珍爱自己的生命，首先，让幼儿了解生命，知道自己身体各部分的名称，了解各组织器官的基本功能；其次，教育幼儿保护生命，了解保护眼睛、耳朵、鼻子等五官的基本方法；知道锻炼身体的好处，提高身体的抵抗力，当身体不舒服时要及时告诉成人，身体生病时要及时吃药。

2. 人身防护教育

作为社会的人，幼儿正进行着社会化的发展进程。如何与人交往，如何提高适应环境的能力是幼儿社会化进程中的重要内容。幼儿在与形形色色的人交往时，也存在着各种各样的危险。如何与陌生人打交道、如何防拐骗、防性侵是现代社会中幼儿成长面临的新问题，需要教师、家长的正确引导和帮助。

（1）与陌生人交往。

教育幼儿不独自出门，外出时不随便乱跑，一定要紧跟在爸爸妈妈身边；在公共场所不主动与陌生人打招呼，当陌生人主动搭讪时可以假装没听见，或立即跑开；不接受陌生人给的物品，不被陌生人的花言巧语和食物所诱惑，不随便跟陌生人走。

当幼儿独自在家时，听到敲门声不可贸然开门，可先从门镜中查看，如果是陌生人可以不回答，不开门，也可以故意制造家长在家的假象迷惑陌生人。如果来人以修理工或物业人员的身份要求开门时，可以以不需要这些服务拒绝开门；如果来人是以家长的朋友、同事或远方亲戚等身份要求开门时也不能轻易相信，可以请其等家长在家时再来。如果陌生人不肯离开，坚持要进入，可以拨打报警电话或到阳台窗口高声呼喊向邻居或路人求援。

（2）防拐骗。

在日常生活中，教师或家长可借助故事、电视、电影等媒介给幼儿讲解社会上出现的拐骗现象和应对方法。教育幼儿外出游玩购物时要紧跟父母，不能自己随便跑动，一旦走散站在原地不动等待爸爸妈妈寻找，也可以在保证交通安全的情况下站在醒目的地方，同时向警察、保安或穿制服的工作人员寻求帮助；遇到紧急情况大声呼救。

下面介绍几种常见的拐骗方法。

物质利诱法：骗子利用幼儿的好奇心和自控力差的特点，用玩具或食物等幼儿喜欢的物品来达到诱惑的目的。

寻求帮助法：骗子通常利用幼儿天真善良，乐于助人的个性，用问路、帮忙拿东西等方式达到拐骗的目的。

利用权威法：骗子通过各种手段获取幼儿的基本信息骗取幼儿和教师的信任，冒充家人进行拐骗。

教师可以将这些常见的拐骗手段告诉给幼儿，让幼儿提高警惕，以防上当受骗。

相关链接

防拐骗儿歌

不和陌生人说话

1

小白兔 上学校，

见生人 有礼貌。

不说话 笑一笑，

蹦蹦跳跳快走掉。

2

一个人 上学校，

问我什么不知道。

低下头 快点走，

追上前面小朋友。

资料来源：http://wenku.baidu.com/view/03441964767f5acfa1c7cd79.html

（3）防性侵。

让幼儿知道游泳衣覆盖的部位是身体的隐私部位，除了洗澡和看病检查身体（在成人的陪护下）之外，不允许任何人接触自己身体的隐私部位，也不允许任何人让我们接触他身体的隐私部位。如果陌生人要这么做，一定要大胆地说"不"并尽快远离。如果自己的隐私部位被人接触，要及时告诉爸爸妈妈或自己信赖的人寻求保护；同时还要让幼儿知道坏人不一定都是陌生人。

相关链接

给儿童的十项安全提示

1. 平安成长比成功更重要。

2. 背心裤衩覆盖的部位不允许别人触摸。

3. 小秘密要告诉妈妈。

4. 不喝陌生人给的饮料，不吃陌生人给的水果。

5. 不与陌生人说话。

6. 遇到危险可以打碎玻璃，破坏家具。

7. 遇到危险可以自己先跑。

8. 不保守坏人的秘密。

9. 坏人可以欺骗。

10. 生命第一，财产第二。

资料来源：http://wenku.baidu.com/view/fa6b424a763231126edb11e2.html

3. 情感安全教育

近年来，威胁幼儿的安全事件频频发生，在思考如何加强幼儿园安全防范的同时，我们更要关注那些目睹惨案发生的幼儿所受的心理创伤。这也是安全教育的一个新焦点——幼儿的情感安全。

亲身经历过伤害事件的幼儿多少会产生一些心理创伤，这些创伤有一些可以不治自愈，有一些会影响孩子很长时间，甚至贻害终生。幼儿园作为幼儿学习与生活的主要场所，有责任、有义务承担起幼儿情感安全教育的重任，避免这种心理创伤给幼儿成长带来的负面影响。幼儿情感安全教育的内容大致包括以下几方面。

(1)了解幼儿，培养幼儿良好的情绪情感调控能力和自我接纳的态度。

(2)尊重幼儿，建立积极互动的师幼关系，让幼儿体验到被尊重的快乐。

(3)关注幼儿，及时了解幼儿的情绪情感的变化并给予相应的指导和帮助。

(4)丰富幼儿的相关经验，提高应对恶性事件的能力。教育幼儿保持良好的情绪状态。

(五)应对灾难教育

1. 消防安全教育

在威胁幼儿安全的众多危险中，火灾是最为严重的一种。对幼儿进行消防安全教育的内容涉及以下几个方面。

(1)掌握火灾的基本知识。

引导幼儿了解消防栓、灭火器的用途，熟悉幼儿园安全通道的出口；培养幼儿养成在公共场所注意观察消防标志和疏散通道的习惯；教育幼儿不要玩火，知道玩火的危险性；不能独自拔插或使用电器设备；不能拧燃气灶开关。

(2)教幼儿掌握简单的自救和逃生技能。

火灾发生时要立即逃离火灾现场并告诉成人；当被烟雾包围时，要用毛巾捂住口鼻，趴在地上匍匐前进。

(3)组织幼儿参观消防队，了解火灾形成的原因、学习灭火器的使用方法。

(4)组织幼儿进行火灾疏散演习。

相关链接

消防儿歌

（一）遇到危险怎么办

燃气泄漏怎么办？关闭、开窗、到外边。

发生火灾怎么办？捂鼻、弯腰、快疏散。

被火困住怎么办？关门、浇水、窗外喊。

（二）火灾来了不要怕

火灾来了不要怕，先把心情定下来。

如果火苗烧得小，想法把它消灭掉。

如果火苗烧得大，跑到屋外空地上，赶紧拨打119。

千万不要跳下楼，千万不要躲衣柜。

如果实在逃不掉，躲到阳台再呼叫。

资料来源：http://wenku.baidu.com/view/750d1d240722192e4536f61b.html

2．地震逃生教育

地震是我们最无法面对和承受的巨大灾难。让幼儿从小学会如何在灾难中保护自己是非常必要而又意义深远的事情。教师通过讲解地震产生的简单原理，让幼儿知道地震是一种自然现象，当地震发生时，不必过分担心和恐惧，以正常的心态积极面对，要组织幼儿学习震后逃生的方法。

（1）室内逃生。

地震发生后应及时撤离到空旷的安全地带，在室内来不及逃离的情况下要迅速躲在床下、桌下或紧挨墙根坚固的家具旁，双手抱头，也可以用枕头、被褥等保护要害，尽量蹲下，并用毛巾捂住口鼻防止被灰尘呛到。远离窗户、冰箱、镜子和悬挂物。可选择卫生间、厨房或楼梯间等空间狭小的地方躲避，不要躲在阳台或窗下，不要跳楼，更不要乘坐电梯。

（2）室外躲避。

地震发生时，如果正走在街上，不要慌张乱跑，不要到人员拥挤的地方，不要在高楼下、广告牌下或桥头、窄胡同等处停留，更不能跑进建筑物里避险，要尽快跑到空旷的地方。

（3）注意事项。

教育幼儿处于困境时一定要保持冷静，注意观察自己所处的环境，不乱喊乱叫，以保存体力，并设法找到水和食物，创造生存条件，耐心等待救援。

相关链接

地震自救歌

地震了，房子摇，

小朋友们注意了，

地震危险躲再逃。

课桌下面躲一躲，

墙角附近靠一靠。

窗户阳台不能去，

电线下面有危险。

一旦发现有机会，

不拥挤，不踩踏，

有序疏散赶快跑。

资料来源：http://wenku.baidu.com/view/e254455d2b160b4e767fcf19.html

3. 防洪水教育

防洪水教育主要涉及的内容有：引导幼儿了解洪水出现的原因；学习防洪知识；掌握洪水暴发时紧急自救的方法。

受到洪水威胁，在时间充足的情况下，可按预定路线，有组织地向山坡、高地转移；如果情况紧急，应尽快利用木筏、竹排门板、床板做水上转移；如果来不及转移，要迅速爬上屋顶、大树、高墙等待救援；山洪暴发时不在河边、急流边行走，防止泥石流、山体滑坡造成的伤害；远离高压电缆、电线，以防触电；如果不小心掉进水中，尽量抓住浮托物；若被洪水围困，可挥动色彩鲜艳的衣物大声呼救。

4. 防雷电教育

雷电作为一种常见的自然现象已被联合国列为全球十大自然灾害之一。夏季是雷电的多发季节，通过学习雷电的基本知识，掌握躲避雷击的基本方法，可以有效提高幼儿应对危机，独立面对生存环境的能力。防雷电教育内容有：知道雷电是一种自然现象，夏季是雷电的多发季节；了解雷击所造成的危害；掌握预防雷击、躲避雷击的方法。

（1）户外避雷。

外出遇雷雨天气，要双脚并拢蹲下，尽量降低身体高度；不靠近电线杆、旗杆和长金属杆，不靠近树木，更不能手扶树枝在大树下避雨；不在凉亭或草棚中逗留，可在山洞里避雨；下雨时不要在水边洼地停留，不要拿着金属物品在雷雨中停留；雷雨天不在户外奔跑，不拨打或接听电话。在野外要寻找安全场所躲避，如装有避雷针的钢筋混凝土的建筑物是理想的避雷场所，也可以躲进汽车里。

（2）室内避雷。

雷雨天气要关好门窗，拔掉电源、电话线和网线；不到室外收取晾晒在铁丝上的衣物。当感觉到身体有电荷（如头发竖起，皮肤有明显颤动感）时要立即躺倒在地，等雷电过后，呼叫他人救护。

相关链接

防雷歌

阴雨天，生雷电，

避雨别在树下站。

铁塔线杆要离远，

打雷家中也防患。

关好门窗切电源，

避免雷火屋里窜。

资料来源：http://wenku.baidu.com/view/e254455d2b160b4e767fcf19.html

第三节　幼儿安全教育的方法与途径

一、幼儿安全教育的方法

幼儿安全教育是幼儿园安全工作的重要组成部分。那么，用什么样的方法可以更好地帮助幼儿树立良好的安全意识，掌握简单可操作的安全防护知识，提高幼儿的自护自救能力是幼儿教师在对幼儿进行安全教育时需要认真思考的问题。因为好的安全教育方法可以达到事半功倍的效果。根据幼儿园安全管理的工作部署，结合幼儿身心发展的特点和规律，设计出以下几种安全教育的方法。

（一）案例分析法

日常生活中经常会发生一些与幼儿有关的安全事故。案例分析法就是通过对幼儿生活中所见所闻的危险事件进行实例分析，让他们了解一些引起危害的原因，知道什么事情是可以做的，什么事情是不可以做的。通过讨论分析，引导幼儿学习掌握一些简单的自我保护方法，提高安全防范意识，进而使幼儿养成正确的态度和行为。例如，教师可结合幼儿的生活实际，选取一些造成幼儿伤害的案例，引导幼儿讨论分析：发生事故的原因，如果不小心发生事故应该怎么办？怎样玩才安全？通过对真实案例的分析讲解，让幼儿明白怎样避免危险的发生，以及怎样应对危险等。

(二)游戏体验法

游戏是幼儿园实施教育的主要手段，游戏体验法也是进行安全教育的有效方法。幼儿安全教育的根本是将安全知识转化为安全行为。在开展安全教育时，教师可以根据幼儿的需求，将教育内容与游戏有机结合在一起，充分发挥游戏的教育功能，让幼儿在游戏体验中学习安全知识和技能。教师可以针对幼儿的身心特点和认知水平，设计、编排一些以安全为主题的游戏活动，让幼儿在玩中学，在玩中做，从而达到寓教于乐的教育效果。例如，利用角色游戏引导幼儿学会如何与陌生人打交道；在结构游戏中教会幼儿基本的交通安全常识；在表演游戏中，通过创设一定的危险情境，让幼儿在亲身体验的过程中感受危险动作和危险活动给自己和他人带来的危害，进而引导幼儿寻找有效的应对措施。通过游戏模拟，让幼儿了解现实生活中真实存在的安全隐患，力求让幼儿在游戏中学习安全自护、自救知识，提高安全防范意识。体育游戏本身具有活动难度大、冒险、刺激等特点，开展体育游戏，一方面可以使幼儿的身体机能得到应有的锻炼，提高身体素质，为应对危险和突发事件打下良好的基础；另一方面，可以将紧急疏散和逃生的内容融入体育游戏中，帮助幼儿掌握逃生避险的方法。通过讨论，总结哪种方法是最理想的。这样的游戏练习，不仅能满足幼儿喜欢冒险、喜欢刺激的好奇心理，更重要的是在反复的练习中，幼儿能够获得危险情况下逃生的技能和自我保护的经验。

此外，教师还可以根据不同年龄班的特点，有针对性地开展丰富多彩的游戏活动。例如，大班幼儿可以多开展智力游戏活动，通过抢答、竞赛、辩论等形式让幼儿掌握急救电话、家庭住址、父母电话等安全常识，巩固和丰富安全知识；中班、小班可多开展一些亲子游戏，一方面，可以让幼儿家长了解幼儿园安全教育的内容，参与到幼儿园安全教育中来；另一方面，可以让幼儿在与家长的游戏中，将学到的安全常识进行实际操作运用，真正起到自我保护的作用，使安全教育达到应有的教育效果。

(三)情境表演法

情境表演法是将生活中经常出现的安全事故或安全隐患作为情境表演的内容，以现场表演的方式呈现出来，通过观看表演或幼儿亲自表演的方式向幼儿进行自我保护和安全自救等方面的训练。

例如，在情境表演《你知道怎么办吗？》中，教师可以结合本班幼儿的实际情况，创设相应的场景：你一个人在家时，有陌生人敲门怎么办？在公园里走丢了怎么办？在游戏时摔伤了腿怎么办？等等。教师设计相应的情境让幼儿学习如何与陌生人打交道，遇到困难或危险时怎样进行自救或寻求他人的帮助等。引导幼儿在讨论的基础上设想出各种自救自护的方法并进行演练，通过亲身的体验和感受，让幼儿掌握最有效的自我保护措施，提高自我保护的能力。同时还可以培养幼儿遇到危险和困难时镇定自若，勇敢机智的心理品质。

(四)随机教育法

随机教育法是利用日常生活中的一些偶发事件随机地对幼儿进行安全教育的一种方法。安全教育不是一朝一夕的事情，意外往往发生在我们没有意识到会发生的那一时刻。因此，安全教育应渗透在幼儿的一日生活之中，教师要注重在日常生活中对幼儿进行随机教育。例如，自由活动时，有的幼儿拿着小棍往电源插座孔里插，教师发现后就应该及时制止幼儿的这种行为，并借此机会对幼儿进行用电安全常识方面的教育。再如，上下楼梯时发现幼儿相互打闹、追逐时要及时制止，以防出现踩踏事故，告诉幼儿这样做的严重后果。

可以说，对于安全意识不强的幼儿来说，生活中的危险无处不在，无时不在。在幼儿园这一特殊的环境中，幼儿教师、保育员、保健员、厨师、门卫等教辅人员都应自觉成为安全教育员，时时关注，事事提醒，充分利用生活中一切可利用的机会，随时随地地对幼儿进行安全教育，最大限度地减少危害，确保幼儿的安全。

(五)行为练习法

行为练习法顾名思义就是引导幼儿在日常生活中通过一系列具体的行为和动作的反复练习，以不断强化养成良好的生活习惯和行为习惯，以防患于未然，达到安全教育的目的。安全教育与行为习惯二者是相辅相成的，培养幼儿良好的行为规范和和日常生活习惯是安全教育的基础。只有养成良好的行为方式，才能有效避免伤害。良好行为习惯的养成需要教师和家长的反复强调，并通过长期的训练得到巩固和强化，最终让幼儿养成自我保护的意识和习惯。

(六)实地参观法

身临其境的教育对幼儿更有直接的效果，直观的感受。为全面普及安全知识，增强幼儿安全意识，提高幼儿安全防范能力，实地参观法是利用社区资源，与驻地派出所、消防队等安防机构结成安全教育共建单位，定期组织幼儿及幼儿家长实地参观学习的一种方法。如参观消防队，让幼儿近距离观看消防官兵的日常演练，聆听消防官兵讲解消防器材的种类和适应范围，认识各种安全疏散标志，了解发生火灾时如何报警、如何逃生自救等消防知识。通过实地的参观学习，可以激发幼儿学习安全知识的兴趣，拓宽幼儿的安全知识视野，学习掌握安全防范技能。

二、幼儿安全教育的途径

幼儿安全教育有其自身的规律和特点，需要教师通过精心设计教育环境，组织教育活动来引导幼儿的发展。只有有目的、有计划、有组织地利用各种有效途径实施安全教育，才能将其落实到实处。幼儿安全教育的组织实施可以通过活动课程、游戏活动、日常生活、安全演习等多个渠道、多种途径进行。

(一)专门的安全教育课程

课程是幼儿学习的载体，是为促进幼儿的身心健康发展服务的。幼儿园可以通过充分挖掘和利用各种有效的课程资源，为安全教育的实施注入活力。作为课程的设计者和实施者，幼儿教师可以根据教学的需要和幼儿的特点，适时适当地将安全教育的内容有机融入课程中去，开展一系列的以安全教育为主题的课程活动，让幼儿在学习、体验中获得有关安全知识方面的教育，从而实现课程设计的目标。当然课程中涉及的安全知识应该是和幼儿的日常生活密切相关，能够为幼儿活学活用的内容。例如，用电安全、交通安全等问题。

在开展专门的安全教育课程时，需要特别注意的是，课程只是进行安全教育的一个载体，应注重实际的内容，而不能流于形式；同时，为了最大限度地调动幼儿参与课程的积极性和主动性，教师在设计课程时一定要考虑幼儿的年龄特点和理解接受水平，尤其要注意课程内容的丰富性和课程形式的多样化，通过多种形式、多个途径进行，以满足幼儿的不同兴趣和需求。

例如，考虑到幼儿直观形象的认知特点，教师可将平日里搜集的各种与安全相关的图片或音像资料(防火、防雨、防震、防煤气中毒、防触电等内容)按照主题进行归类，通过看一看—想一想—讲一讲—做一做的方式，引导幼儿学习安全常识。此外，还可以以讨论会的方式开展安全教育活动。

(二)渗透的安全教育活动

除了专门的安全教育课程外，安全教育更多的是渗透在幼儿的一日生活之中、渗透在喜闻乐见的游戏中、渗透在幼儿园各领域的活动中。

1. 渗透在日常生活中的安全教育

幼儿一日生活的各个环节都是安全教育的最佳载体。在幼儿的成长过程中，养成教育作为一种非常重要，也是非常奏效的教育方法，被广大教育者所认可。我们说，对幼儿的安全教育仅靠专门的教育活动是远远不够的，更多的时候是需要在日常生活中随机渗透。在日常生活中引导幼儿掌握一些基本的生活常识和技能，不仅可以培养幼儿良好的生活习惯和行为习惯，同时也能够提高幼儿自我保护的能力。幼儿日常生活中，包括吃饭、睡觉、游戏等的很多细节，都是对幼儿进行相关安全教育的最佳契机。教师要充分挖掘和利用其中潜在的安全教育因素，针对幼儿在生活和活动中容易出现的问题，适时适度地给予引导和纠正，帮助幼儿在潜移默化中树立安全防范意识，掌握自我保护技能，将安全教育实实在在地渗透、贯穿于幼儿的一日生活之中，让安全行为在幼儿的生活中逐渐习惯化。

幼儿安全教育不是一蹴而就的，更不是通过几个主题活动就可以完成的，它更多的是在日常生活中不断学习和完善的。日常渗透法就是将安全教育的内容有意识地渗透到幼儿一日生活的各个环节中，充分利用晨检、早操、进餐、盥洗、睡眠、户外活动等环节有针对性地对幼儿进行安全教育。幼儿一日生活的各个环节都是安全教育的最好载体，例如，餐前进行有关进餐方面的安全教育(餐前洗手时注意不要滑倒、进餐时防止烫伤、注意筷子不要戳到眼睛等)；睡前检查幼儿口袋里是否装有尖锐的器具或豆子之类的危险品；户外活动时提醒幼儿整理好衣帽，鞋带；上下楼梯注意安全，不拥挤；活动时不狂奔乱跑，防止摔伤、碰伤；玩大型玩具时不拥挤、不争抢、不从高处往下跳等。日常渗透法可以引导幼儿从安全意识逐渐过渡到安全认知最终养成安全行为。

2. 渗透在游戏活动中的安全教育

游戏不仅是深受幼儿喜爱的一种活动形式，同时也是最有效的教育方式。

游戏在促进幼儿健康发展和身心愉悦方面发挥着重要的作用。幼儿教师可以将安全教育的内容有机地渗透在游戏活动中，将现实生活中的实景融入游戏的情境中很容易被幼儿所感知和接受。寓教于乐的游戏形式可以很好地调动幼儿的主观能动性，使其在轻松愉悦的游戏氛围中学习安全知识，培养安全意识，获得安全防护技能。例如，在音乐游戏《迷路的小花鸭》中教会幼儿如何防走失，万一走失如何脱险自救等方法；在表演游戏《我是小小交通员》中，让幼儿学习交通安全常识，能够识别交通信号，自觉遵守交通规则，如过马路要走人行横道线，不能在马路上玩耍等。

游戏中，幼儿不但可以积极大胆地进行艺术创作，更重要的是在这个过程中，幼儿能在亲自尝试发现问题的基础上分析问题，主动学习相关的安全常识，掌握自救自护的技能，进而主动建构应对危险的防范意识和能力，可谓是受益匪浅。

此外，丰富多彩的节日活动也是开展安全教育的理想途径。教师可以将安全教育内容与表演、歌舞等活动形式有机融合，充分调动幼儿活动的积极性和主动性，通过参与节目的创编和表演，有效提升幼儿的安全意识和能力。例如，安全童话剧编演、安全歌曲演唱等都不失为安全教育的有效载体。

3. 渗透在各领域活动中的安全教育

幼儿园五大领域的活动中也蕴含着丰富的安全教育资源。各领域中安全教育内容的渗透是向幼儿进行安全教育的辅助手段和必要途径。教师可以将安全教育的内容与领域活动进行有机地渗透与融合，使安全教育的内容更加丰富和生动。例如，艺术领域在开展绘画活动时，可以结合有关安全教育的内容，组织幼儿设计制作常用的安全标志，如指导幼儿设计"当心滑倒""上下楼梯靠右走""小心触电"等安全标志并张贴在园所相应的位置，随时提醒幼儿提高安全意识。又如在社会活动《神奇的花瓣》中，通过设计花瓣带小男孩回家的情境，让幼儿认识常见的交通标志，以此培养幼儿的安全意识和自我保护技能；通过《我们的小脸》《保护鼻子》等活动，让幼儿认识五官并了解他们的重要性，知道把豆子、纽扣等细小物品塞到鼻孔、耳朵或嘴里的危险后果，进而明白要保护好自己的五官。再如语言领域的故事教学，《小兔乖乖》通过三只小兔用智慧和勇敢战胜大灰狼的故事情节，让幼儿知道一个人在家时要提高警惕，不能随便给陌生人开门。很自然地将生动有趣的故事与单调抽象的安全教育内容结合在一起，使得整个教育过程变得活泼生动，幼儿易于接受，也乐于接受。

此外，教师也可以将安全教育的内容提炼成朗朗上口的儿歌，组织幼儿吟诵背唱，在充满节奏和韵律的诵读中加强幼儿对安全行为的认知，进而帮助幼儿养成良好的安全行为习惯。

相关链接

幼儿园安全教育歌

早操安全
小朋友，听信号，
早操时间已来到，
顺着安全标志走，
不推不挤不打闹。
排好队伍做早操，
伸伸臂，弯弯腰，
踢踢腿，蹦蹦跳，
天天锻炼身体好。

用电安全
看电视，玩电脑，
开发智力方法好。
插座插头没连通，
千万不要自己动。
求助大人来帮忙，
安全第一要记牢。

游戏安全
户外接受阳光照，
小朋友们兴趣高。
必要准备要做好，
自我保护更重要。
高高兴兴做游戏，
遵守规则不乱跑。
安全锻炼长本领，
身体健壮发育好。

如厕安全

小朋友，要知道，

及时如厕很重要。

进出厕所守规则，

看清标记不滑倒。

安全卫生记心里，

争做文明好宝宝。

4. 渗透在环境中的安全教育

幼儿园是幼儿最熟悉也是接触最多的生活和活动的环境，通过合理的环境创设，引导幼儿利用蕴藏在环境中的教育资源，学习安全知识，提高安全意识，不失为幼儿园实施安全教育的理想途径。

例如，用有趣的漫画、形象的图片或直观的符号制作活动室的墙饰，宣传栏里设置安全教育专栏，用幼儿看得懂的简单文字和直观的照片宣传安全知识；在楼梯台阶或走廊上张贴安全标志，提醒幼儿上下楼梯不要拥挤，靠右行走；在户外大型玩具处用标识牌警告幼儿玩耍时注意安全等。通过环境创设，将安全意识自然而然地浸入幼儿的头脑，力求达到"润物细无声"的效果，用环境这一潜在的教育因素时刻提醒幼儿在生活和活动中谨记"安全第一"。

教师也可以利用一些废旧材料制作成游戏场景，让幼儿在游戏体验中进一步学习掌握安全知识和技能。例如，教师把活动室的区角空间设置成汽车站或交通亭，组织幼儿开展区角游戏，在游戏中模拟现实生活中乘坐公交车或过马路的场景，通过真实的体验，让幼儿知道排队上下车、乘车时不能将手或头伸出窗外等乘车常识；学习基本的交通规则安全常识。

(三)安全演习

幼儿园的安全演习是以事先制定好的安全事故应急预案为依据，对实际应对突发安全事件应急救援过程的模拟练习。安全演习是提高幼儿行动反应力的有效措施，是提高幼儿安全意识和危机感的有效途径。

幼儿不能正确应对危险的原因之一就是缺乏在日常生活中锻炼的机会。而仿真的安全演习可以说是对幼儿进行安全教育的最直接、最真切的一种教育方式。在演习过程中，幼儿始终处于一种类似于真实的危难情境之中，接受着来自恶劣环境、紧急情况和内心恐惧的重重考验，在这样一种身临其境的状态下，引导幼儿学习一些在危险境地中如何进行自护自救的方法和措施。

安全演习的最终目的是训练幼儿在真正遇到危险时能够做到镇定自若，快速、有效地应对突发事件，采取积极的自救措施，提高幼儿应对突发事件的能力，掌握各种避险、逃生、自救的方法。例如，幼儿园可以和消防大队联合组织地震、火灾等灾害的演习，让幼儿掌握逃生的方法和技巧。为了防止安全演习流于形式，真正达到预期的效果，在实战演习前，教师要给幼儿讲明演习的内容和基本的程序，在活动中引导幼儿积极开动脑筋，大胆设想一切可以自护自救的方法，并鼓励幼儿展开讨论，选择最佳方案。在实战演习中，指导幼儿在主动探索中提高自我保护能力，掌握自救、互救的方法。

（四）建构安全教育的"幼儿园、家庭、社区"一体化

在对幼儿进行安全教育的过程中，幼儿园、家庭和社会都会对其产生重大的影响。幼儿园必须发动家庭和社会的力量，建构安全教育的"幼儿园、家庭、社会"一体化，以实现幼儿安全教育的整合。

1. 幼儿园

幼儿园是对幼儿进行安全教育的主阵地，幼儿教师则是安全教育的主要实施者。各级教育行政部门和幼儿园应重视师资队伍建设，通过录影录像、参观学习、专项培训等途径，切实做好幼儿教师安全教育方面的培训工作，使在岗的幼儿教师了解先进的安全教育理念，掌握过硬的处理安全事件的技能技巧，如突发事故的处理、幼儿疾病的护理、卫生保健常识等，以提高幼儿教师开展安全教育的能力和水平。

2. 家庭

《幼儿园工作规程》中明确规定："幼儿园应主动与家长取得配合，帮助家长创设良好的家庭教育环境，向家长宣传科学育儿的知识，共同承担教育幼儿的任务；家长是幼儿教师重要的合作伙伴，幼儿园应本着平等、尊重的原则，吸引家长主动参与幼儿园的教育工作。"[1]安全教育应取得家长的大力支持和密切配合，本着"平等、尊重、互惠"的原则，积极引导家长参与到幼儿园的安全教育工作中来，发挥应有的作用。幼儿教师要根据幼儿园教育教学的需要，安排合适的机会让家长参与幼儿园的活动，主动寻求家长对安全教育的支持和帮助，采取积极的措施，帮助家长认识到对幼儿进行安全教育的重要性和必要性，增强家长的责任感。通过家园联系栏、家长会、家长开放日、亲子活动等形式强化家长的安全教育意识，并指导家长学习掌握科学的安全

---

① 陶金玲，许映建. 幼儿园班级安全管理. 北京：中国轻工业出版社. 2014：101.

教育方法。以期通过幼儿园与家庭的合作共育，为幼儿的健康成长提供必要的保障。

图 7-1　家长课堂

图 7-2　亲子活动

3. 社区

丰富的社区资源是对幼儿进行安全教育的有力保障。幼儿园应充分、合理地利用这些社区资源，密切联系交通、消防、卫生、公安、地震等部门，聘请专业人士担任安全教育辅导员承担一定的安全教育任务，根据幼儿园的需要、定期或不定期地为幼儿进行安全教育辅导。例如，请交警给幼儿讲解交通规则，通过交通安全事故的真实事例让幼儿认识到遵守交通安全的重要性；请消防队的专业人士协助幼儿园制定应急疏散预案并组织消防安全演习；结合近几年电梯事故的频繁发生，幼儿园可以密切联系生活实际，邀请专业人士来园为幼儿讲解安全使用和乘坐电梯的常识，达到降低电梯乘坐事故的目的。

除了"请进来"，还可以让幼儿"走出去"，通过参观展览、实地考察等社会实践活动获得相关的安全知识和技能。例如，在开展以自然灾害为主题的安全活动时，可以带领幼儿到附近的气象局参观学习，通过专业人员的讲解，让幼儿知道自然灾害给人类带来的灾难，学习打雷、闪电等气象灾害来临时的自我防护常识。

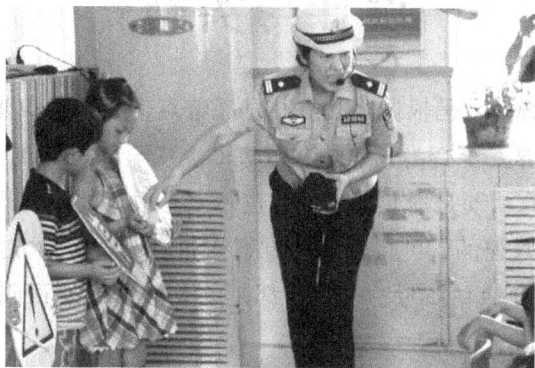

图 7-3 交警为幼儿讲解交通安全知识

当然，在利用社会资源对幼儿进行安全教育时，应注意避免受社会上一些不良现象和信息的干扰和影响。现代发达的电子媒体能够及时迅速地提供大量的信息，但有些信息是虚假的，有些信息是少儿不宜的，所以教师应加强辨别，懂得取舍，以防止幼儿接触，避免不必要的伤害。

幼儿是社会的人，其生活空间是多元化的，只有将幼儿园、家庭和社区三位一体，形成教育的合力，才能真正为幼儿构建一道安全屏障。

幼儿安全教育的载体是丰富多彩的，安全教育的途径也是多种多样的，除了上述常规渠道之外，幼儿园还可以通过安全文化节、安全夏令营或安全知识竞赛等途径巩固加强幼儿的安全教育。

第八章　幼儿安全教育活动的设计与实施

　　幼儿安全教育活动是根据幼儿身心发展特点，为提高幼儿安全认识、改善安全态度、培养安全行为，维护和促进幼儿安全而进行的系统教育活动。可以说，安全教育活动是幼儿园对幼儿进行安全教育的主要途径。那么如何设计一个幼儿感兴趣的、可行的活动方案？如何保障活动方案的顺利实施？如何通过反思提升活动质量？……这都是幼儿教师所要面临和解决的具体问题。

第一节　幼儿安全教育活动的设计

　　幼儿安全教育活动设计是依据幼儿的年龄和学习特点，以幼儿安全教育的科学规律为指导，对某一次安全教育活动方案实施前的设计过程。安全教育活动设计一般包括教学理念的构建、活动目标的确立、教学内容的选择与分析、活动前的物质和精神准备、幼儿座次的排列、评价该活动的标准和方法等各种要素。安全教育活动设计是一个理论性的预设过程，反映了设计者的教育理念和原本意图。安全教育活动在教师的教学和幼儿的学习方面有着不同的规律和要求，在设计时既要顺应幼儿发展的需要，又要满足社会对安全教育的要求。

一、幼儿安全教育活动设计的原则

　　设计安全教育活动时，需要遵循一定的设计原则，这些原则既反映了幼儿的年龄特点和教育教学过程的客观规律，又体现了社会发展的客观需要和人类的认识规律，是长期以来幼儿园安全教育实践经验的总结和概括。

(一)主体性原则

　　幼儿安全教育活动的设计要以幼儿为主体，以幼儿的年龄特点和身心发展水平为出发点，突出活动的趣味性、活动性，引导幼儿积极主动地、创造性地学习。

以幼儿为主体的设计原则就是要以"为了每一位幼儿的发展"为宗旨，把幼儿的自主性学习和发展作为基本的设计理念，为每一位幼儿的发展创造适宜的学习条件。尊重幼儿的个体差异，让幼儿有机会去尝试、去表达自己的感受和体会，还要为幼儿自主、合作、探究学习提供机会和条件。通过师幼互动方式的变化和教学情境的创设，最大限度地让幼儿感受生命安全的宝贵，激发亲历探究的愿望和练习自护技能练习的主动性，在动手、动口、动脑和"做中学""用中学"的积极参与中，培养幼儿的安全意识，提高自我保护能力。

(二)生活化原则

生活化原则是指在设计、组织和实施安全教育活动时，要把教育内容与幼儿的日常生活和感性经验联系起来，使幼儿在一日生活中获得安全知识和自护技能等方面的发展，最终在生活中养成良好的安全行为习惯。

美国教育家杜威主张"教育即生活"，以儿童的直接经验为起点，让儿童通过直接生活进行学习。陶行知提出"生活即教育"的思想。安全知识与技能来源于生活中经验、教训的总结，最终要为健康幸福的生活提供保障。幼儿的安全学习是同幼儿一日生活紧密联系的。一日生活是幼儿学习的内容，也是幼儿学习的过程。因此，幼儿园一日生活的各个环节，如饮食、劳动、游戏、散步、卫生等都属于幼儿安全教育活动的范畴，也是幼儿基本的学习内容。它可以促使幼儿从生活和活动中感受安全学习对自己生活的重要性并体验到学习的乐趣，发展幼儿观察力、注意力、思维能力，锻炼幼儿选择和参与活动的主动性和独立性。

(三)知情意行和谐统一的原则

安全教育活动是培养幼儿安全行为习惯的重要媒介。幼儿安全行为习惯是由对安全的认识、重视安全的情感、保障安全的意志、形成安全的行为等因素构成的，简称为知、情、意、行。这四种因素互相影响、互相促进、互相转化，贯穿于幼儿安全行为习惯形成过程的始终。教师在设计安全教育活动时要将这四个方面统一起来，促进知行转化。

安全教育活动过程中的知、情、意、行诸要素之间既有所区别，又相互联系、相互作用。提高对安全认识，有助于培养重视安全的情感，磨炼保障安全的意志；有了对安全良好的情感和意志，又有助于提高安全认识的水平，形成良好的安全行为；同样，安全行为反过来又加深和提高了安全认识水平，增强了重视安全的情感，锻炼了保障安全的意志。幼儿安全行为的形成，通常以知为开端，但知、情、意、行各因素具有相对独立性，各因素的发展方向和水平也经常不平衡。因此，在设计安全教育活动时可根据具体情况，选择不同开端，知、情、意、行都可以作为安全教育活动的开端，但结果都应体现在行动上。在知、情、意、行相互联系、不可分割的整体中，知是基础，行是关键，知转化为行是基本环节，需要情和意的调节作用。只有紧紧围绕"晓之以理，动之以情，导之以行，持之以恒"的教育理念设计安全教育活动，才能取得良好的安全教育效果。

幼儿安全教育活动的设计原则反映了安全教育活动的价值取向，贯穿于安全教育活动的全过程和各个方面，它决定了活动目标的取向、活动内容的选择和组织、活动方法的运用等。幼儿园教师只有正确理解和灵活运用这些原则，才能设计出适合幼儿发展需要、具有教育价值的活动方案，提高安全教育的实效。

二、幼儿安全教育活动设计的流程

幼儿安全教育活动的设计流程一般包括活动内容的选择、活动对象的分析、活动目标及重点难点的确定、活动准备、活动方法的确定等方面。

(一)活动内容的选择

安全主题性教学是就某一个安全教育内容按照安全教育活动的原则，贴近幼儿生活，在课程资源中从多角度、全方位选择安全教育的具体内容，构建某个安全教育内容的主题性网络。

1. 选材多角度

选择安全教育活动内容时，要从家园共育、环境与区域、五大领域的集体教学活动中精心选取幼儿感兴趣的、具有教育性、操作性的活动内容对幼儿进行教学活动。

2. 注重科学性

幼儿容易接受周围环境的影响和外部刺激，而这一时期形成的认识在大脑中会留下深刻的印象，对其今后的发展产生深远的影响。因此，向幼儿传授的安全知识和技能应该是科学的，符合客观规律的。安全教育中蕴含大量的科学知识，例如，火灾中烟雾对人们呼吸系统的伤害、地震中的安全三角区、用电的安全知识等，如果在安全教育活动中违背了科学性原则，不顾幼儿的年龄特点和认识事物的规律组织教学，向幼儿灌输一些似是而非、不切实际、非科学性的知识，不仅影响幼儿现在的认知学习，也会给今后的发展造成障碍。因此，坚持安全教育内容的科学性是极其重要的，它既能让幼儿在发展的最佳时期获得大量正确、可靠的知识和技能,又可为将来进一步提高奠定良好的基础。教师对安全知识的介绍、说明、讲解、分析、举例等必须准确无误,以有利于幼儿形成科学的概念。

3. 难易要适中

选择活动内容时要充分考虑幼儿的可接受性,深浅难易要适当,符合"最近发展区"原则,既有一定难度,略高于幼儿现有发展水平,又不超过发展的可能性,要求幼儿经过一定的努力才能掌握。由浅入深、由易到难、循序渐进地安排教学内容。

★案例 8-1　中班主题活动《保护牙齿》

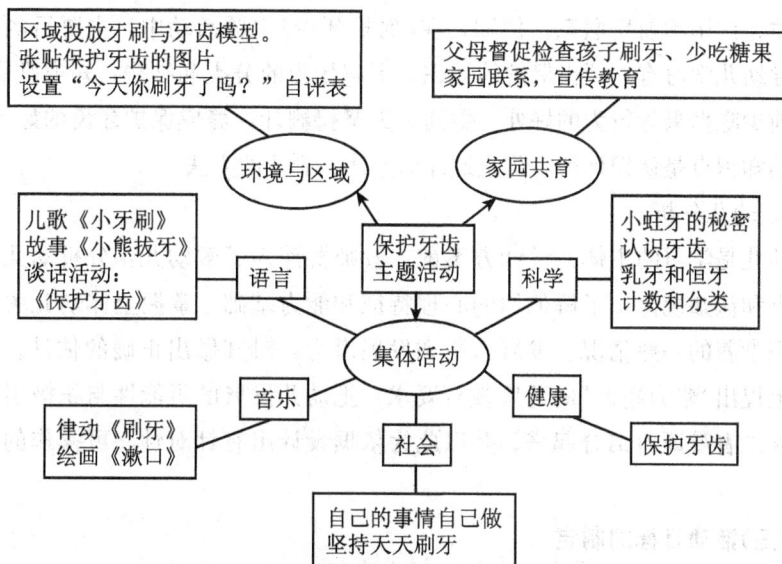

图 8-1　中班主题活动《保护牙齿》教学内容安排

4. 多领域有机整合

《纲要》指出,各领域的内容要相互渗透、有机结合,从不同的角度促进幼儿情感、态度、能力、知识、技能等方面的发展。幼儿园各方面的教育是紧密联系的,只有相互渗透才能促进幼儿的全面发展。在设计活动时,五大领域的教学与安全教育应相互渗透、有机结合。比如,在体育游戏《开火车》活动中,幼儿排成一路纵队当乘客,老师站在排头当火车头,在活动过程中,可以有意识地培养幼儿一个跟着一个走，不拥不挤的安全意识；在社会领域活动《认识消防队》中，引导幼儿不玩火，了解火灾自救常识，知道火警电话是119；在科学领域活动《电池的利用与回收》中，渗透安全用电的常识；在语言领域活动《小猫钓鱼》中，渗透玩水安全；在艺术领域活动《快乐的幼儿园》中，引导幼儿了解幼儿园可能会存在的安全隐患。因此，教师应充分挖掘各领域中的安全教育因素，抓住教育的契机，全面进行安全教育。

（二）教材及幼儿分析

对教材和幼儿的分析要抓住两个字"透"和"准"，即对教材要吃透，对幼儿的心理和知识基础要抓准。

1. 教材分析

教材分析就是要吃透教材，查阅相关材料，理解本次的教学内容是什么？教学的中心目标是什么？含有哪些主要的知识点？本活动在整体知识结构中的地位、作用和前后联系。例如，在《保护牙齿》主题活动中，主要目的是为了引导幼儿学习有关牙齿保护的知识，了解牙齿的分类和结构，知道勤刷牙、睡觉前少吃糖果等行为的好处，做到天天坚持刷牙，养成保护牙齿的好习惯。主要的知识点是认识牙齿、防止蛀牙的办法、刷牙的方法。

2. 幼儿分析

幼儿是学习的主体，设计方案前，教师要深入了解幼儿，分析幼儿的身心特点和认知规律，了解他们的心理特征和能力基础，掌握全体幼儿关于安全知识素养的一般情况、发展水平和发展潜力，对其做出正确的估计。在此基础上提出"略为超前"的适度教育要求，把幼儿发展的可能性与积极引导幼儿发展二者辩证地结合起来。并以此为依据设计出有针对性、可操作的活动方案。

（三）活动目标的制定

活动目标是安全教育活动的"指南针"和"方向盘"，作为整个安全教学活动的核心，它既是活动设计的起点，也是活动实施的终点；既是选择活动组织方式和教学策略的依据，也是活动评价的标准。

在分析教材、了解幼儿发展水平的基础上，制定安全教育活动目标。目标的制定要具体，有可操作性，能体现情感、态度、能力、知识的全面发展，体现创新精神。

1. 三维目标的确定

2001年颁布的《幼儿园教育指导纲要（试行）》（以下简称《纲要》）在健康领

域的教育目标提出，"身体健康，在集体生活中情绪安定、愉快""生活、卫生习惯良好，有基本的生活自理能力""知道必要的安全保健常识，学习保护自己。"成为当前幼儿园安全教育活动纲领性的目标导向。在《纲要》第二部分概述中提出，"各领域的内容相互渗透，从不同的角度促进幼儿情感、态度、能力、知识、技能等方面的发展。"从《纲要》可以看出，幼儿园安全教育活动属于幼儿园教育内容中健康领域的范畴，依据《纲要》精神，安全教育活动目标通常从情感态度、能力技能、知识这三个维度来设计。

幼儿安全教育活动目标大体可分为四个层次，即安全教育活动总目标－年龄阶段目标－主题目标－具体的安全教育活动目标。不同层次的目标有不同的表述方法。通常情况下，总目标的表述比较宏观概括，只是原则性地指明目标涵盖的范围和方向，其余各层目标都是总目标的具体化，目标层次越低，表述得越具体。作为一个具体的安全教育活动目标在表述时要求语言简明、具体，用便于理解及可操作性强的行为动词进行描述，紧紧围绕活动内容，有一定的针对性，不必面面俱到。由于安全教学活动最终要检验的是幼儿是否达到了预期的学习目标，而不是教师有没有完成某一项教学任务，因此，目标的行为主体是幼儿，而不是教师。为了更好地提现学习主体的地位，通常是以幼儿为出发点进行表述。

（1）情感、态度目标。

幼儿在活动中情绪安定、愉快，萌发保护生命安全的意识，体验某种不规范行为带来的危害，愿意保护自己和他人的安全。

描述此项目标常用的行为动词如下。

经历（感受）——参与、分享等。

反映（认同）——关注、接受、欣赏、拒绝、认可等。

领悟（内化）——形成、具有、树立、热爱、坚持、追求、激发、乐于等。

（2）能力目标。

能按照规范的行为要求进行生活活动。学会保护自己和他人的身体不受伤害。能掌握一些意外伤害时基本的应急技能。遇到危险时具有初步的理解、判断、应对能力。

描述此项目标常用的行为动词如下。

模仿——模拟、重复、类推、扩展等。

独立操作——完成、能、会、安装、尝试等。

迁移——联系、转换、灵活运用、举一反三等。

(3)知识目标。

初步掌握生活中必需的安全生活常识。掌握常见的防火、防电、防走失、防外伤等简单的方法。掌握预防公共卫生事故、人身伤害、意外伤害和自然灾害等的简单办法。

描述此项目标常用的行为动词如下。

了解——说出、背诵、辨认、复述、回忆、选出、辨识等。

理解——解释、说明、归纳、概述、推断、区别、提供、整理等。

应用——设计、运用、解决等。

三维目标是安全教育活动的出发点和归宿，是幼儿安全教育活动设计与实施的依据，它们之间相辅相成、共同作用。安全知识具有奠基性作用，幼儿自护能力和安全素养是在安全知识的掌握、建构、内化、运用的过程中铸就的。自护能力是内化了的安全知识的综合体现，而安全素养则是活化了的安全知识的积淀和升华。珍爱生命的情感、态度则强调在掌握安全知识、技能的基础上人格的提升。

2. 重点、难点的确定

我们常说一节没有重点、难点的教学活动是没有效益的，是一节失败的课。可见对于我们教师来讲，教学重点和教学难点的准确把握具有怎样的重要意义。

教学重点是教材中举足轻重、关键性的知识点和中心内容，掌握了这部分内容，对于巩固旧知识和学习新知识都起着决定性作用。教学难点是教学中难于理解或领会的内容，包括情感、态度、价值观等方方面面的内容，或较抽象，或较复杂，或较深奥，对幼儿的发展具有挑战性。

确定教学重点、难点是为了进一步明确教学目标，以便在实施过程中突出重点，突破难点，更好地为实现安全教育活动目标服务。因此，确定教学重点、难点首先要吃透教材，同时了解幼儿原有的知识水平以及他们的兴趣、需要和思想状况，只有这样才能科学确定出本活动的教学重点难点。例如，安全活动《保护牙齿》的教学目标和重点、难点制订如下。

★案例8-2　安全活动设计《保护牙齿》

活动目标：

(1)喜欢刷牙，感受健康牙齿的快乐。

（2）认识龋齿的危害。

（3）掌握正常的刷牙方法。

活动的重点：掌握正常的刷牙方法。

活动的难点：了解龋齿产生的原因。

(四)教法、学法的选择

教学方法是指为达到一定的目标，完成一定的教学任务所采用的教学技术的总称，通常包括教师的教法和幼儿的学法两个方面。设计幼儿安全教育活动采用的教学方法应结合安全教育学科的特点，根据教学内容的类型和幼儿的发展需要，以实现教学目标为出发点，选择适宜、有效的教学方法。

1. 教法

安全教育活动是否成功取决于教学方法和组织形式的选择、配置和运用，通常不会是单一的教法的运用，而是根据安全教育的特点，选择有效的教学方法、教学手段和形式，构成有效性安全教育的模式。

适宜的教学方法可以提高活动效率，达到事半功倍的效果。直观性和操作性教学方法是最基本的方法。具体而言，对于新知识的学习通常采用讲解法、演示法、讨论法、归类法等方法；情感的激发多采用故事案例法、多媒体视听结合法、类比法、移情法等；行为训练方面常用练习法、游戏法、情境应用法、环境创设法、模拟训练法、表演法、生活运用法、家园配合法等等。当然，我们说安全教育来源于生活并应用于生活，要以生活化教育为出发点和归宿点，合理选择、综合运用多种教学方法才能取得好的教育效果。

（1）直观性教学法。

直观性教学法是指利用幼儿的各种感官和已有经验，通过各种直观手段或方式吸引幼儿注意力，丰富幼儿的直接经验和感性知识，帮助幼儿形成正确的安全知识概念，获取安全技能。

这种教学法是根据幼儿思维具体形象的特点，为了解决安全教育教学中词、概念和事物之间的矛盾关系而提出的。它能使教育教学活动更加生动形象，自然活泼，更有利于激发幼儿的学习兴趣和积极性，集中幼儿注意力，更好地帮助幼儿理解、接受和记忆，发展观察力和形象思维能力，对提高安全教学效果有重要作用。通常运用的主要直观手段有以下几种。

①实物直观。包括观察实物、标本，实地参观，做小实验等。

②模具直观。包括观察图片、图书、玩具、模型、贴绒、教具、沙盘等。

③电化教育直观。包括幻灯、录像、电影、电视、录音、唱片等。

④语言直观。指教师生动、形象、准确的语言描述。

⑤动作直观。包括演示、示范、教态等。

(2)操作实践性教学法。

操作实践性教学法是指在安全教育教学活动中，教师以幼儿的实际活动为基点，创设各种情景，组织各种活动，使幼儿在原有的发展水平上，通过与物体相互作用的操作实践活动及教师和同伴的交往活动，训练幼儿操作技能和安全行为，提高幼儿自我保护能力的一种教学方法。

操作实践性教学法主要是根据幼儿认识发展规律和能力形成规律提出来的，是幼儿园安全教育教学规律的反映。在安全教育教学活动中，提高幼儿自护能力、培养安全行为是安全教育的终极目标，幼儿安全技能的发展离不开实践活动。在操作实践活动中，幼儿体验到安全学习的重要性，防护知识、技能等各方面不断发展和提高，形成良好的安全行为习惯。

2. 学法

现代教学理念着眼于幼儿未来的生存和发展，在教与学的过程中，发挥幼儿学习的自主性、合作性和探究性。在安全教育活动设计中，要关注幼儿怎样去学习，如何掌握有效的学习方法。

(1)自主性学习。

自主性学习是相对于被动学习、机械学习而言的，指在教师的指导下使幼儿具有学习的责任感，想学、会学和乐学、坚持学。

在设计安全教育活动时，教师要注意为幼儿创设宽松的学习环境，以和谐、激励的师幼互动，引导幼儿积极主动地参与全程的学习，能在学习中不断挑战自我，享受挑战带来的快乐，并获得真知，习得技能，进而养成良好的安全行为习惯。

(2)合作性学习。

合作学习是在教师的组织下，以共同的目标为学习追求，以学习小组为基本单位，以合作交流为基本特征，具有明确责任的互助学习活动。以要求"人人都能进步""人人为我，我为人人"的学习理念，培养幼儿的互助合作意识。

根据实际教学的需要，教师可以结合各小组人数的多少，将幼儿座次设计成圆桌型、马蹄型、会晤型等形式，以便于幼儿之间目光和语言的交流。组织幼儿进行合作学习时应注意任务的分配，既有独立又有合作分享，引导幼儿学会求助和帮助。

(3)探究式学习。

探究式学习是在教师的指导下，创设问题情境，引导幼儿自主、独立地发现问题，进行实验、操作、调查、信息搜集与处理、表达与交流等探究活动。探究式学习不仅能使幼儿在解决问题的过程中获得知识与能力，同时还能促进其探究精神和创新能力的发展。

探究式学习具有自主性、综合性、实践性、开放性、创造性的特点，包括问题讨论、知识发现和实验探索三种方式，教师在设计时要为幼儿创造一个民主、自由和创新的学习氛围，鼓励幼儿的自主探索。

(五)教学过程的设计

幼儿安全教育活动分为一日生活中的安全教育活动和集体安全教育活动两种不同的形式。

1. 低结构化的幼儿安全教育活动设计

幼儿园无结构化和低结构化的安全教育活动包括幼儿一日生活活动、户内外自由活动、玩大型玩具、自发的游戏活动和在区域中的自由活动。幼儿一日生活活动包括入园、盥洗、进餐、如厕、睡眠、游戏、离园等日常生活中的每一个环节。

常规管理对班级幼儿安全教育具有重要意义，在幼儿园班级管理的过程中根据安全教育目标关注班级常规的预设，避免不必要的管理行为，逐步引导幼儿学习自我管理，实现小班幼儿自理、中班幼儿有序、大班幼儿自主的发展目标。

(1)分析现状，心中有数。

教师要对近期班级幼儿的常规情况进行全面分析，哪些方面表现得比较好，哪些地方需要改进，哪个幼儿在户外活动时比较活跃要多加关注，哪个幼儿区域活动时抢夺玩具需要加以矫正，哪个幼儿进餐比较挑食、午睡不太好需要加以引导等，教师要做到心中有数，心中有目标，既统一要求，又做到因材施教，培养良好的生活习惯。

(2)用心观察，多样指导。

教师要对室内外环境用心观察，班级内水、电的安装，物品的放置是否安全，存在哪些安全隐患，应该采取什么改进措施。班级一日活动还存在哪些安全漏洞，应如何整改等，做到清楚明白。

活动过程中要做到，每个环节活动前有要求、活动后有小结。这样既能稳定幼儿情绪，又明确了努力的方向。也可设计多种形式，用便于记忆的儿歌、歌曲等进行学习。例如，就餐前学习儿歌《小小筷子本领大》："小小筷子本领大，吃饭夹菜全靠它。我用小手稳稳拿，不乱翻，不敲打，不让饭菜满桌洒。"在美工区域活动的时候，引导幼儿边剪纸边背诵儿歌《小剪刀》："小剪刀，手中拿，剪个五星剪朵花，大家夸它本领大。帮自己，头朝外，给朋友，头朝里，安全第一要牢记。"

在一日生活中的安全教育活动中，教师要重视班级常规的培养，做个有心人，把幼儿安全时刻装在心里，引导幼儿在自主性活动中养成安全行为习惯。

2. 集体安全教育活动设计

集体安全教育活动属于高结构化的安全教育活动，是在教师的精心设计和组织下进行的，具有很强的目标意识。

在前期准备的基础上，首先要理清设计思路。教师要对整个活动的设计有一个清晰的想法，明确设计依据的教育理念和相关的教育策略，把握幼儿情感、行为发展的主线，层层推进教学活动。在确定教学思路的基础上，制订出具体的活动流程并在此基础上开始安全教育活动方案的具体设计。和其他领域教育教学活动一样，幼儿安全教育活动方案通常采用三段式结构的组织方式，包括开始部分、基本部分和结束部分。这种组织形式最为常见，是一种比较科学合理的教学组织模式。

(1)开始部分(导入)的设计。

安全教育活动的导入同其他领域的教学一样，开始部分主要目的是集中幼儿的注意力，激发幼儿的学习兴趣。

导入部分的设计要遵循幼儿心理特点和学习规律，为使幼儿从松散、自由的无意注意状态转移到注意力集中、积极参与的学习状态，要采用生动活泼的形式导入活动，根据本次安全教育活动的需要，选择有趣的音乐表演、律动，或者谜语、儿歌、故事等形式进行。

为了唤起幼儿对熟悉的生活经验的回忆，为本次安全教育活动做铺垫，开始部分也可以通过谈话、出示图片、多媒体等多种形式，导入相关的安全教育内容。

有时为了引起幼儿情感的共鸣，可通过展示典型的安全案例，引起幼儿的同情、恐惧等心理，迁移到幼儿自身生活实际，激发幼儿学习安全知识和技能的强烈愿望。

★案例8-3　中班安全教育活动《小心陌生人》的导入设计

　　中班幼儿年龄小，辨别是非能力差，往往听信别人的谎话或受物质的引诱而造成走失、被拐骗等重大事故。分析原因，孩子们自我保护意识的淡薄和缺乏是个很重要的因素。为了给孩子进行小心陌生人的教育，联想到童话故事《小兔乖乖》，在这个故事里，小兔子宝宝自己在家，大灰狼假装妈妈来哄骗小兔子开门，和对中班孩子进行小心陌生人的教育具有类比性，因此在中班安全活动《小心陌生人》的开始部分，用幼儿熟悉的《小兔子乖乖》歌曲导入，生动活泼的音乐既激发了幼儿的兴趣，又为幼儿铺陈了蕴含问题情境的学习背景，通过提问引起幼儿的思考。

　　一开始播放《小兔乖乖》的音乐，引导幼儿倾听欣赏。然后提问幼儿："小兔为什么不给大灰狼开门呀？现实生活中也有像大灰狼一样的坏人，他们是怎么哄骗小朋友呢？"从而导入本次活动的学习。

　　(2)基本部分设计的阐述。

　　基本部分是活动实施的关键环节，是实现幼儿安全教育活动目标的主题部分。在这一部分，教师要运用多种教育手段来激发情感、讲授新知、训练技能、联系生活、迁移应用等等，一般围绕一个主题展开，层层递进，有效开展教学活动。

　　①讲授新知。这个环节在设计时，教师要将新知的呈现蕴含在问题情境中，运用提问的方式，引导幼儿发现问题，激发学习兴趣，进行自主性、探究性学习。在幼儿探索、发现的基础上，教师引领幼儿梳理、呈现新知的概念、知识点和行为要求。

　　问题和结语的设计。教师应根据幼儿的认知特点和生活经验，精心设计问题和结语。课堂上教师所要提问的每一个问题，应精心设计、合理规划，结语要精心梳理。幼儿安全教育活动中的提问大致分为回忆性提问、理解性提问、分析性提问、综合性提问、评价性提问和运用性提问六种类型。好的提问和结语既简明扼要，又全面、透彻，富有启发性，思路清晰，针对性强，反映出教师的教学艺术水平，体现了教师对教材的深入研究，与幼儿的智力和知识发展水平相适应，能激发幼儿的学习欲望，并在活动环节的层层推进与起承转合中自然过渡，有助于实现活动目标。

重点和难点的把握。引领幼儿理解难点和重点，可采用实验探索、联想、生活经验迁移等方式突破难点。例如，在《尖锐的东西会伤人》活动中，用联想和生活经验迁移的方法，体会尖锐的东西对眼睛、皮肤等身体部位的伤害，从而突破难点。

此外，教师要适当预测一下不同个性的幼儿回答问题会出现的几种可能性，什么时候课堂气氛会出现什么变化，该如何控制等，以及如何灵活应对要做到心中有数。设计时幼儿活动时间的分配、不同环节的组织形式、教师的语气、表情、动作的表现，及学习方法的指导等，应做到尽量细化。

②巩固强化。运用异构同质的办法，创设不同的场景，为幼儿创造应用新知的机会，在发现与应用中巩固知识。

学习的目的是为了应用，在安全教育中学会应用新知和技能是保障幼儿安全的需要，在应用中巩固新知的方式方法要具有一定的挑战性，既能增加活动的新意，又能提高幼儿学习的兴趣。巩固的过程不是简单的重复，而是增加了不同的变化与要求，采取多种方式层层递进，避免了枯燥乏味，提高了幼儿的分析力、辨别力。

在熟练掌握后，根据幼儿的学习规律，可通过多种生动有趣的方式呈现多种问题情境，给幼儿创造练习的机会，促进幼儿加快辨识速度和精细、准确度，逐步提高学习难度。

③联系实际。安全教育的归宿是运用于生活中，保障幼儿生命安全。因此，将幼儿视野向周围环境、家庭生活、社会生活拓展开去，去发现隐患、迁移学习经验，解决生活问题。至此活动重点得以突破，活动目标全面完成。

★案例8-4　中班安全教育活动《小心陌生人》案例分析

中班安全教育活动《小心陌生人》的基本部分，在幼儿结合童话故事《小兔乖乖》的基础上，结合幼儿生活故事进入，观看短片《小嘟嘟和陌生人》然后组织幼儿讨论：①嘟嘟跟谁走了？②什么是陌生人？③他为什么跟陌生人走的呢？④结果怎么样？⑤小朋友能不能轻易相信陌生人的话？

在幼儿充分讨论的基础上，教师概括性小结，让幼儿知道哪些是正确的行为，哪些是危险的做法，引导幼儿明辨事理，形成正确的认识：陌生人里面有坏人，坏人会用好吃的食物、有趣的玩具或说好听的话骗小孩，把小孩拐走，使小孩再也回不了自己的家了，所以我们不能随便相信陌生人的话，不能跟陌生人走。陌生人的东西我不吃，陌生人的礼物我不要，陌生人敲门我不开。

安全教育是生活化的教育，在形成正确认识的基础上，结合生活实际，选取生活中典型的三个情境片断引导幼儿观看，学会怎样在生活中运用这些道理，并展开讨论：①不乱吃陌生人给的东西；②一个人在家，有陌生人敲门怎么办？③和大人走失怎么办？

通过以上三个情境的展示，逐步让幼儿进行交流和讨论，教师深入其中直接引导，使幼儿思维能力和解决问题的能力得到训练，并在观赏过程中让幼儿懂得与陌生人交往以及保护自己的方法。

学会在生活中运用以后，然后运用幼儿喜闻乐见的形式，以幼儿喜欢的卡通人物"巧虎超人"俏皮的口吻，再次让幼儿观看几个情境，并在观赏的过程中让幼儿举出对错牌，判断哪种行为是对的、哪种行为是错的。让幼儿在宽松、愉悦的气氛中巩固学习了应对陌生人的方法，提高了整个活动的趣味性、综合性。

(3)结束部分的设计。

结束部分通常是让幼儿在本次活动意犹未尽的时候，从基本部分最后一个环节自然过渡到结束部分。可用概括性的儿歌、歌曲、表演等形式进行总结或进行珍爱生命的情感的升华，也可用结合生活现象给幼儿扩展思路，激发进一步应用的愿望，自然引入户外活动、区域活动、家庭生活活动、社区活动或者一日活动的下一环节。它不仅能给幼儿带来本次活动的难忘记忆，也能激发继续参加学习活动兴趣。例如，在中班安全教育活动《小心陌生人》结束部分，引导幼儿欣赏儿歌《小心陌生人》，概括总结这次安全教育活动的学习内容，强化知识和行为。

教学过程是一个教与学的双边活动，在设计时，教师要注意多种教育手段的综合运用，提高教学的有效性。在各个教学环节设计中，合理选择教学方法、安排组织形式及设计提问方式，创造机会，让幼儿主动参与活动。正确处理好教师为主导幼儿为主体的关系，改变教师"灌输式"的教学方式，把幼儿置于学习的主体地位，让他们在合作中学习，在探索中求知，在运用中练习，在生活中养成。

★案例 8-5　安全教育活动案例设计

小班安全教育活动　《妈妈不见了》

设计思路：

《幼儿园教育指导纲要（试行）》明确要求："幼儿园必须把保护幼儿的生命和促进幼儿的健康放在工作的首位。"《3—6 岁儿童学习与发展指南》中提出要促使幼儿"具备基本的安全知识和自我保护能力"。幼儿安全生活的能力是保障自身安全、维护自身健康必备的基本能力。孩子在幼儿期由于生理、心理发展尚未完善，他们缺乏相应的生活经验和常识，自我保护意识和能力都比较差，而幼儿在三四岁这个年龄阶段，独立性开始形成，对周围事物充满好奇、急于探索，成人对其看护相比以前又有所降低，所以这一年龄段，幼儿走丢事件相对容易发生，如何增强幼儿的安全意识，让他们了解一些自救的方法、提高应急能力显得尤为重要。于是，我以此为切入点设计了《妈妈不见了》的集体教学活动，利用形象直观的课件故事《妈妈不见了》，引导幼儿了解在公共场合不能远离成人单独活动，否则会发生走失的严重后果；借助 PPT 课件《爸爸妈妈不见了》层层递进地讨论启发，让幼儿知道在发生危险的时候向他人寻求帮助或自救的方法，使幼儿逐渐形成防御危险的意识和能力。

※活动目标

1. 体验与家人走失的危险。

2. 学会意外走失后的求助、自救办法。

※活动准备

1. 物质准备

教具：FLASH 课件《兔妈妈不见了》，PPT 课件《爸爸妈妈不见了》。

2. 知识经验准备。

活动前幼儿了解爸爸妈妈的名字、手机号码及家庭住址。

※活动重点与难点

1. 重点：学会与家人意外走失后的求助和自救方法。

2. 难点：体验外出时随意离开家人的危害性。

※活动过程

1. 观看故事，体验危险

观看《兔妈妈不见了》故事课件后提问：

(1)故事中的小兔和妈妈去买东西,发生了什么事情?

(2)小兔为什么会与妈妈走失?小兔这么做危险吗?

(3)小兔为什么不跟狐狸去?

(4)小兔最后想了什么办法找到了妈妈?

小结:小兔子擅自离开妈妈的行为是非常危险的,很可能就会遇到坏人,可喜的是小兔子没有上狡猾的狐狸的当,它想了一个好办法,请小熊阿姨通过广播寻找到妈妈。

我们在与家人外出时,千万不能擅自离开家人,否则就会发生意外危险(重点指导,让幼儿了解在公共场合不能远离成人的视线单独活动,否则可能会发生走失、被坏人诱骗的严重后果)。

2.观察图片,学习自救

引导幼儿逐幅根据画面讨论,意外走失后的自救办法。

图片一(明明和爸爸在动物园走失):在动物园里发生了什么事?(小明与爸爸妈妈走失了。)

(警察、工作人员、原地等待符号、爸爸妈妈电话示意图、广播)。

提问:(1)有什么办法能帮助小明找到爸爸?(知道要记住爸爸妈妈的名字和电话号码以及家庭住址。求助警察叔叔、动物园的工作人员以及广播设施。)

(2)还有什么方法能让爸爸妈妈尽快找到小明?(不乱走,在原地等待爸爸妈妈。)

(3)假设讨论:当你和爸爸妈妈出去游玩时万一走丢了,怎么办?

小结:我们和爸爸妈妈出去游玩时一定要紧跟着爸爸妈妈,万一和爸爸妈妈走丢,一定要记住爸爸妈妈的姓名、电话号码和家庭住址,也可以在原地等待爸爸妈妈,还可以求助警察叔叔或者工作人员帮助寻找,千万不要随便找陌生人帮助或跟陌生人走(重点关注,幼儿是否知道在公共场所走失时,可以在原地等待,并向警察和工作人员求助,掌握求助、自救的方法)。

3.情境表演游戏"找父母"

全体幼儿观看不同情境下幼儿走失的课件,分组请幼儿表演用不同的办法找到爸爸妈妈。

第二节 幼儿安全教育活动的实施

幼儿安全教育活动的实施实际上就是将静态的活动方案转化为动态的实

践操作的过程。它通过师幼良性互动，将设计好的安全活动方案付诸教学过程中，完成安全教育活动的教育目标。活动实施的出发点和归宿是安全教育活动的有效性，"幼儿有意义的学"和"教师有意义的教"是安全教育活动组织实施的有效性体现。不同结构化的安全教育活动为每一个幼儿创造了一个学习安全知识、提高安全技能的机会，组织好每一次活动也为每一个幼儿提供了最大的发展可能性。教师的专业素养和教育理念，以及教学过程的组织实施能力，都直接影响着安全教育活动的实施效果。

一、低结构化的幼儿安全教育活动的实施

在低结构化的活动中，幼儿自主性强，控制的程度相对较高，这类安全活动往往强调活动的过程，以幼儿在活动过程中获取经验为出发点，在实践操作中，活动内容往往具有可变性、选择性和生成性。教师在这类活动中的角色是环境的创造者、材料的提供者、活动的观察者和引导者以及矛盾冲突的协调者、安全的保障者。活动中教师应注意不要过分控制幼儿，以幼儿为主体，避免不必要的管理行为，但要时时给予关注，将幼儿的活动保持在教师的视线之内，当发现不安全因素时适时介入，给予幼儿间接的指导。

班级管理中，常规的建立是养成幼儿安全行为习惯的有力保证。在实施的过程中，教师应提倡民主，和幼儿一起制订和保持良好的班级常规，并适时提醒、监督、指导幼儿的习惯养成。

教师在实施低结构化的安全教育活动时应注意以下几点。

(一)安全标准化

标准化的要求是保证幼儿安全活动的前提。教师应从每天的晨检、进餐、喝水、如厕、午睡等小事入手，结合各个生活环节，进行细致的一日生活标准化要求。如早晨入园，用晨检卡颜色的不同代表幼儿身体的不同状况；用铅笔绘画的时候，不拿着铅笔打闹；在喝水、盥洗、如厕等环节中，教育幼儿分组轮流进行，学会控制自己，学会轮流等待，不在盥洗室玩水、打闹以防湿滑摔倒；饭前分组洗手等生活活动听从统一的提示信号；各区域活动应安静有序进行，不能打闹、抢夺玩具；滑滑梯的时候不要从滑梯下面往上爬，以免滑下来的小朋友把自己撞到；不要从太高的地方往下跳，落地不稳会挫伤腿部肌肉；在家里不要随便进入厨房，不拿刀具，不玩叉子和筷子，等等。

因幼儿年龄小，缺乏规则意识，教师要不断强化要求，加强检查、监督，促使幼儿行为习惯的养成。

（二）物品定置化

位置的固定可避免班级物品的混乱，保证幼儿一日活动的有序化。物品定置化是指班级生活物品、保洁物品、幼儿座次、活动区玩具等固定相应的安全位置。

要做到班级内物品各有其位，用后物归原处，可使班级井井有条。除了物品的归位，还有动作的规范，例如，幼儿水龙头容易开到最大，水哗哗地流淌，不仅浪费水，也容易喷溅到地面上，造成安全隐患。因幼儿年龄小，缺乏控制力，平常提醒幼儿水龙头开得小一些，幼儿往往做不到，可在洗手盆水龙头打开的适当位置画一道标志线，时时提醒幼儿，水龙头就开到这里，规范了幼儿动作，时时提醒幼儿养成好习惯。

在实施的过程中，教师要时时保持警惕心，随时发现问题。例如，拖把、扫帚等洁具没及时归位，挡住了幼儿的通道，容易发生危险，教师要及时进行清理。户外活动场地划定安全范围；玩具、图书等固定摆放位置和分组使用人员，避免争抢；幼儿就餐、餐后休息、各种不同类型的教育活动都有固定的位置；各区域使用的操作玩具、用品按规定位置摆放等，教师要以严格的要求，持久的关注加强幼儿的长期训练，可采取值日小组长等管理形式加强幼儿行为的提醒、巩固，并形成制度化。

（三）管理可视化

在幼儿园班级内外，用随时可以看得到的标志提醒幼儿注意安全。例如，在班级的电源、饮水处张贴醒目的安全标志；在楼梯两边位置贴好上下楼梯方向的小脚丫；活动场地的定位线；各区域进区人数用一定数量不同颜色的标志牌限制；剪刀、小木棒等危险物品用标志规定摆放的方向等。

除了常规性的班级可视化的安全管理，教师还要认真观察，发现问题及时解决。例如，楼梯拐角处的楼外位置，若发现没有设置防护网，需要设置标示提醒幼儿不要爬高，同时也要督促有关人员尽快解决。有时发现地面瓷砖坏了，要及时贴上标志警告幼儿注意安全，同时立即维修。

安全标准化、物品定置化和管理可视化是实施幼儿一日活动安全教育的重要手段，是管理好安全细节、践行安全教育内容的有力保证。低结构化的安全教育活动是以幼儿自主性活动为主，但在具体活动中，无论你想得多么周到，幼儿的好奇心和随意性总会驱使幼儿在活动中随机发生这样那样的问题，教师在一日活动的安全管理中，要时刻保持警惕心，及时观察安全隐患，预控安全风险，幼儿如果出现过激性动作、行为，教师要立即通过语言、动作、表情等适时介入，进行制止、控制和引导，通过随机教育的方式纠正幼儿危险动作，用持之以恒的关注、监督和激励性评价促使幼儿安全行为习惯的养成。

二、集体安全教育活动的实施

在集体安全教育活动中，幼儿控制的程度较低，老师控制的程度相对较高。这个过程因教师的教学经验、组织能力的不同表现出教师在教育理念、控制程度、应变能力、教学效果等方面专业素养的不同差异。年轻教师往往控制性强一些，在教学过程中忠实按照原教案的设计进行，生成性的内容少一些，可以看出他们在"以幼儿为主体、引导幼儿主动学习"等的教学理念、幼儿学习方式及课堂应变能力等方面的专业素养需要进一步提升。经验丰富的教师在实施教学的过程中能做到既关注教师的"教"也关注幼儿的"学"，了解幼儿某个安全知识点掌握的状况和发展的时机，关注到幼儿的个别差异，并能结合幼儿的实际情况灵活处理预设课程中出现的问题，根据幼儿的兴趣点随机生成课程。在各方面表现出比较成熟的教育技能和良好的教学效果。

（一）开始部分（导入）

活动前检查各项活动准备。要检查一遍幼儿人数、座次、如厕、出入活动室的方向、形式，教具的数量、摆放位置、多媒体试机及适合本次活动的桌椅的摆放形式等。

教师在要以饱满的热情、生动的语言激发幼儿的学习兴趣，吸引幼儿的注意力，引导幼儿进入学习主题。整个导入部分是安全教育活动的序曲，力求简洁明快，不要啰嗦。

★案例8-6　导入环节的设计

小班安全活动　《上下楼》

活动准备：带生日快乐头饰的手偶小狗、各种小礼物若干、玩具楼梯

活动过程：

情景导入，激发兴趣

指导语：今天是小狗的生日，我们小朋友要到小狗家里做客，可是小狗的家在二楼，它提醒小朋友要注意安全，小朋友你们知道应该怎样正确、安

全地上下楼吗？

小班安全活动 《游戏中的安全》

活动准备：

1. 图片两张

2. 安全卡片和不安全卡片若干

活动过程：

观察图片，引发思考

出示图片：有两张图片，一张图片里有车道，旁边有小河，另一张是有围栏的空地。

指导语：小朋友都喜欢玩球，而且有许多玩球的方法，但是应该在哪里玩球好呢？为什么？（引导幼儿说出第一幅图片中的不安全的因素，只有在没有障碍的空地上玩球才是安全的）

(二)基本部分(展开)

基本部分是集体安全教育活动的主要部分，是活动实施的关键环节。在这一部分，教师要运用多种教育手段来激发情感、讲授新知、训练技能、联系生活、迁移应用、培养行为等，一般围绕一个主题展开，层层递进，有效开展教学活动。它是实现幼儿安全教育活动要求和目标的主体部分。为保证活动的顺利实施，教师应注意以下几个问题。

1. 语言清晰、简练

安全教育活动需要教师运用口头语言向幼儿说明不同安全类型的概念、解释现象及行为规范等，语言力求生动、形象、清晰、准确、富有情感，简明扼要，容易理解和接受，能引起幼儿的兴趣。

教师的语言讲解一般不单独存在，通常与多种形式相结合。例如，在讲授发生火灾时如何从烟雾中逃离时，可采用边讲解边操作的方式，将语言讲解与动作示范相结合，给幼儿深刻的视听印象。也可与设疑或讨论相结合，例如，在讲解中班安全活动《小心陌生人》时提问："陌生人给你好吃的食物，他会有什么想法？"然后组织幼儿讨论各种可能的情况并得出结论，告诉幼儿应该怎样做，"陌生人里面有好人也有坏人，不要随便吃陌生人给的食物。"将设疑、讨论与讲解说明有机结合起来。

2. 提问与结语的运用

(1)提问。

在教育教学过程中提问技巧体现了教师的教学艺术水平，好的提问使教学富有成效。在安全教育活动中，提问的方式大致可分为：回忆性提问、理解性提问、分析性提问、综合性提问、评价性提问和运用性提问。要根据本次安全教育活动的需要，合理运用提问技巧，注意发问的时机、顺序、方式和语态。首次发问不可太多，要适当停顿，给予幼儿思考的时间。当幼儿回答不够准确、完整、流畅，甚至"卡壳"时，教师可以重复发问，申明题意。或者适当提示，予以点拨。或者追问、反问等。例如，教师提问幼儿如何拨打火警电话 119 时，幼儿开始说得不够完整，教师在适当停顿后，继续追问："火灾发生在什么地方？怎样才能让消防员叔叔很方便地找到火灾地点？如果找不到你，消防员叔叔怎样和你联系？到了路口以后，怎样才能找得更快？"幼儿在问题的具体提示下，较完整地说出了打电话要说明的问题。

（2）结语。

结语通常出现在某一个教学环节的最后，其作用表现在两个方面，一是对前一环节活动的梳理和概括。教师除了用语言概括外也可采取儿歌的形式。例如，中班安全活动《安全避雷电》用儿歌小结："跟着大人去郊游，开开心心在踏青，突然闪电又打雷，这个时候怎么办？千万不要慌乱跑！安全避雷有妙计：不能躲在大树下；不能躲在电线杆下；不能躲在潮湿处；不能躲在高危处；不慌不乱四处看；找到低处蹲下来，雷电没有再走动，定能安全回到家。"便于幼儿记忆。二是对下一环节活动的开展做一铺垫，起到承上启下的作用。例如，中班安全活动《安全吃东西》中，教师在进行吃鱼的安全教学后，进行小结："小朋友吃鱼时，一定要仔细把鱼刺弄干净再吃，一旦鱼刺卡住了，小朋友也不要哭，因为越哭，鱼刺就陷得越深，应赶快告诉妈妈或老师，带你到医院去治疗。那除了吃鱼，还有什么食物吃的时候要特别小心？"然后启发幼儿回忆生活中还有哪些东西吃的时候会发生危险，根据幼儿的回答，继而转向吃果冻的安全教育，教师小结："对，有些小朋友由于吃果冻太快，而卡住喉咙里喘不出气来，很危险。我们小朋友尽量不吃果冻，即使要吃时，一定要用小勺弄碎了再吃。还有什么食物吃的时候要小心？"一小结一提问，既梳理了幼儿前期的发现，又随之扩展对幼儿吃其他食品时的安全教育。

3. 评价多元化

教师对幼儿的问题回答和表现要及时给以具体性、针对性评价，避免盲目性、一成不变的评价。除了老师的评价，还要与幼儿自评、互评、相结合进行多元化的评价，不断激发幼儿的学习兴趣，鼓励幼儿的学习积极性。有的老师存在评价的单一性，无论对何种评价，都用"棒！棒！你真棒！"等，或者不论孩子表现怎样，都说"你真聪明！"其实幼儿的表现是多种多样的，教师要给予具体性评价，更能促进幼儿的进步。如，"你今天声音真响亮！""你很勇敢！""你说得很清楚"等。要公正地指出幼儿的优点和不足，给幼儿以客观的评价。评价不应该成为教师的"一言堂"，要结合幼儿自评、相互评价等多种形式进行。例如，大班安全活动《设计安全标志》，幼儿设计完毕后，可组织标志展览会，引导幼儿说一说自己的作品，你设计的是什么标志？为什么要设计这个标志？你喜欢哪个标志？为什么？将幼儿自评、互评和教师评价等形式相结合，从多角度对幼儿的作品进行全面评价。

4. 重点难点的突破

重点是一次安全教育活动主要的学习内容和学习目标。难点是对幼儿发展构成挑战，在幼儿某方面的"最近发展区"内"跳一跳、够得着"的某个科学现象、某项技能、某个抽象的情感发展点。重点难点的突破是教学有效实施的关键，是教学过程的核心，教师要采取有效的教学策略，给予幼儿充分时间去探索、理解，关注每一个幼儿的表现，灵活运用多种形式、方法帮助幼儿掌握重点，理解难点。例如，小班安全活动《我爱刷牙》的重点和难点是让幼儿掌握刷牙的正确方法，养成勤刷牙，讲卫生的好习惯。为了突出重点、突破难点，教师在规范幼儿刷牙的动作时，可利用牙刷和牙齿模型进行分组练习，这样既增加了每个幼儿练习的时间，提高了幼儿的练习兴趣，教师在巡回检查时也能关注每个幼儿刷牙的方法是否正确，进行直接或间接的指导。通过巧用道具，运用模型练习和分组活动的形式，突破了重点和难点。

5. 课堂的组织、控制与调整

幼儿易于兴奋，无意注意占优势，有意注意初步发展，情绪随着活动的开展而起伏，难以控制。良好的课堂组织策略是影响集体教学质量的重要因素。有效集中幼儿的注意力、时间分配得当、保持良好的活动秩序是安全教育活动顺利进行的保障。

教师是活动的指导者、组织者、参与者、协调者和促进者，教学活动要围绕一个重点展开，教学过程要自然、流畅，环环相扣、水到渠成。教师要少想一点"怎么教"，多想一点"怎么学"。如果老师在上课时老想着"怎么教"，那就会只想着教案，只顾着赶环节，而忽视了课堂中现场幼儿学习时的一种动态的表现，老想着"怎么教"的老师不愿意出现"节外生枝"的现象，甚至恼火幼儿与自己不合拍、不配合。

对于幼儿"手舞足蹈"的过度兴奋，要适当控制，引导幼儿的注意力迅速转移到学习内容上来，对于"情绪不振"的冷场，教师要及时采取措施提高学习的兴趣，对于过于拖拉或过快的节奏，要根据幼儿的实际情况及时调整策略，对于幼儿掌握较好的内容要快进，适当提高难度等，提高课堂的有效教学。

★案例8-7　中班安全活动　《我是防震小能手》

活动过程基本部分：

1. 播放地震的课件，激起幼儿探索的爱好。

提问：地震是怎样产生的？

小结：原来地震是由于地壳的运动产生的，是自然现象。假如有一天我们这里发生大地震，我们该怎样办呢？

2. 通过视频，了解地震发生时安全的躲避场所。

提问：那我们要怎样找安全的地方？什么地方安全？

小结：不要慌，不要逃，也不要跳，小震不用跑，大震跑不了。假如是在一楼或平房就往外跑到空阔的地方。假如在高楼要听老师或大人的指挥，就近找"安全三角区"的地方躲避，保护好头部。等地面晃动小了再听指挥疏散，撤离。在户外就远离高大建筑物，在空旷的地方抱头蹲在地上。

3. 教幼儿安全有效的撤离方法。

(1)学习正确的撤离动作。提问：我们撤离的时候如何在运动的进程中保护自己？幼儿讨论寻觅最有效的保护方法。（双手抱头、上身向前曲折，快速撤离）

(2)出示班级撤离图，带幼儿观察并找出班级在紧急情况下撤离的路径和位置。引导幼儿讨论：为何撤离时要走图中标注的路径？使幼儿了解图中标注的撤离路径是离户外安全地带最近的一条通道。

(3)带幼儿观察撤离路径的条件(几层楼梯、弯道情况等)。

提问：怎样走，到达安全地带最快？

小结：可以分成两队，沿楼梯两侧迅速撤离；按顺序，不拥堵；听老师的指挥等。

4. 组织幼儿"实战演习"。演练室内避震及紧急撤离。如幼儿在撤离情况下出现拥堵、用时太长等情况，教师带幼儿查找缘由，再次演习，使幼儿把握正确、快捷的撤离方法。

在这个安全活动的基本过程中，从地震产生的原因、安全的撤离、撤离的方法及实战演习等环节，由静到动、由室内到室外，运用了课件、多媒体、撤离图等多种教学手段，课堂的组织与控制难度较大。教师在组织教学中，要根据教学活动设计，围绕幼儿的掌握情况，层层推进教学环节，在分析地震产生的原因、安全躲避场所及观察撤离图的时候，既要让幼儿清楚明白，又不要拖拉，控制好时间和进程。在户外实战演习的时候，要控制好幼儿的情绪和秩序，不要浮躁，保证幼儿的安全和活动效果。

6. 创设宽松的心理环境

安全教育活动的学习气氛不应感到压抑，要体现健康教育的快乐和严密。教师根据安全教育活动的需要，灵活地进行角色的转换，营造良好的课堂气氛，鼓励幼儿积极主动地学习。

课堂是幼儿心灵与智慧交际的空间，在和谐的气氛中，教学要贴近幼儿学习发展的规律，以充满爱、赏识和激励的情感，以艺术化的组织方式，引领幼儿放飞心灵，激发幼儿的学习兴趣，主动学习、合作学习和探究式学习，内化知识，转化行为，展示自我，在愉快和轻松的气氛中，向着生命安全和健康生活的目标层层深入。例如，小班安全教育活动《妈妈不来我不走》，教学过程中，教师扮演妈妈的角色，运用《小兔乖乖》的故事进入主题后，分析为什么小兔宝宝不能跟着大灰狼走，教师以充满爱的关心的语气，营造温馨的学习气氛；然后，运用案例引导幼儿讨论能否跟随陌生人离园；在此基础上教师自然引出儿歌《妈妈没来我不走》，引导幼儿一起朗诵；最后组织幼儿模拟体验离园情景。这样的设计能让幼儿在一种身心放松的自然状态下投入到安全知识的学习中去，积极动脑，乐于参与，从而收到良好的活动效果。

7. 处理好预设课程和生成课程之间的关系

在设计安全教育活动时，我们的老师总是希望把教学目标制定得贴切一些，教学过程考虑得细致一些，对幼儿的分析透彻一些，整个设计尽量做得完善一些。即便是这样，在实际的活动实施过程中仍会出现这样或那样的问题，难以完全依靠教案预设的流程进行教学，这其实是很正常的。在活动实施过程中要贯彻"一切为了幼儿发展"的指导思想，根据幼儿的实际发展需要，善于发现幼儿思维和创造的火花，鼓励幼儿大胆发现和表达，以教学目标为方向，根据幼儿的需要及时进行活动的平衡与调整。从这一点来讲，教师不仅要在活动设计上下功夫，还应着力提高自己教学的驾驭能力和应变能力，不断提升自己的专业素养，使自己的教学游刃有余。例如，中班开展《认识安全标志》活动，教师在设计活动方案时预设了六种常见的安全标志，而在活动实施是却发现大部分幼儿对其中的几个标志比较熟悉，这时教师就要根据幼儿的实际情况及时进行调整,增加其他安全标志的学习。

(三)结束部分

结束部分是整个活动的尾声,这一阶段的主要任务是对活动进行全面的概括与总结。一方面对活动的主要内容进一步进行提炼,另一方面对幼儿进行客观的评价,评价幼儿的学习态度,鼓励进步的幼儿,激励幼儿继续在生活中养成安全行为习惯,在愉快的气氛中结束学习活动。常见的结束形式有谈话、游戏、评价或奖励等。

三、幼儿安全教育活动反思

古人云"每日三省吾身"。有教育教学经验的老师都知道,如果一个教师仅仅满足于日复一日的教育教学过程,而不对教育教学过程进行深入反思,那么即便他有几十年的教育经历,也仅仅是年复一年的重复性工作而已。教育反思是教师提高教育教学能力和水平的基础,是有效教与学的保障。但反思并不是简单敷衍了事,蜻蜓点水,而是对教育教学过程系统的概括与归纳,分析与思考,触及教师内心世界、震撼教师心灵的反思才是有效的。

(一)安全教育活动反思的意义

1. 反思是促进教师专业化发展的重要手段

年复一年,日复一日,许多教师在默默付出。我们一方面称赞"老黄牛般"辛勤付出的教师们,另一方面也不能不令人思索:为什么他们几十年如一日的辛勤耕耘却依然不能适应不断变化的时代?为什么年龄大的教师随着时代的发展却不知应该如何教学?那种"老师认真讲,幼儿认真听"的一成不变、缺乏幼儿自主发展的教学方式已不能适应现代教育理念,自主学习、自主发展以及现代教育技术的应用都给老师提出了挑战,如何开拓进取,适应时代发展,有效反思已成为教师专业发展的重要手段。

叶澜教授曾说:"一个教师写一辈子教案不可能成为名师,如果一个教师写三年教学反思就有可能成为名师。"纵观古今中外有所成就的教育家无不有独特的教育思想,古有孔子留下举世闻名的《论语》,近有李希贵的《为了自由呼吸的教育》《学生第一》《学生第二》,他们都是从"教书匠"做起,可以称得上"草根专家"。由此可见,教师必须参与到对自己教学行为的反思中去,让老师在看似千篇一律的教学活动中思出自己的个性,思出自己的风格,思出专业水平,在不断的教育教学实践中利用幼儿教育学、幼儿心理学等专业理论知识建构自身专业成长所需的知识结构和能力结构。

2. 反思是提高安全教育活动实效性的有力保障

安全教育活动的生活性原则决定了安全教育的随机性，活动的有效性难以得到检验。而反思则能让安全教育活动事先有计划、有目的；事中有重点、有措施；事后有总结、有分析。幼儿年龄小，身体机能发展极不完善，缺乏安全防范意识和能力，一方面成人要精心呵护，避免使其受到伤害；另一方面需要针对幼儿年龄特点，有针对性地开展安全教育，培养幼儿自我保护意识，提高自我保护能力。教师要时刻绷紧安全这根弦，把安全教育贯穿幼儿一日生活中去，不断反思教育效果，反观教学过程，吸取经验，反观不足，为今后有效开展安全教育活动提供有力支撑。

(二)幼儿安全教育活动反思的内容与方法

教育反思的目的不只是为了重温过去，更重要的是总结经验，吸取教训，为指导将来的教育教学实践服务。

1. 安全教育活动反思的内容

(1)总结经验——思得。

主要思考教学内容是否适合幼儿年龄发展，即内容的适宜性、教学方法是否能够令幼儿接受，即方法的科学性；教学过程注重由浅入深、师幼双边互动，提倡幼儿自主发展，即过程的层次性；教学效果表现在使幼儿能够辨识危险源，不做危险的事，危险来临时要尽快躲避危险，保护自己；即教学效果的实效性。

(2)吸取教训——思失。

百密一疏，再成功的活动也难免有疏漏失误之处，教师要敢于面对教学过程中的不足，及时进行回顾、梳理，并对其做深刻的反思和剖析，让"点滴的失败或不足"成为今后行动的垫脚石、参照物。

(3)分析设计——思改。

每次安全教育活动之后，要静心思考得与失，根据教育教学实际进行必要的取舍，然后进行活动后的"再设计"，做到扬长避短，精益求精，让每一次教学活动真正发挥其作用。

2. 安全教育活动反思的方法

(1)自我提问法。

自我提问法是指教师对自己所开展的安全教育活动进行自我观察、自我监控、自我调节、自我评价后提出一系列问题，以改进教育教学过程、提高教育教学能力的一种方法。这种方法贯穿安全教育活动的全过程，从活动设计，到组织教育教学活动，再到活动结束后的反观。进行活动设计时，教师应该思考"教育活动内容是否适宜？现阶段幼儿可以掌握哪些安全教育知识？"活动进行过程中，教师应根据教学实际，思考如何让幼儿自主学习？如何调整教学方法策略等。活动后思考，怎样改进教育活动会更有效？等等。

(2)头脑风暴法。

"教学是一门遗憾的艺术"，再成功的教学活动也会有些许遗憾，教师可以通过小组"头脑风暴法"，收集整理各种教育活动中的案例，进行归类分析，找出典型问题，讨论影响有效性的各种因素，提出解决问题的策略。

(3)观摩比较法。

"他山之石，可以攻玉。"教师应多观摩其他教师的教育教学活动，分析其他老师是怎样组织教育教学活动的，如果让我来组织我会怎样做？这样做会有怎样的效果？遇到这样的问题，他是怎样解决的？我可以怎样解决等，通过观摩比较，反思分析，从他人的教育教学活动中得到启发，从而提高自己的教育教学水平。

反思不仅可以提高教师专业能力与水平，更是开展安全教育活动实效性的有力保障，教师只有树立高度的责任感和安全意识，以持之以恒的精神和态度开展安全教育，才能保证我们的孩子安全无虞，健康成长。

★案例8-8　活动案例及活动反思

认清安全标志（大班）

一、活动目标

1. 情感态度目标：萌发自我保护意识以及关心社会的品质。

2. 能力目标：发现问题，设计标志。

3. 知识目标：学会看安全标志。

二、活动重点、难点

重点：引导幼儿学会看标志，学会保护自己。

难点：能发现问题，并设计、投放相关标志。

三、教学准备

1. 经验准备：把收集到的标志，投放到活动区里；在幼儿散步时，老师注意引导孩子观察各种标志，丰富其感性认识。

2. 教具学具准备：磁性黑板两块，投影仪，录音机、音乐磁带；教学挂

图三幅，幼儿生活环境图一幅，做游戏用的红绿灯一个；供幼儿设计用的圆形或三角形卡纸、水彩笔；与幼儿生活关系密切的标志卡片15种(包括教材中的6种)每位幼儿一张。

3. 场景设置：课前在室外布置"十字路口"的情境；背景音乐等。

四、活动过程

活动的流程是：激发学习兴趣——引导幼儿学会看标志——学会保护自己——学会关心别人——学会设计标志——学会运用标志。

(一)开始部分：互动游戏，激趣导入

互动游戏《开汽车》导入新课。

引导语："小朋友，我们来玩开汽车的游戏好吗?"然后出示简单的红绿灯标志带领幼儿进入游戏，幼儿做小司机，随着红绿灯的变化，在音乐伴奏下，一会儿停，一会儿开，老师又问："你们开汽车，是谁在指挥着你们?"(孩子会说红绿灯)老师接着又说"指挥交通是用红绿灯，那用什么来提醒大家注意看红绿灯啊?"从而引出提醒大家看红绿灯的标志——注意信号灯标志，引入主题。

(二)基本部分：通过多种形式，引导幼儿学会看标志、设计标志

1. 引导幼儿找标志，说标志，进行试探性发现学习

引导语："你知道吗? 还有许许多多的标志也是提醒大家注意安全的，你能找出来吗?"引导幼儿在事先准备好的若干标志中寻找，并把所找到的标志贴在前面的磁性黑板上。

然后请幼儿结合已有的经验，进行试探性发现式学习。

提问："认识哪些标志? 它告诉我们什么?""每个小朋友都有自己的看法，那么到底说得对不对呢? 在什么情况下用这些标志? 它在提醒人们干什么呢? 我们一起看看下面的图片再寻找答案，大家要动脑筋噢。"

2. 观察图片，寻找标志，进行分析归类

指导语："图片上小朋友在干什么? 有危险吗? 用什么标志来提醒他?"请幼儿找出相关标志，再说一说"这个标志告诉人们什么? 为什么要用这个标志?""这张图片小朋友在什么地方? 他要干什么? 你要提醒他当心什么? 是用哪个标志?""这张图片是什么地方? 过马路时要走哪里? 用什么标志来提醒他?"三张图片依次观察分析后，分别找出禁坐栏杆标志，当心车辆标志，人行横道标志。

引导幼儿对三种标志进行分析，找出不同点。

引导语："这三张标志一样吗? 哪里不一样?"再引导幼儿分析出：标志的

图案、颜色、形状不一样，表示的意思和用处就不一样，标志是告诉我们该干什么，不该干什么的，标志中间的图案告诉我们说的是什么事，再用不同的颜色、形状、有没有禁止线，告诉我们哪些事能做，哪些事不能做。

小结：禁坐栏杆标志是圆形的，红边，有禁止线，属于禁令标志，禁令标志是告诉我们坚决不能做的事情；当心车辆标志是三角形的，有黑、黄两种颜色的标志，属于警告标志，它警告我们会发生危险的事情；人行横道标志是方形、蓝色，属于指示标志，也有其他图形、其他颜色的，它是提醒大家应该怎么做的事情。

3.发现问题，会设计相关标志，学会关心别人

(1)引导幼儿发现问题，寻找解决问题的办法。

引导语："小朋友都会看标志，知道怎样保护自己了，也要学会关心别人，提醒大家都来注意安全，小朋友看看这幅画上，哪些地方要提醒大家注意安全？在幼儿园里、家里还有哪些地方要提醒大家呢?"

出示幼儿生活环境的图片，引导幼儿观察、思考，去发现问题：我们周围有哪些不安全的地方？用什么办法来提醒大家？

(2)设计标志，进行交流评价。幼儿想出办法后，做一个小小"设计师"，老师播放背景音乐，在轻松愉快的气氛中为发现的一些不安全的地方设计安全标志。

(三)结束部分：体验成功，学会运用标志

活动一：老师引导幼儿互相欣赏、评价。老师的引导语是："有了这些标志的提醒，大家就能快乐地生活了，小动物、小花小草也能快乐地长大了。"然后引导幼儿将设计好的标志贴在图画上、教室里等需要注意安全的地方，最后鼓励幼儿做一个标志宣传员，向大家宣传安全标志的知识，让所有的人们都学会看安全标志，知道保护自己，在欢乐的气氛中活动结束。

活动二：区域活动中让幼儿学会运用标志

在第二个活动中，带孩子进入活动区，在开放的活动中，让孩子进行练习、应用。

1.老师把孩子带到室外活动场地，场地是大街上的情境，涉及的面很广，也有加油站、电线杆等，老师在场景中和幼儿一起操作，幼儿可选择自行车、汽车、摩托车等，也可以当司机、行人。

2.开始游戏。老师播放背景音乐，让幼儿自由游戏。

3.评价游戏。评价的方式有自我评价、评价他人、老师评价。老师表扬遵守规则的幼儿行为，对在游戏中发现的不遵守规则的幼儿，老师不直接批

评他，而是提问他：这是什么标志？在有这个标志的地方应该怎样做？让幼儿进一步明确安全的行为。对防电、防火等安全标志，老师进一步提问：在日常生活中要注意什么？遇到危险应怎么办？引导孩子学会自我保护的方法。

五、活动反思

活动后，通过自我评价、老师评价和观察孩子的练习情况，我做了以下反思。

1. 思所得

所得之一是：这个教育活动基本上达到了"快乐、主动、自然、和谐"的目的。我从幼儿心理出发，整合了多种生动活泼的教育方法、手段，老师快乐地教，才会引导孩子主动、快乐地去探索，去发现，去体验，教师只有先打动了自己，才会感染孩子，所以教师的全身心投入，和孩子融为一体是很重要的；"给孩子一个支点，他将托起整个地球"，教师的使命就是用创造性的工作，艺术化的教育活动，去给予孩子们这个支点。标志这个教学内容，在生活中是包罗万象的，但是只要找到它的基本要素，孩子真正地理解了，就会举一反三，水到渠成，重点、难点的突破就会迎刃而解，整个教育活动就达到了自然、和谐。

所得之二是：在活动进行中，对突发事件处理得比较好，双边活动是动态生成的。这得益于对教材透彻地分析、理解，只有吃透了教材，课堂语言才会精练，逻辑才会清楚，不管出现什么问题才会得心应手。我认为，教学效果的评价不在于形式上的花哨，关键在于它的实际作用，不要单纯追求漂亮的形式。活动环节的内在逻辑要严密、自然，若与孩子的思维发展脱节，会影响教学效果。

2. 思所失

所失之一是：第一个活动时间有些过长，对课堂时间节奏控制不够好。对多媒体教学的使用不够，如果使用多媒体手段，教学会更加生动有趣。

所失之二是：对孩子的自我学习能力估计不足，教学活动的开放程度不够大胆，如果把两个教育活动的顺序颠倒一下，完全放手给孩子，老师适当点拨，会更有利于锻炼孩子的学习能力。

第九章 幼儿自我保护与安全自救教育

幼儿生活在家庭、幼儿园和社会环境之中，意外事故的发生往往不可避免，但我们可以通过培养幼儿的自我保护意识，提高幼儿安全自救能力的教育方式，将安全教育工作变消极躲避为积极预防，有效降低意外事故发生的概率，以期最大限度地保护幼儿的生命健康。

第一节 幼儿自我保护教育

幼儿园的根本是安全。只有安全，孩子们才能健康成长，只有在安全的基础上才能谈得到教育。千般照顾不如自护，幼儿园应十分注重对幼儿的自我保护教育。家长和教师不仅有保护幼儿生命安全的责任，更重要的是要对幼儿进行初步的安全教育指导，帮助幼儿树立牢固的安全意识，提高幼儿自我保护的能力。

一、幼儿自我保护教育的意义

《幼儿园工作规程》要求："幼儿园必须切实做好幼儿生理和心理卫生保健工作。""促进幼儿身心和谐发展。"学前幼儿正处于生理心理发展的关键时期，加强幼儿生理心理的健康保护工作，有利于他们拥有强健的体魄及充沛的精力去参加幼儿园的各项学习活动并获得全面的发展。但幼儿的自我保护意识和能力相对比较薄弱的。因此，幼儿自我保护意识和能力的培养关系到幼儿的成长，家庭的幸福，甚至影响着一个国家的发展。因此，教师和家长都要肩负起提高幼儿自我保护能力的重担，防患于未然，多形式多渠道地对幼儿进行自我保护教育，为幼儿的健康成长提供助力。

二、幼儿自我保护教育的内容

(一)保护自己的身体

保护自己的身体就是让幼儿初步懂得避开危险物，不做危险动作，保护自己的身体免受伤害。它主要包括疾病、意外事故与气温变化的防范。

1. 疾病的防范

防范疾病是幼儿保护自己身体健康的重要手段。而良好的生活行为习惯的养成是预防疾病的有力保证。为有效预防疾病的发生，要求幼儿能将自己感觉到不舒服的地方（即病情）主动告诉老师或家长，以请求成人的帮助；不乱碰或乱吃药物；养成良好的睡眠姿势和睡眠习惯；经常参加体育锻炼，活动后知道要喝水、擦汗等。

2. 意外事故的防范

防范意外事故是幼儿保护自己身体健康的另一要素。为最大限度地降低意外事故发生的概率，要求幼儿了解周围环境中可能发生意外事故的诱因及避免事故发生的防范方法。知道事故发生后及时向成人报告，以求帮助解决。如不去碰易碎品及尖锐的东西；不碰烫或有毒或带电的东西（除电池外）；不做危险动作；不接受陌生人的食物或礼物，不要轻易听信他人的话，更不能轻易跟陌生人走。迷路或走失时应站在原地等大人来找或请可靠的人（如警察）帮忙。独自在家出现意外事故可拨打"110"求助。了解基本的交通规则等。

3. 气温变化的防范

天气温度的骤变也能够间接影响幼儿的身体健康。引导幼儿认识气温表，根据水银柱的升降，知道一天气温的高低。告诉幼儿及时穿脱衣服是为了保护身体，并告诉他们热要脱衣，冷要加衣，到室外要加衣，在室内可脱衣；运动前先脱衣，运动后要穿衣，起床要穿衣，早晚凉，要加衣。教会幼儿知道测冷热的方法：身上感到热，脸红了，用手触摸一下额头和脖子，如果都出汗了，就该脱衣；如果感到身上有寒意，皮肤上出现鸡皮疙瘩，打喷嚏，就要及时加衣，以防受凉感冒。

★案例 9-1　认认我的身体（小班）

活动目标：

1. 提高幼儿的自我保护意识，萌发保护身体的意识。

2. 培养幼儿的有序观察能力，能有序地观察并说出身体的基本部位。

3. 引导幼儿了解身体各部分的名称，懂得保护自己的身体。

活动准备：

1. 教学挂图《认认我的身体》《人体拼图》。

2. 小沙包每人一个。

3. 将三幅身体不同部位(头、手、脚、胳膊、膝盖、耳朵)的图片贴在一个纸盒的六个面上,做成《身体立方盒》。

活动过程:

(一)导入:观察导入

教师以游戏的口吻请来一位客人要与小朋友交朋友,引导幼儿兴趣。

提问:观察人体上有什么?(根据幼儿的回答,把人体各部分的名称写到相应的位置上,如人体分为头、躯干、四肢。头部有头发、额头、眉毛、耳朵、眼睛、鼻子、嘴、牙齿;躯干有颈、胸、腹;上肢有手、手腕、小臂、大臂、肘肩;下肢有大腿、膝盖、小腿、脚等。)

小结:小朋友在观察的时候要按顺序观察,由上到下、由左到右、由整体到局部,我们的身体由很多部位组成。

(二)展开

1. 游戏:看谁指的准又快

玩法:幼儿四散面向教师站好,教师快速说出人体各部名称,幼儿用手指快速指出。教师说的频率由慢到快,逐渐加大难度,指错的幼儿停止游戏,回到座位做好,游戏继续进行,最后留下者为胜。

2. 操作

指导语:请小朋友用学具进行人体拼图,边拼边说出人体各部位的名称及作用。

3. 谈话

指导语:你们知道吗?我们的身体是一部特殊的机器,能像汽车那样搬东西,能像洗衣机那样洗衣裳,能像照相机那样看东西,能像收音机那样说话。

提问:(1)你的身体还能做哪些了不起的事情?请小朋友找一找自己身体各部位,并说出各部位的名称和它能帮助我们干什么?

(2)既然我们身体能做那么多事情,那到底是人厉害还是机器厉害?

小结:小朋友想到了很多身体能做的事情,知道了不同部位的名称。只要小朋友们善于观察和发现,就能找到更多身体奥秘的知识。

4. 展示:身体绝活

指导语:请小朋友围坐成圈,教师来投掷"身体立方盒"。当身体某一部位的图片朝上时,幼儿迅速和旁边的伙伴互碰那个部位,如,"胳膊碰胳膊"等。

（三）结束

指导语：小朋友们在日常生活中要注意保护身体，养成饭前便后洗手的好习惯，防止病从口入。

★案例9-2　保护我们的皮肤(中班)

活动目标：

1. 萌发对认识自己身体的兴趣。

2. 学会保护皮肤的方法。

3. 了解皮肤，注意保护皮肤的清洁并使皮肤尽量不受到损伤。

活动准备：

1. 教学挂图一张。

2. 放大镜人手一个。

活动过程：

（一）导入：律动导入

指导语：今天老师给小朋友们带来了一首好听的歌曲《我爱洗澡》，咱们跟着音乐一起洗个澡吧！

小结：洗澡的时候我们身上光溜溜的，仔细瞧一瞧，咱们身上最外面是什么吧！

（二）展开

1. 通过提问，引导幼儿观察认识皮肤。

提问：(1)你们知道我们身体最外面一层表皮是什么吗？请你找一找，我们身体的哪些地方有皮肤？

(2)皮肤摸上去有什么感觉？皮肤看上去是什么样子的？皮肤上有什么？(汗毛)用放大镜看一看，皮肤又是什么样子的？你的皮肤是什么颜色的，你见过什么颜色的皮肤？

小结：我们身体最外面的部位是皮肤，它保护着我们的身体，不同年龄的皮肤是不一样的，小朋友的皮肤摸起来滑滑的、嫩嫩的。

2. 出示挂图，细致观察皮肤。

提问：你看到了几种肤色？皮肤由哪些部位组成？

小结：人类的皮肤颜色有很多种，白色、黄色和黑色，我们中国人的肤色是黄色的。但是无论哪一种肤色，内部的结构是一样的。

3. 通过自身的体验和幼儿讨论了解皮肤的作用。

提问：摸摸自己的脸、拍打自己的皮肤，你有什么感觉？当你洗手时有什么感觉？摸摸自己身上的衣服，摸摸桌子和椅子，说说自己的感觉？身体哪些地方的皮肤最怕痒？如果尖锐的东西划伤了皮肤，会怎样呢？人如果没有皮肤行吗？

小结：皮肤在我们人体的最外层，具有保护人体的作用。还能调节体温和接受感觉，就好像我们穿了一件奇妙的衣服。如果没有皮肤我们就没有冷、热、痒、疼痛等感觉；天热了，皮肤可以排汗、散热，天冷了，皮肤上的毛孔会紧缩，不让冷空气进入身体。

4. 结合生活，丰富幼儿的经验。

提问：怎样保护我们的皮肤？在日常生活中应该注意些什么呢？

小结：皮肤对我们非常重要，我们要好好保护它。可以经常清洗皮肤，例如，洗脸、洗手、洗澡、洗头等；要勤换衣服，保持皮肤干净；尖锐的东西不去碰，防止戳伤或划伤皮肤；夏天穿短衣衫，走路要小心，尽量不摔跤，防止跌伤皮肤；冬天天冷，要戴手套，穿厚衣服，以防冻伤皮肤，还要每天涂点护肤油，不要让皮肤太干燥；蚊虫叮咬，脏东西不要碰，细菌也会使你的皮肤红肿或长疙瘩等；平时加强锻炼，使皮肤更健康；如果你的皮肤不小心破了，要及时擦药和包扎。

（三）结束

自然结束。

★案例 9-3　根据天气冷暖穿衣服（中班）

活动目标：

1. 感受幼儿间的相互关心、互相合作的快乐。

2. 能根据天气的变化和身体的冷暖及时地穿脱衣服。

3. 初步懂得身体的冷热与穿脱衣的关系，并知道及时穿脱衣服能预防感冒生病的卫生常识。

活动准备：

1. 图片两幅（有几个小朋友在做游戏，玩得满头大汗；其中一小朋友在医院生病打针的模样）

2. 玩具圈

活动过程：

(一)导入：谈话导入

提问：现在冬天到啦，小朋友们感觉到冷了么？

小结：我们现在身上穿了很多衣服，有厚厚的棉衣，也有暖暖的毛衣。但有时候我们要运动，所以我们会很热，这个时候你会怎么做？我们一起来看两幅图片。

(二)展开

1. 观察图片：通过讨论，让幼儿直观形象地理解，如何根据冷热，及时穿脱衣服。

(1)集体观察第一幅图。

提问：图片上小朋友在干什么？看他的头上、脸上是什么？为什么会这样？

(2)观察第二幅图，并组织幼儿讨论。

提问：他为何生病？为什么出汗受凉会感冒？感冒对人体健康有哪些危害？怎样才能不受凉？

小结：小朋友在活动中，出汗了就要脱衣服，出汗会使内衣湿透，人就会受凉。如穿的太多，应该先脱掉外套。另外，活动结束后，也要马上穿衣服，以免受凉感冒。

2. 实践操作：幼儿到户外玩球或做游戏。

(1)在活动中，教师要注意观察幼儿的活动量，适时提醒幼儿及时地穿脱衣服。特别是体弱幼儿和能力较差的幼儿。

指导语：如果你感到出汗，热了，就把马甲脱了。

(2)在活动中，引导幼儿会在不同场合设法摆放脱下的衣服，使幼儿方便地及时穿脱衣服。

指导语：如果热了，可将脱下来的外套放在场地边上；或者请保育员老师帮助拿一下；或者系在腰间、搭在肩上等。

3. 在应用中强化，养成良好的生活习惯。

指导语：如果你看见同伴活动时出汗了或没有脱掉衣服，就给他提个醒说："你热吗？把外套脱了吧!"当天气变冷时候问一声："你冷吗？快去穿衣服吧!"

(三)结束

指导语：我们在日常的生活中，要根据温度的变化随时增减衣服，养成良好的习惯，保证我们的身体健康。

(二)保护自己的五官

"五官"一般泛指脸的各部位，通常指眉、目、鼻、耳和口等五个比较重要的部位。在幼儿园安全教育中的五官通常是泛指幼儿的眼、耳、鼻、口等器官。由于小班幼儿年龄小，自我保护意识及自我控制能力都比较差，无法较好地控制自己的行为和动作，常常会使"五官"受到不必要的伤害。因此，让幼儿了解"五官"的重要性及相关的保护与处理方式就显得尤为重要。

1. 眼的保护

教育幼儿不要长时间看电视；不在过强或过弱的光线下看书、玩玩具；学习正确的坐姿；不用脏手或脏物擦眼睛；懂得如何防止异物伤害眼睛。对眼睛的保护可以从以下几个方面来引导。

第一，让幼儿学会防止眼外伤。幼儿期的孩子小肌肉发育还不完善，手上的控制能力较差，在使用剪刀或玩弄木棍时很容易刺伤眼睛，所以在使用危险物品前教师应先进行安全教育，提醒幼儿注意安全，在实际操作中提高幼儿的自我保护能力。

第二，教育幼儿不用脏手或脏手帕揉擦眼睛，玩沙时不要用沙去撒别人。如果将沙、泥等撒入别人眼内，一时取不出来的话，沙子在眼内摩擦，会擦伤眼膜，从而损伤眼睛。

第三，教育幼儿在眼病传染的高发季节少到或不到公共场所去，也不要到亲朋好友家串门，根据需要可每天给幼儿滴 1～2 次氯霉素滴眼液，预防眼病传染。

第四，引导幼儿养成正确的读写姿势。看书时做到肩不耸、头不歪、背挺直、书和身体距离一尺远的距离；书写时注意调节桌椅的高度，使双腿不悬空，大腿保持水平；注意采光，看书写字半小时后应远眺一会儿。

★案例9-4　保护眼睛(小班)

活动目标：

1. 萌发保护自己和他人眼睛的意识。

2. 初步尝试保护眼睛的方法。

3. 了解眼睛的外观结构，知道保护眼睛的方法。

活动准备：

课件《眼睛》、图片若干。

活动过程：

(一)导入：游戏导入

指导语：今天老师和大家来玩"指五官"的游戏，看看谁又快又正确地指出五官。(慢到快)

提问：眼睛长什么样子？(请大家找旁边的好朋友互相看看，并说一说。)

(二)展开

1. 课件——认识结构

指导语：有一位小哥哥到我们小三班来做客了，咱们请他出来吧！

提问：你们喜欢他吗？那你最喜欢小哥哥的什么？哥哥的眼睛是什么样的呢？

小结：(1)眼睑：有一个好听的名字叫眼睑，它还分上眼睑和下眼睑，默默我们的眼睑。你们看，我们的眼睑还会眨呢。我们平时说的眼皮就是眼睑。

(2)眼睫毛：在眼睑的下面，长着一些小细毛，有的长长的、有的呢短短的，来一起摸一摸自己的眼睫毛长在哪里？

(3)我们的眼睛除了眼睑和眼睫毛，在里面还有一个眼球，我们的眼球是圆圆的，球能转到这边、能转到那边，那我们的眼球也能转来转去。

提问：在我们的眼球上还长着黑黑的是什么？白白的呢？

小结：我们每个人都有两只眼睛，会眨、会转。刚才我们看了电视，眼睛有点累了，现在我们来闭上眼睛休息一下吧。

2. 了解眼睛的作用：会看

提问：请小朋友闭好眼睛，可不能睁开啊。闭好眼睛看看老师手里拿的是什么？看得见吗？为什么？现在，赶快睁开眼睛来看看老师手里拿的是什么？为什么？

小结：刚才我们眼睛一闭上，就看不见任何的东西，看出去都是黑黑的。可当我们的眼睛睁开，眼球一转，能看清所有的东西。

3. 引导幼儿知道保护眼睛的方法

提问：眼睛有那么重要，那我们应该怎么样保护它呢？不让眼睛生病呢？

指导语：今天我们班还来了几位小动物，我们一起来看看它们发生了什么事情？

提问：(1)课件：问小狗怎么拉？(红眼睛)为什么会红眼睛的？

(2)课件：问小猫怎么拉？(戴眼镜)为什么会戴眼镜的？

(3)课件：问小熊怎么拉？(一只眼睛受伤了)怎么会受伤的？

小结：刚才我们帮助小动物解决了一些困难，使他们又有了一双明亮、美丽的大眼睛，它们十分的感谢你们，谢谢小朋友！

(三)结束

自然结束。

2. 鼻的保护

鼻子是比较娇嫩的器官，对鼻的保护应注意。

(1)养成良好的卫生习惯。

引导幼儿掌握正确的擤鼻涕方法，不要用手去挖鼻孔。有些幼儿在鼻腔发痒或者鼻痂堵住鼻孔、鼻子不通气的时候习惯用手去挖鼻子，有的大人还用掏耳勺等器具给孩子抠鼻子，这些做法很不好。因为鼻腔内黏膜有丰富的毛细血管和神经，尤其是幼儿，鼻中隔前方的毛细血管极为脆弱，用手指或者器具挖鼻子会碰伤黏膜上的毛细血管引起鼻出血。同时，由于指甲中含有大量细菌，这些细菌乘挖鼻子之机侵入黏膜下血管使之发生感染，进而引起鼻腔的其他疾病。

(2)避免异物入鼻。

教育幼儿不要因好奇、好玩把小玩具、豆粒、花生米、果核、衣扣、玻璃球等细小物品塞入鼻孔以防造成鼻腔异物。鼻腔异物如果不能及时发现，时间一长就会腐烂变坏从而引发鼻炎。发现鼻腔异物后不要硬往外挖，以免造成鼻出血和感染。一般圆形异物让幼儿用力擤鼻即可，方法是用手压迫没有异物一侧的鼻翼，然后闭嘴用力呼气，这种冲力就可以把异物喷出。如果异物较大，用这种方法不能排出或幼儿出现憋喘、脸色发青时要及时就医，请医生帮助取出。

★案例 9-5　保护鼻子(中班)

活动目标：

1. 能用语言大胆表达自己的感受，并与同伴进行交流。

2. 在发生鼻出血、异物入鼻等意外时不害怕，会用正确的方法自我救护或帮助他人。

3. 初步了解鼻子的功能，掌握保护鼻子的一些方法。

活动准备：

镜子若干，花露水一瓶，《翘鼻子噜噜》故事课件。

活动过程：

(一)导入：猜谜导入

指导语：今天老师给大家带来了一个谜语："左边一个孔，右边一个孔，有它能呼吸，还能闻香臭。"

提问：谁知道谜语的谜底是什么？

小结：谜底就是鼻子，我们来看看自己的小鼻子吧！

(二)展开

1. 观察鼻子的外形

指导语：每个人都有鼻子，请小朋友互相看看旁边小朋友的鼻子是什么样子的，再用镜子照照自己的鼻子，说说有什么发现。

2. 了解鼻子的功能

(1)教师在活动室内喷洒花露水。

提问：你闻到了什么气味？你用什么闻到的？你的鼻子还闻到过什么气味？

(2)请幼儿用手捏住鼻子，闭紧嘴巴。

提问：说说这个时候你有什么感受呀？(提醒幼儿注意，捏住鼻子的时间不能太长)

小结：鼻子的用处很大，可以帮助我们呼吸，让我们辨别气味。有时鼻子也会失灵，比如感冒、生鼻炎、鼻子受伤的时候，它就不能发挥本领了。你有没有鼻子失灵的情况，假如鼻子失灵了，会给我们带来哪些困难。

3. 通过欣赏故事课件，掌握保护鼻子的一些方法

指导语：鼻子里有很多细细的血管，很娇嫩，容易受伤、出血，所以我们要好好保护鼻子，让它健健康康的。有一只小猪，它不爱护自己的鼻子，就发生了意外。

提问：噜噜平常有什么坏毛病？有一天它在家做了什么事情？噜噜把东西塞进鼻孔后，感觉怎样？妈妈送噜噜到动物医院，熊医生怎么解决的？熊医生还说了什么？

鼻子是人体的器官，对我们有很重要的作用，它不喜欢有东西打搅它，因为这样会影响它好好工作。噜噜的做法多危险呀，我们可千万不能像噜噜那样。那你知道哪些保护鼻子的方法？

小结：我们平时应该不挖鼻孔，鼻子痒时用手轻轻按压；不把东西塞入

鼻孔；有了鼻涕要用干净的手帕轻轻擦，不要用力擤；游戏时注意躲闪，也要避免碰撞、推挤小朋友……

4. 知道用正确的方法处理一些意外情况

提问：如果东西已经进入了鼻孔，或者鼻子出血了，你会怎么办。引导幼儿根据自己的想法进行情境演示。

小结：东西放入了鼻孔，应该赶快告诉大人，让他们按住另一个鼻孔，自己用力把鼻孔里的东西擤出来，绝不能用力吸或用手挖。如果鼻子出血了，或者看见别人的鼻子出血了，不要慌乱，首先坐下来，头不要过分后仰以免血液流入喉中，用拇指和食指捏住两侧鼻翼，暂时用嘴呼吸，然后请大人帮助处理。在额头上敷冷水毛巾，用药棉填塞出血的鼻孔都可以。不管出现什么意外，如果大人解决不了，都要及时送医院请医生帮忙。

5. 学做鼻子保健操师

指导语：让我们一起为鼻子做个按摩吧！在感冒、鼻塞、流涕时，这样的按摩可以减轻症状呢！教师示范讲解，引导幼儿操作：将两只手相互摩擦发热，以两手中指向上推擦两侧鼻翼，用力适度，反复多次。

（三）结束

指导语：咱们到户外体验用鼻子深呼吸新鲜空气的感觉吧！

3. 牙齿的保护

乳牙是幼儿萌生的第一组牙，是咀嚼器官的重要组成部分。重视乳牙的护理至关重要，因为乳牙不好对小儿发育会产生多方面的不利影响。保护牙齿应当教育幼儿少吃甜食和零食，不吃过冷、过热、过硬的食物；教会幼儿正确的刷牙和漱口方法，养成早晚刷牙、饭后漱口的习惯；帮助幼儿纠正咬手指甲、咬嘴唇、咬笔、用舌头舔牙等不良习惯。

★案例 9-6　保护牙齿（大班）

活动目标：

1. 养成早晚刷牙的良好卫生习惯。

2. 能坚持早晚刷牙。

3. 了解龋齿形成的原因以及预防龋齿的有关知识，掌握正确的刷牙方法。

活动准备：

1. 牙齿头饰。

2. 课件"牙齿的秘密""正确的刷牙方法"。

3. 活动前两天用醋浸泡蛋壳。

4. "刷牙歌"。

5. "每日刷牙记录表"每人一份。

活动过程：

(一)导入：直观导入

指导语：我是牙齿宝宝，大家好！

(二)展开

1. 幼儿观看课件"牙齿的秘密"，了解什么是龋齿。

提问：东东的牙齿怎么啦？是谁在作怪？为什么东东的牙齿上有牙病菌？

小结：这种变坏变黑的牙齿叫龋齿。

2. 通过实验，探究龋齿的形成。

提问：小朋友观察、触摸一下蛋壳，看看醋浸过和没有浸过的蛋壳有什么不同？蛋壳为什么会变软变黑？

小结：我们的牙齿像蛋壳一样，吃了东西不刷牙漱口，食物残渣在细菌作用下会分解成酸，酸会腐蚀牙齿变黑，成为龋齿。

3. 幼儿讨论：怎样保护牙齿？

提问：怎么保护牙齿？

小结：我们应该少吃甜食，吃完东西记得漱口，把留在口腔、牙齿里面的脏东西吐出来，还要记得早晚刷牙，保护牙齿，这样我们的牙齿就能健健康康的成长，我们也能开开心心的生活。

4. 学习正确的刷牙方法。

提问：你们会刷牙吗？(请幼儿示范刷牙)

指导语：我们一起来看看"正确的刷牙方法"吧。

5. 听"刷牙歌"，师生共舞。

(三)结束

指导语：今天老师发给大家"每日刷牙记录表"每人一张，大家一定要早晚刷牙，养成正确的刷牙习惯。

4. 耳的保护

教育幼儿不随便挖耳朵以防划破耳道、鼓膜；不将异物塞入外耳道；防止异物进入耳朵，尤其是洗头水或洗澡水。如果是昆虫进入耳里，不要惊慌乱掏，可在耳边点少许香油或蜜汁诱虫爬出，也可用烛光，电筒光诱虫；防止噪声刺激，听音乐或看电视时音量不可过大，放鞭炮、敲锣鼓或雨天打雷时，教孩子捂住耳朵或张开嘴。不要让孩子转圈奔跑，以防止其耳内淋巴液失衡而眩晕跌倒。

★案例9-7　保护耳朵(小班)

活动目标：

1. 初步养成保护耳朵的意识。

2. 初步学会保护耳朵的方法。

3. 懂得保护自己的耳朵，知道当耳朵、鼻子里有异物进入时该怎么做。

活动准备：

故事书

活动过程：

(一)导入：谈话导入

提问：你有没有被鱼刺卡住过？后来是怎么解决的？鼻子里有没有不小心掉进过东西？你又是如何处理的？

小结：今天有个叫小毛的小朋友鼻子里长虫子了，不知道是怎么回事？我们一起来听听。

(二)展开

1. 抛出疑问，引出故事

提问：你觉得鼻子里的虫子是什么？先猜一猜。

2. 听故事，回答问题。

提问：(1)小朋友，如晨你的糖果没吃完，你会怎么办？放到哪里？

(2)当耳朵、鼻子里有异物进入时，是否应该用手指去挖出来？为什么不能，要怎么做才对？

(3)鱼刺在喉咙里时，最安全的是什么方法？

(4)我们要怎么样保护耳朵呢？

小结：很多细小的东西我们不能往耳朵里塞，这样会损伤我们的小耳朵。如果里面有异物，一定要及时告诉爸爸妈妈和老师，不要自己乱抠，这样有可能会让异物越来越往里，出现不必要的伤害。

228

（三）结束

自然结束。

5. 嗓子的保护

嗓子不好自然造成说话、唱歌困难，使幼儿窘于参加音乐活动，不愿与人交往，久而久之容易产生自卑感，形成孤僻性格，使心理发展受到障碍。因而，作为教师要有意识地保护幼儿的嗓子免受伤害，教给幼儿一些简单的保护常识，让幼儿用自然的声音唱歌、讲话，不大喊大叫；养成良好的饮食卫生习惯，不吃刺激性大的食物；培养幼儿保护嗓子的意识和习惯等。

★案例 9-8　怎样保护嗓子(中班)

活动目标：

1. 养成保护嗓子的良好习惯。

2. 能初步理解发声的简单道理。

3. 知道保护嗓子的重要方法，了解声带是发声的重要器官，对人的生活有重要作用。

鸟图片、故事音乐、儿歌、ppt

活动过程：

（一）导入：直观导入

指导语：看，今天老师带来了什么？（出示啄木鸟图片）

提问：啄木鸟为什么不唱歌啦？

小结：我们一起来听听下面这个故事就明白了（通过故事讲明啄木鸟为什么不唱歌了）

（二）展开

1. 讲故事引起幼儿兴趣。

提问：故事讲完了，谁来告诉老师，为什么啄木鸟不唱歌了？

小结：原来是啄木鸟的声带坏了，没法把好听的声音带给小朋友了。

2. 知道声音是从身体的哪个部位发出来的。

提问：声音是怎样发出来的？

小结：我是声音的妈妈，是我震动产生声音。（老师以声带的口吻说话）

提问：小朋友知道声音是怎样产生的？（幼儿实验）

小结：我们可以摸着自己的脖子说话，就可以知道声音是通过振动产生的。声带妈妈走时告诉老师，声带很薄，需要小朋友的保护。

3. 引导幼儿知道怎样保护嗓子。

指导语：老师这里有两个例子，小朋友判断一下哪些小朋友做得对，哪些小朋友做得错？为什么？（分别描述正面与反面的事例）

小结：平时小朋友要懂得保护我们的嗓子。不吃过辣、过咸的食物；不喝太烫的开水，不吃太凉的冷饮；主食及副食都应以软质、精细食物为宜；不要吃炒花生仁、爆米花、锅巴、坚果类及油炸类硬且干燥的食物；不挑食；不要迎风跑着唱歌；出很多汗时不应该立即洗澡；应多锻炼；不要大声喊，学会轻声说话。

（三）结束：儿歌。

指导语：今天我还给小朋友带来了好听的保护嗓子的儿歌呢，咱们一起听听。

儿歌：我的嗓子用处大，说话唱歌全靠它。过冷过热它不爱，过燥过辣伤害它。保护嗓子很重要，从小一定要记牢。

（三）保护自己的生殖器官

引导幼儿懂得男女有别，了解男女身体的主要特征，包括穿衣、发型、身高、声音、生殖器等的不同；教育幼儿不要随意玩弄自己的生殖器以免造成细菌感染；要告诉幼儿有的时候，有些人常常会让小孩看自己的身体，碰到这种事情不要紧张或害怕，更不要大叫，只要装作没看见，没有惊慌的表情他就会感到很没趣了。当然，要让幼儿知道保护好自己的身体，不论男孩还是女孩，隐私部位不能让别人随便看到，因为有些坏人会借这种机会来伤害小朋友的身体。

★案例 9-9　身体的秘密（大班）

活动目标：

1. 萌发初步的保护自我和别人身体隐私的意识。

2. 学会尊重自己和别人的身体。

3. 了解基本的保护自己和他人隐私的防卫方法。

活动准备：

1. 幼儿的准备：活动前的调查记录，对两性的区别有了初步的认识。

2. 教师的准备：搜集大量的性教育资料，以应对课堂上孩子们的突发提问；角色分工、互助协调；布置有关两性知识的活动区角（包括人物、动物），提供较为丰富安全的可操作材料。

活动过程：

（一）导入：谈话导入

提问：男、女有什么区别？什么是"性"？

小结："性"是和我们的身体密切相关的，不光是从头发的长短就能判断性别的，更重要的是我们身体的某些部位，是代表着性别差异的。是哪些部位呢？就是我们穿衣服遮起来的部位。

（二）展开

1. 明确身体的隐私部位，学会尊重自己和别人的身体。

（1）请幼儿观看《蜡笔小新》

提问：小新随便脱裤子的行为好不好？

（2）出示洋娃娃

提问：洋娃娃的什么部位是要保护的，不能随便给别人看的？

小结：我们身体的某些部位是不能随便给别人看的，我们要尊重自己和别人的身体，因为那是我们的隐私，随便暴露自己的隐私是不礼貌的行为。

（3）游戏"找朋友"，体验与朋友的亲密接触

提问：刚刚我们在游戏中哪些接触是友好、善意的？哪些是不友善的接触？

小结：除了妈妈，我们的隐私部位别人不能碰，如果有人叫你单独一人去没人的角落或屋子，千万不要去……

2. 案例分析。幼儿分组开展"参与式讨论"，老师做好引导和记录。

提问：如果陌生人要碰你的隐私部位，小朋友可以怎么做？

小结：我们可以打电话给父母、报警、向可信任的成人求助、大声呼叫求救……

（三）结束

指导语：小朋友们在日常生活中要保护好自己，同时要尊重别人的身体。

（四）保护自己的人身安全——引导幼儿不要轻信陌生人

近年来，幼儿走失、拐卖事件频频发生，严重危害着幼儿的身心健康，

破坏了家庭的幸福安康，在一定程度上也给社会带来了危机。所以在幼儿自我保护教育中，教育幼儿保护自己的人身安全不受伤害是根本。

首先，教师要经常对幼儿讲一些深入浅出的道理，让他们认识到社会上既有好人也有坏人，而坏人脸上并没有"我是坏人"的字样，也没有像电影里坏人的那种形象。教育幼儿不要相信陌生人的话，不要吃陌生人的东西，更不要跟陌生人走。如果遇到陌生人硬拉你走，要大声叫喊周围的叔叔阿姨。

其次，让幼儿知道自己的家庭住址、家长的姓名、电话和工作单位，并牢记于心，做到准确无误。另外还要告诉幼儿自己家附近有什么明显的标记，有哪几路公共汽车可以到达，万一迷路可以比较容易找到自己的父母，也可以及时安全回家。

最后，告诉幼儿如果遇到陌生人跟踪你，就应跑到就近的商店找大人求救，也可以找巡警帮助，或者随便找一户人家，在门口假装大声叫："爸、妈，我回来了"，坏人就会吓跑了。

★案例 9-10　不跟陌生人走(中班)

活动目标：

1. 树立初步的防范陌生人的意识。

2. 初步学会应对陌生人的方法。

3. 了解一些自我保护的常识，知道不能轻信陌生人的话，不跟陌生人走。

活动准备：

1. 排练情境表演：小红没上当。

2. 录制有关轻信陌生人上当受骗的内容。如：自己在家时随便给陌生人开门，随便吃陌生人给的食物，在公共场所迷路了随便跟陌生人走等造成不良后果，选择适合幼儿看的有关打击拐卖儿童的纪录片。

活动过程：

(一)导入：直接导入

指导语：今天老师给大家带了一个情景剧，我们一起来看看！

(二)展开

1. 观看情景剧"小红没上当"。

提问：小红如果轻信了陌生人的话，会出现什么后果？并说一说如果自己遇到了这种情况时应采取怎样的做法。

小结：遇到陌生人时，要动动脑筋，不要轻易上当受骗。

2. 知道遇到陌生人后的做法。

提问：遇到陌生人，我们应该怎么做？

小结：小朋友们都说出了自己的看法，当我们自己在家时不能随便给陌生人开门，不能随便吃陌生人给的食物，在公共场所迷路了不能随便跟陌生人走。

3. 开展"有奖竞猜"游戏(可将幼儿分为男女两方，提问问题，幼儿迅速且较完整的说出想法，答对的一方可奖一朵小红花。)

提问：(1)在商店里，不小心和家人走失里，你该怎么办？

(2)在家门口玩，有不认识的人要带你去玩或去买东西吃，你该怎么办？如果有人强迫你走，你该怎么办？

(3)你一个人在家时，若有人敲门或门铃响了，你该怎么办？

(4)在幼儿园里玩，有不认识的人来接你，你跟他走吗？你该怎么办？

(三)结束

提问：今天的活动你有什么感受？

小结：我们平时的时候，要提高自己的安全意识，遇到陌生人时，知道什么情况下可以做，什么事是不能做的，希望每位小朋友都成为一个合格的安全小卫士。

第二节　幼儿安全自救教育

据悉，每年全球有500多万儿童死于与环境相关的疾病。在全球范围内对儿童造成伤害最大的环境因素有6类：家庭用水安全、个人卫生和卫生设施缺乏、空气污染、媒介传播疾病以及化学危险品和意外伤害。据统计，因窒息、溺水、车祸、跌落、中毒等意外伤害引起的死亡占我国儿童总死亡率的50%左右。因此，加强幼儿的安全自救常识，提高幼儿发现危险，安全自救能力，减少意外伤害是十分必要的。

一、幼儿安全自救教育的意义

最近两年的自然灾害呈上升趋势，中国是世界上自然灾害最多的国家，地震、洪水、泥石流、台风、海啸、雷电时有发生。同时，目前全国每年约有1.6万名中小学生非正常死亡；平均每天约有40名学生死于食物中毒、溺水、交通及安全事故等，而这些事故的发生有相当一部分是与学校有关。2008年8

月 26 日，全国妇联主席顾秀莲出席中央电视台举办的《开学第一课》"知识守护生命"中倡议，全国的幼儿园、小学和中学增加应对如火灾、地震、洪水、台风等灾害的应急避险课程，让应急避险课程走进课堂，只有让应急教育实践列入常规课题，才能让幼儿远离意外伤害。

幼儿安全自救教育对于保障幼儿生命安全具有重要的价值，可以在很大程度上降低灾难的伤害等级。根据幼儿的年龄特点，幼儿自救能力的培养应该从小开始。

二、幼儿安全自救教育的内容

幼儿安全自救的教育内容非常丰富，本书选取发现危险、火灾避险、地震逃生、烧(烫)伤自救等最常见的内容进行介绍。

(一)发现危险

引导幼儿在日常生活中发现身边的安全隐患，知道哪些是安全的？哪些是危险的？使他们了解周围事物可能对自己造成的伤害，并远离它们或做出相应的保护措施。例如，活动室的桌角会磕破头，尽量不要在活动室追逐打闹；门缝、抽屉、玻璃窗会夹到手，要做到轻开轻关；电器插座的小孔里有电，不能把手伸进去；刚拖过地的活动室和盥洗室要慢慢行，避免滑倒；上下楼梯要慢行，千万不能你推我挤等，做到时刻提醒幼儿注意安全。

★案例 9-11　厨房里的危险(中班)

活动目标：

1. 感受厨房的危险。

2. 初步学会幼儿对厨房危险的观察和认知能力。

3. 了解厨房里的危险有哪些，并具有一定的安全意识。

活动准备：

图片、课件。

活动过程：

(一)导入：直接导入

指导语：今天老师给大家带来了一张图片，我们一起看看吧！

(二)展开

1. 出示图 1(图略),了解厨房。

提问:图上画的是什么地方?从什么地方看出来是厨房?你家有厨房吗?厨房在什么地方?

小结:厨房里有这么多东西,小孩子个子矮,应少到厨房里去玩,为什么呢?因为厨房中隐藏了很多种危险。

2. 知道:第一种危险:厨房中刀具的危险。

指导语:老师带来了厨房中各种各样的刀具,我们一起来比较一下。

提问:(1)玩具刀与真刀有什么区别?(2)厨房里的刀是拿来做什么的?如果小朋友去厨房玩刀,刀不小心落在自己的脚上,会怎样?

指导语:一个小孩玩厨房里的刀,刀落地,差点落在幼儿脚上,真危险。(出示图片 2)(图略)

小结:厨房里的真刀不能玩,如果不小心落在地上,脚上都会受伤,还会砸着脚趾,很危险!

3. 第二种危险:厨房燃气炉的危险

提问:厨房中燃气炉有危险吗?有哪些危险?

指导语:一个小孩在厨房里自己去开燃气炉,爆出了火光,射在小孩脸上。(出示图片 3)(图略)

小结:小朋友自己不能开燃气炉,因年龄小,掌握不好开关,燃气泄漏会中毒,还会引发燃气爆炸的。

4. 第三种危险:炒菜时油爆在脸上、眼睛里的危险。

指导语:妈妈在炒菜,个子矮、年龄小的孩子不能靠近锅边,油爆在脸上、眼睛里,小朋友哭了。(出示图片 4)(图略)

提问:图中的危险是什么?

小结:炒菜的油会爆在脸、眼上,会烧伤、会瞎眼等,很危险,小朋友在爸爸妈妈做饭的时候,应该离锅远一点。

5. 第四种危险:用热水瓶自己倒水,从炉子上取放的危险。

指导语:一小女孩手抱开水瓶自己去厨房倒炉子上的开水。(出示图片 5)(图略)

提问:图中的危险是什么?

小结:烧开的水或刚做好的饭菜温度高,不小心碰倒了会被烫伤的。

提问:要避免这些危险,有什么办法?

小结:厨房中有很多危险,小朋友要远离厨房,不一个人在厨房里玩……

（三）结束

指导语：回家之后，小朋友可以在爸妈的陪伴下去看看自己家厨房里的危险在哪里，并找找还有哪些危险的地方。

（二）火灾避险

引导幼儿学习在火灾中逃生自救的方法，可以从以下几个方面入手：第一，引导幼儿发生火灾的时候应该保持冷静，听从教师的引导，排队迅速从逃生通道离开建筑物；第二，火灾烟气具有温度高、毒性大的特点，一旦吸入很容易引起呼吸系统烫伤或中毒，因此疏散时应用湿毛巾捂住口鼻，以起到降温及过滤的作用；第三，发生火灾时，可在窗口、阳台或屋顶处向外大声呼叫、敲击金属物品或投掷软物品，白天应挥动鲜艳布条发出求救信号，晚上可挥动手电筒或白布条引起救援人员的注意；第四，实在无路可逃时可利用卫生间进行避难，用毛巾紧塞门缝，把水泼在地上降温，也可躺在放满水的浴缸里躲避。但千万不要钻到床底、阁楼、大橱等处避难，因为这些地方可燃物多且容易聚集烟气。

★案例 9-12　遇到火灾我不怕（大班）

活动目标：

1. 感恩消防员的辛苦，体验人与人之间的关爱之情。

2. 能正确拨打火警电话 119，面对火灾不慌张，积极动脑想办法，增强自我保护能力。

3. 知道火灾发生时如何撤离、躲避、求救等多种自救方法。

活动准备：

1. 知识准备：活动前请幼儿制作"发生火灾怎么办"安全宣传画。

2. 物质准备：视频（亮亮家失火报道、消防员救火、火灾求生法）、课件"遇到火灾怎么办"、快乐成长宣传片、湿毛巾与幼儿人数相等、安全出口标志若干。

活动过程：

（一）导入：直接导入

指导语：今天老师给大家带来了一个真实的故事，我们一起来看一下！

（二）展开

1. 通过讲述"亮亮家火灾"事件，引导幼儿感受火灾给生活带来的危害。

（1）播放亮亮家失火的视频。

提问：亮亮家发生了什么事情？你有什么感觉？

（2）播放消防员叔叔救火视频。

提问：消防员叔叔表现得怎样？你想对他们说些什么？

2. 讨论交流引发火灾的多种原因，引导幼儿了解如何避免发生火灾。

提问：为什么会发生这么多的火灾？怎样做能够避免发生火灾？生活中有哪些不能做的事？

3. 通过多种形式，学习运用撤离、躲避、求救的方法自救和自护，懂得面对火灾要沉着、冷静，积极想办法。

（1）通过交流，引导幼儿了解发生火灾时如何撤离。

提问：发生火灾的时候我们要如何自救方法？

小结：我们要熟记火警电话，要说清地点和人员；发生火灾时要从安全出口撤离最安全，并引导幼儿现场寻找安全出口标志；要捂住口鼻、弯腰走。

（2）通过实地演练，巩固幼儿逃生撤离的已有经验。

做法：引导幼儿用湿毛巾捂住口鼻，引导幼儿从安全通道撤离。

（3）创设情境，引导幼儿了解无法撤离时，如何正确躲避。

提问：当火势很大无法撤离时，应该怎么办？可以用哪些方法躲避？

（4）讲述"婷婷火场自救"故事，引导幼儿懂得发生火灾要沉着冷静，积极动脑想办法。

提问：面对险情时婷婷是怎样自救的？还可以用哪些方法自救？

（三）结束

观看公益片"我们快乐成长"，体验人与人之间的关爱

提问：如果你是受灾的小朋友，你现在的心情会是怎样的？引导幼儿感受火灾无情、人有情的美好情感。

（三）地震逃生

地震突发性特点往往使人措手不及，给逃生带来很大困难。地震开始时，如果正在屋内切勿试图冲出房屋，这样砸死的可能性极大。权宜之计是躲在坚固的床或桌下，倘若没有坚实的家具，应站在门口，门框多少有点保护作用。应远离窗户，因为窗玻璃可能震碎。如在室外，不要靠近楼房、树木、电线杆或其他任何可能倒塌的高大建筑物。尽可能远离高大的建筑物，跑到

空地上去。为免地震时失去平衡，应躺在地上。倘若附近没有空地，应该暂时在门口躲避。切勿躲在地窖、隧道或地下通道内，因为地震产生的碎石瓦砾会填满或堵塞出口。除非它们十分坚固，否则地道等本身也会震塌陷。

地震时，木结构的房子容易倾斜而使房门打不开，这时就会眼睁睁地把命丢掉。所以不管出不出门，首先打开房门是明智之举。发生大地震时，搁板上的东西及书架上的书等可能往下掉。这时保护头部是极其重要的。在紧急情况下可利用身边的棉坐垫、毛毯、枕头等物盖住头部，以免被砸伤。即使在盛夏发生地震，裸体逃出房间也是不雅的，而且赤裸裸的身体容易被四处飞溅的火星、玻璃及金属碎片伤害。因此外出避难时要穿上尽可能厚的棉衣和棉质的鞋袜，避免穿上易着火的化纤制品。如在医院住院时碰到地震，钻进床下才是最好的策略。这样可防止从天窗或头顶掉下物品而砸伤。地震时不要在道路上奔跑，这时所到之处都是飞泻而下的招牌、门窗等物品。地震时大桥也会震塌坠落河中，此时停车于桥上或躲避于桥下均是十分危险的。因此，如在桥上遇到地震，就应迅速离开桥身。在公共场所遇到地震时，人们会因惊慌而导致拥挤找不到逃生出口。这时需要保持镇静，不要乱跑乱窜。

★案例 9-13　地震了怎么办(小班)

活动目标：

1. 养成在地震面前不慌张的良好的危机处理态度。

2. 掌握地震发生时自我保护的方法。

3. 了解地震的基本知识及地震造成的危害，掌握逃生技巧。

活动准备：

有关地震知识的录像短片。

活动过程：

(一)导入：直接导入

指导语：今天，咱们来看一个录像!

(二)展开

1. 观看地震知识的录像片段，了解地震造成的危害。

提问：刚才你们看到了什么? 地震会给我们带来什么危害呢?

小结：由于地球不断运动，逐渐积累了巨大的能量，在地壳某些脆弱地带造成岩层突然发生破裂或震动，这就是地震。地震时，地面会剧烈震动、裂开大缝，房屋倒塌，家里的东西都被压坏了，有时我们的生命也受到威胁，地震的确给我们带来很大的危害。所以今天我们一起来学习一些避震的知识。

2. 帮助幼儿掌握一些地震发生时自我保护的方法。

提问：小朋友，如果发生了地震，我们该怎么做呢？

小结：当你在室内的时候，可以躲在墙角、厕所等容易构成三角支撑的地方以及结实坚固的家具底下或旁边。用身边的坐垫、枕头等柔软物保护头部。选好躲藏处后，正确的避震姿势为：蹲下，低头，闭眼或用手保护头部。还可以用湿毛巾捂住嘴、鼻子以防吸入灰尘和毒气。千万不要跑到阳台或窗户旁边，要远离玻璃门窗，或是悬挂物下；如果是在室外，应该尽快跑到开阔的地方。要远离楼房、围墙、树木、广告牌等，更不要躲到地下通道中或高架桥下面。不要坐在汽车里，要到空旷的广场避难；千万不能跳楼或者进电梯；如果被埋，不要惊慌，要想办法保护自己。可以设法敲击能发出声响的物体，向外发出求救信号。

3. 引导幼儿在发生地震时，不慌张，及时躲避，运用逃生技巧。

指导语：地震虽然很厉害，但是小朋友不能慌张。在地震发生时，地面开始摇动后，还是有一小段时间可以用来躲避，如果在这段时间内躲到安全的地方，就不会受到伤害。

（三）结束

自然结束。

（四）烧（烫）伤自救

生活中烧（烫）伤较常见，尤其幼儿易被热饭、开水壶、火炉或开水烫伤或烧伤，有时煤气灶具漏气、油锅起火导致的火灾，交通事故时交通工具起火爆炸时也容易造成伤害。烧伤或烫伤后，轻者小面积皮肤潮红、起水泡，重者大面积皮肤烧焦、肌肉骨骼坏死，造成残疾，甚至危及生命。如果能掌握一定的应急处理烧烫伤的办法，就可以在现场对病人进行正确急救，大大减少病人伤残，甚至可以挽救他人生命。在救护人员没有到场的情况下也可以进行自救，当然这需要有足够的烧（烫）伤急救与自救的知识。如果是轻微伤，教师可引导幼儿知道烫伤后立即用冷水冲洗烫伤的部位；如果没有合适的药物，可以在红肿处涂点醋、牙膏等；如果伤势严重，冲水的同时要剪掉衣物。千万不要撕拉衣服，以防烫伤的皮肤被一起撕脱并尽快送医院救治。

★案例9-14 "烫烫"在哪里(大班)

活动目标：

1. 感受烫伤的痛苦与危害。

2. 初步学会烫伤的应急办法。

3. 了解家里容易引起烫伤的物品，知道轻度烫伤的简单处理方法。

活动准备：

1. 烫伤的图片。

2. 幼儿用书。

活动过程：

(一)导入：谈话导入

指导语：昨天，老师看到一则新闻，新闻中报道："妈妈正在家里熨衣服，这时候电话铃正响起，于是妈妈去接电话，这时候四岁的儿子跑过来用手去摸热熨斗，手被烫伤了，大哭起来了!"

提问：这位小朋友为什么哭了？你被烫伤过吗？怎么烫伤的？你能讲讲自己的烫伤经历吗？

小结：有的孩子被烫伤过，有的孩子没有烫伤过。

(二)展开

1. 教师通过讲述故事《烫伤的文文》，引导幼儿讨论烫伤后的处理方法。

提问：故事里，文文为什么被烫伤？妈妈给文文处理烫伤的方法对吗？应该怎么做呢？

小结：妈妈用凉水帮助文文冲烫伤的部位是正确的，当时在冲凉水之前，妈妈不应该把文文的衣服脱下。如果烫伤面积较小，只是发红，有轻微疼痛感，应立即将烫伤处放在冷水中浸泡降温，然后涂抹烫伤药就可以；如果是烫伤面积较大，而且还发生脱皮、起泡等现象，这时应该及时请大人帮忙处理，尽快去医院就医。

2. 了解生活中容易烫伤自己的物品。

提问：平时我们的生活中有哪些东西会让我们不小心被烫伤呢？

小结：平时在我们的生活中，在幼儿园，每天的热的饭菜、热的餐点、饮水机里的开水我们要注意，不能在周围玩耍；在家里，热熨斗、热水壶、热汤、开水、取暖器这些东西都要注意，不能随意玩。

240

3. 学习避免烫伤的方法。

提问：烫伤是一件很可怕的事情，我们怎么样才能避免烫伤呢？小朋友遇到这些物品时应该怎么做呢？

小结：在家里遇到烫的物品时候，我们应该离得远一些；如果食物很烫，我们就要等它凉一些再吃；不要在很烫的物品或食物周围玩耍，以免烫伤。

（三）结束

自然结束。

第三节　幼儿安全行为习惯的培养

幼儿安全行为习惯的养成是保证幼儿健康成长的关键，预防性安全行为与幼儿的安全自救行为共同构成了幼儿安全行为。当然，安全行为的养成需要教师运用恰当、有效的培养策略，为幼儿安全行为的习得提供助力。

一、幼儿安全行为包括的内容

（一）预防性安全行为

预防性安全行为即在日常生活中表现出来的旨在保护自身生命的安全行为，如不把异物放进口鼻中，安全用电，外出遵循交通规则等。此类安全行为能引导幼儿及时发现身边的危险，避免伤害。如乘车的时候知道要抓好扶手，防止在车辆行驶过程中摔倒；过马路的时候要走斑马线，看红绿灯，防止在过马路的时候被车刮蹭；知道在雷雨天气里不站在树下，防止雷电；吃饭的时候要细嚼慢咽，防止食物堵在食道出现窒息等危险。总之，预防性安全行为可以有效地帮助幼儿发现危险、远离危险，从而提高自我保护意识和能力。

★案例9-15　安全乘车（中班）

活动目标：

1. 养成安全乘车的良好行为习惯。

2. 初步学会安全乘车的方法。

3. 学会如何安全乘车，知道相关的乘车注意事项。

活动准备：

"安全乘车宣传旗"一面。

活动过程：

(一)导入：谈话导入

提问：小朋友，我们平时或假日出去经常会乘车，那么谁来说一下乘车时要注意什么？你是怎么做的？

(二)展开

1. 师幼共同讨论有关乘车安全的话题

提问：乘车时应做什么？不能做什么？

小结：乘车时要坐在座位上，不能四处走动，并系好安全带，不能随手把垃圾从窗户扔到外面，不能把头、手伸出车外……

2. 游戏"我说你做"

游戏玩法：教师随机说出一些有关乘车的行为，如：教师说乘车系好安全带，幼儿就露出笑脸。如果教师说"乘车时把头、手伸出车外。"幼儿马上露出生气的表情。

3. 游戏"小小宣传员"

游戏玩法：教师引导幼儿当安全乘客宣传员，将教室当作公交车，请幼儿扮演宣传员向小乘客讲解乘车注意事项。

(三)结束

指导语：我们以后在乘坐公交车的时候，要文明乘车，争做文明小乘客。

(二)安全自救行为

我们都知道，危险随时会在我们身边出现，预防性安全行为可以在很大程度上使幼儿远离危险，但绝不能杜绝危险。安全自救行为即在出现意外灾害时能沉着应对，学会自救避险。如拨打急救电话，火灾自救，地震避险等。因此，在危险来临的时候，知道怎么做能最大限度地保护自己，减少危险带来的伤害是教师教会幼儿自我保护的重要内容。例如，教师教会幼儿在发生强震的时候，要躲在相对坚固的桌子、椅子等物品下面；火灾发生的时候要知道找湿毛巾捂住口鼻，弯腰前进；洪水发生的时候要尽量到高处避险；发生意外骨折的时候，不能随意乱动；被陌生人拉走的时候，要大声地求救等。安全自救行为教育能在一定程度上帮助正在危险中的幼儿，减轻危险带来的伤害。

★案例9-16　紧急电话的用途(中班)

活动目标：

1. 萌发初步的自救意识。

2. 能清楚地表达拨打特殊电话的方法。

3. 知道几种特殊的电话号码及其作用，了解使用这些特殊的电话号码的具体情况。

活动准备：

1. 写有"110""119""120""114"等电话号码的图片。

2. 画有警察和警车、医生与救护车、消防队员与消防车的图片若干，电话或手机1部。

活动过程：

(一)导入：情境导入

提问：小朋友，你知道自己家的电话号码是多少吗？我们用这部电话打给爸爸妈妈好吗？(出示电话，请幼儿现场打电话给家里熟悉的人)

(二)展开

1. 认识特殊的电话号码。

(1)提问：有一些特殊的电话号码，它们是很有用的，你们知道有哪些吗？(幼儿自由讲述)

(2)教师指导幼儿认识几种特殊的电话号码，知道它们的用途及其与人们生活的关系。

提问：小朋友，你们看这是什么号码，它与我们家的电话号码有什么不一样？在什么情况下需要使用这个电话号码呢？它对我们的生活有什么样的帮助呢？打了这个电话什么车子会出现？谁会出现？他们会做什么？(110)

(3)依次出示"120""119"等电话号码的图片，指导幼儿了解它们的作用以及相关的工作人员及其活动，并知道这些人员的活动与人们关系。

2. 游戏"怎么办，做什么"。

游戏玩法：现在我们来玩个游戏，看谁说得好。这儿有一些图片，我们看看图片上发生了什么事，我们可以打什么电话帮助他们解决呢？谁出现了？他们来做什么？幼儿分别扮演需要帮助的人及警察、医生、接线员等，进一步熟悉几种特殊电话号码及其相关人员的活动。(游戏可进行多次)

（三）结束

自然结束。

二、幼儿安全行为习惯的培养策略

（一）在游戏中学习

爱玩是幼儿的天性，游戏是幼儿喜闻乐见的一种活动形式，幼儿游戏蕴藏着发展的需要和教育的契机，幼儿发展的多样性、差异性、自然性等特点在游戏中体现得最为淋漓尽致，这是由游戏本质所决定的。《幼儿园工作规程》中明确规定了要"以游戏为基本活动"，因此在幼儿安全行为习惯的养成过程中，以游戏为基本的学习方式可以有效激发幼儿学习的积极性，提高习惯养成的效率。如：体育游戏"红绿灯"，幼儿在扮演"司机"的角色中要根据"交通警察"的口令行驶，同时还要避免行驶过程中的互相碰撞，预防车祸等。整个游戏既满足了幼儿的游戏欲望，又促进了幼儿对交通规则等安全知识的了解与掌握，并初步懂得该如何保护自己，进而在现实生活中养成交通安全习惯。幼儿在玩"娃娃家"游戏时，老师要为幼儿创设自由、宽松、温馨的游戏氛围，让幼儿充分享受游戏的乐趣，同时也要有意识地发展出"不给陌生人开门""不要吃陌生人的东西""不跟陌生人走"等游戏情节，引导幼儿在游戏中培养安全意识；或者可以创设一个"火场逃生"的场景：某处发生火灾了，旁边有水、毛巾、被子、衣服、门、窗等多种物品，组织幼儿现场进行逃生演练。通过情境游戏活动，培养幼儿从小具有逃生自救的意识，并能想出一定的办法解决遇到的有关灾难自救方面的问题，进一步提高幼儿战胜灾难的勇气、信心和智慧。

（二）在生活中渗透

《纲要》指出：要"密切结合幼儿的生活进行安全、营养和保健教育，提高幼儿的自我保护意识和能力。"结合幼儿的日常生活，让幼儿学习一些自我保护的方法和技能，最大限度地减小受伤害的程度。

幼儿安全行为习惯的培养本身就属于生活教育的一个主要内容，它们来源于生活、服务于生活。日常生活中经常发生的一些实例是对幼儿进行随机教育的最好教材。因此，抓住幼儿身边发生的每一件小事进行随机教育，让幼儿从中吸取教训，获得经验。如，某幼儿摔破了膝盖，教师便可组织幼儿讨论"为什么会摔跤？摔倒后应该如何解决"；如果幼儿排队时出现拥挤摔倒的情况，教师也可随机引发幼儿讨论："如何排队？怎样保证所有幼儿的安全"等问题，引导幼儿时时事事动脑思考，不断总结经验教训，在生活中逐渐养成良好的安全行为习惯。

(三)在演习中实践

福建省某幼儿园今年3月发生火灾，幼儿园教师立即组织300多名孩子有序疏散到园内的空地上，整个过程只用了3分钟。工作人员立即使用灭火器、水管等灭火工具积极组织自救，10分钟后大火被消防大队成功扑灭。这次火灾能得到有效控制，没有造成人员伤亡是该园定期组织消防演练的成果。鉴于此，幼儿园开展常态化的模拟演习活动(如防地震、防火灾、防台风等)，在灾难真正来临时可以有效减少人员伤亡和财产损失。

通过实战演习，教会幼儿在突发情况下如何保护自己，掌握安全逃生的技巧。如模拟演习活动：地震时听到警报声，告诉幼儿听从老师的指挥，有序地下楼；逃生时不扭头向后看，要快速跑到平坦的广场，远离高楼等建筑物等，能把危险对幼儿的伤害减至最轻程度。经过多次的模拟演练，幼儿自救的意识增强了，自救动作更迅速，自救方法也就演变成自身的行为习惯了。

当然，幼儿园在进行安全模拟演习前也要充分做好准备，比如幼儿园事先制定切实可行的应急自救或疏散演习预案，各班教室要根据幼儿的认知水平，向幼儿讲清演习的目的、意义，使幼儿做好心理准备，同时还要注意丰富幼儿的知识经验，引导幼儿思考、讨论防灾、避震、躲避伤害等自救的方法，在进行实战演习时才能收到应有的效果。幼儿安全行为的练习和巩固除了平时加强教育和训练外，幼儿园还要未雨绸缪，将安全模拟演习常态化，最好一学期开展2～3次全园性的大型演习，让幼儿对紧急情况和突发灾难有较好的应对。

(四)在自然后果法中内化

自然后果法源自法国著名教育家卢梭的教育理念，即让幼儿从行为的自然后果中获得经验和教训，使幼儿为自己所作所为带来的后果负责。自然后果法可以帮助幼儿从自己的直接经验中学习，无论是好的经验还是有危险的经验都会成为幼儿成长的财富。如幼儿的手指被火烫了一下，他们知道了被火烫了会疼，以后就再不会随便接近火了；幼儿在该排队的时候乱挤乱撞跌倒了，他们知道不按规则排队有可能会使自己或是他人出现危险；幼儿在洗手的时候玩水将水花溅到地上摔倒了，他们知道了地上有水会很滑，摔一下很疼，洗手的时候要注意不要把水溅出来；如果他曾从高处跳下时被摔疼了，以后走到高处自然就小心了。这都是孩子从自然的后果中获得的经验。

当然，这种方法要在保证幼儿绝对安全的情况下采用。"自然后果法"相对于其他方法更自然，教而无痕，幼儿的抵触情绪相对小，能够引以反省，促使其改正过失，表现出正确的行为，使幼儿在实践中养成安全的行为习惯。

(五)在家庭生活中巩固

安全习惯的养成不是一日之功，需要幼儿园教师的努力，同时也需要每一位幼儿家长的配合。作为教师要有效地指导家长在家庭生活中开展安全教育。父母可充分发挥家庭教育的优势，从孩子幼年时就加强对其安全行为的训练，培养和提高幼儿的自我保护能力，引导幼儿从小养成良好的安全行为习惯。如家长平常带幼儿外出时，应指导幼儿观察马路上的交通标志，并遵守交通规则，安全出行；在日常生活中看到不安全行为时，要加强对幼儿的随机教育，引导幼儿避免不好的行为；告诉幼儿走失时该怎么办，让孩子牢记父母的姓名、工作单位、家庭住址及联系电话等。幼儿园、家庭和社会必须全方位配合，形成教育合力，才能使幼儿远离危险，远离意外，远离伤害，才能有效地引导幼儿建立良好的行为习惯，为幼儿一生的安全打下坚实的基础。

第十章　家园携手　安全共育

《幼儿园教育指导纲要（试行）》中明确指出"家庭是幼儿园重要的合作伙伴，应本着尊重、平等、合作的原则，争取家长的理解、支持与主动参与，并积极支持、帮助家长提高教育能力"。《3—6岁儿童学习与发展指南》中也强调"创设安全的生活环境，提供必要的保护措施；结合生活实际对幼儿进行安全教育；教给幼儿简单的自救和求救的方法。"应该说，家庭是人生教育的开始，幼儿园是幼儿接受专业系统教育的基础。两者相互影响，互为作用，只有形成教育合力，才能有效地促进幼儿安全、健康、和谐发展。

第一节　家园互动保安全

家园互动是指在幼儿教育阶段，幼儿园和家庭通过多种方式相互影响、相互作用，提高彼此的教育能力和水平，从而共同促进幼儿身心和谐发展，健康平安成长。在互动中要求幼儿园和家庭都把自己当作促进幼儿发展的主体，积极主动地相互了解、相互配合、相互支持，从而真正实现家园互动的内涵。

一、家园互动的意义

家园互动既不是传统意义上家长被动接受教师指导的过程，也不是以幼儿园或家长单方为主的配合，它应该是双向互动的活动过程，是两者相互影响，互为作用的过程。

(一)有助于及时交流幼儿的发展情况

家园互动有助于帮助教师更细致地了解幼儿的生活习惯、兴趣爱好、个性特点和家庭环境以及父母的教育素养。同时，家长也可以通过与教师的交流了解幼儿在园一日生活、学习和游戏情况。如有的幼儿在家活泼开朗，爱说爱笑，但到了幼儿园则变得像一只温顺的小猫沉默寡言，很容易成为被忽视的个体。如果教师和家长没有及时发现这种情况，长期被忽视、被冷落会导致幼儿自卑冷漠，过分敏感、不相信任何人，最终形成孤僻性格，对幼儿心理造成早期伤害，严重者会影响成年后的生活。幼儿园与家庭的有效互动可以减少因交流不够而产生的问题，帮助家长和教师全面了解幼儿在园、在家的情况，及时采取有效措施，同步教育。

(二)有助于帮助家长树立正确的育儿观

幼儿园是有目的、有计划、有组织地对幼儿实施教育的专业教育机构。幼儿教师作为专业幼儿教育工作者，经过系统的专业知识和技能训练，了解各年龄段幼儿身心发展的特点和规律，掌握科学的育儿方法，对幼儿施加的教育具有系统性、科学性、理性的特点。但是作为家长，很多没有经过专业的系统培训，在教育孩子的过程中多是传承以往父辈对自己的家庭教育经验，或听信社会上以经济利益为目的的学前教育机构的宣传，凭借自己对子女教育的一腔热血，盲目跟风，以为报各种学习班就是对孩子的早期教育。殊不知，这些以知识灌输、技能训练为主要手段的学习班，是以牺牲幼儿兴趣，忽视幼儿需要为代价的，最终会导致幼儿学习兴趣的丧失，甚至会出现厌学情绪。良好的家园互动，可以使家长获得专业的育儿知识和教育建议，从而树立以"激发兴趣、锻炼能力，培养良好的习惯和个性"为教育目的的科学育儿观念。

(三)有助于教育资源的充分利用，实现教育互补

幼儿家长来自各行各业，可谓是人才济济，是幼儿园得天独厚的教育资源。家园合作可以充分利用和整合家庭教育资源，最大限度地发挥家庭资源的教育作用，提升教育品质，使幼儿成为真正的受益者。一般来说，家长都很关心孩子的学习和教育，他们乐于支持和配合幼儿园的教育工作。让家长用各自的专长参与幼儿园的教育，可以使他们深层次地了解幼儿园、了解幼儿教育。如通过家长助教活动，让家长参加幼儿园的教育活动，使家长有机会了解孩子在幼儿园的生活与学习，更好地认识自己孩子的特点。同时也使幼儿有机会了解父母的工作与"本领"，对父母产生敬佩、尊敬的情感，有利于促进亲子交往，密切亲子关系。通过互动，不仅可以使家长从幼儿园获得科学育儿的专业知识、技能和建议，在配合教师的教育工作中，提高与改善家庭教育的质量，还能使幼儿园从家长那里获得多种支持，包括人力、物力的支持，从而为幼儿园教育工作创造有利的条件。

(四)有助于形成教育合力，共促幼儿发展

共促幼儿健康平安成长，是家园互动的出发点，也是家园互动的根本所在。幼儿是联系幼儿园和家庭的纽带，离开了幼儿这一根本，就不存在什么

家园关系，也就无所谓家园互动。家园互动不应只局限于摆正双方的位置、促进家长与教师的沟通，更重要的是减少阻力，加强教育的一致性和一贯性，形成教育合力共同培养幼儿。只有家园形成教育合力，才能使得孩子的情感、能力、知识、技能等方面都得到全面、正确、有效的发展。当二者对幼儿施加的影响一致时，幼儿的发展是快速积极的，就会出现事半功倍的效果；反之则会事倍功半。如在幼儿生活自理能力的培养上，常常出现"幼儿园抓得严、家庭管得松"的情况。只有教师与家长取得沟通，两者相互配合，达成共识，才能形成教育合力，同步培养，才能使幼儿在生活自理能力方面取得进步。不仅如此，幼儿各方面教育都需要家园互动，合作完成。

二、家园互动的原则

《幼儿园工作规程》指出："幼儿园应主动与家长配合，帮助家长创设良好的家庭环境，向家长宣传科学保育教育幼儿的知识，共同担负幼儿教育的任务。"这就要求幼儿园要发挥主导作用，充分重视并主动做好家园配合工作，使幼儿园与家长在教育思想、教育原则和教育方法等方面达成共识，形成教育的合力，家园双方配合一致，促进幼儿发展。

(一)双向互动原则

家长和教师是促进幼儿发展的两大主体，只有双方积极主动地相互了解、相互配合、相互支持，落实双向互动原则，才能共同促进幼儿身心健康和谐发展。幼儿园教师作为专业教育工作者，掌握幼儿身心发展的特点和规律，懂得教育方法，能够更好地认识到家园互动的重要性和目的性。因此在家园互动中，教师要充分发挥自身的优势，既要对家长的教养方式与幼儿园互动的方法进行指导，也要认真考虑家长提出的意见和建议，尊重家长的意愿，邀请家长参与幼儿园的教育活动。作为家长也应为幼儿园教育提供广泛的教育资源，与幼儿园的教育步调保持一致。摒弃那种"各司其职"的想法，不以工作忙、教育水平低为借口逃避教育责任。家园双方都应该积极主动地关注幼儿教育，把保护幼儿安全，促进幼儿全面发展作为家园互动的根本目标。

(二)平等合作原则

家园互动中幼儿园教师和家长都要以平等尊重的态度进行合作，不应以各自的专业所长令对方感到为难。一方面，要求教师不能以专业教育工作者的态度自居，自以为自己比家长懂得更多教育知识，具有更强的教育能力就在家长面前感觉高人一等，而应把自己看成和家长一样的教育主体，在相互尊重的基础上建立平等的合作伙伴关系，树立促进儿童发展的共同目标。另一方面，家长应该充分认识到作为孩子的父母，自己有责任和义务与教师合作共同培养孩子。任何形式的不闻不问，不理不睬都是一种失职。如果把教育当做一种生意，一种为孩子终生发展服务的生意，那么幼儿园和家庭所做的一切工作都是一种投资，一种不以"当下即产出"为利益形式的长期投资。只不过这种投资既包括有形的经济投资，又有专业的教育投资，投资者需要花费大量的时间和精力，在丰富教育知识，提高教育能力和水平的同时，最终促进儿童的身心健康和谐发展。

(三)情感性原则

在家园合作中，作为起主导作用的教师要"树立教育即服务"的意识，充分发挥情绪、情感的感染功能，为家长提供教育信息与资源服务，以情动情，实现有效的家园合作。如帮助有接送困难的家长接送孩子、减免贫苦家庭子女学费、解决打工子女的日托服务等。为工作忙碌不能参加幼儿园活动的家长提供便利，将幼儿园组织的大型活动安排在节假日或休息日；及时为遇到困惑的家长提供教育方法指导，共同探讨教育方案。耐心倾听家长的诉求，满足家长的合理需求，尊重家长教育子女的权利和义务。适时通过孩子向家长表达尊重之意，如"三八妇女节"让孩子为妈妈做一件礼物或做一件力所能及的家务、父亲节为爸爸送上祝福或做一件礼物。教师还应该对班级幼儿一视同仁，不偏不倚，公平、公正地对待每一位幼儿，用自己的实际行动向家长证明自己对孩子的关爱、对家长的尊重、对工作的尽职尽责，从而使家长信任教师，愿意与教师沟通、交流、合作。

(四)参与性原则

参与性原则是指鼓励家长积极参与到幼儿园的教育管理中来，使家长对幼儿园管理具有知情权、决策权、监督权和评价权。幼儿园作为家园互动中占主导地位的一方，要保障家长教育子女的主体性地位。应主动采取各种方式，拓宽家长参与的渠道，成立家长委员会，开办家长学校，举办家教知识讲座和家庭教育经验交流会，邀请家长参加幼儿园组织的一些主题活动等，让家长了解幼儿园教育内容、帮助家长了解孩子的发展水平和特点，从而与教师携手共育。为提高家长参与的热情，幼儿园可采取一些措施调动家长的积极性，如组织大型活动前主动征求家委会的意见和建议，请家长帮忙出谋划策，丰富活动内容；聘请家长志愿者担当大型活动安全协管员；充分发挥家委会作用，让家长独立组织开展一些亲子活动；利用家长广泛的社会关系和职业特点，为幼儿园各项活动提供安全、人力、物资等支持。

家长参与幼儿园的管理是家园互动的一项重要内容，也是幼儿园办园思想的体现。解决家长参与中的问题，仅靠幼儿园单方面的努力是远远不够的，家长作为参与者应有主体意识，主动加强与幼儿园的合作，共同努力，才能为幼儿发展营造优质环境，为幼儿安全健康和谐发展提供有力保障。

三、安全教育中家园互动的主要内容

幼儿的安全与健康是关系到家庭幸福的重要因素。安全教育的目的就是保障幼儿的安全，这不仅是幼儿园及教师的重要任务，也是家长义不容辞的责任。苏联教育家苏霍姆林斯基在《给教师的一百条建议》中指出，教育的效果取决于"学校和家庭教育影响的一致性，如果没有这种一致性，那么学校的教育教学过程就会像纸做的房子一样容易倒塌。"家园携手、安全共育是实施幼儿安全教育的重要途径。

（一）共同营造幼儿安全成长的环境

幼儿园作为专业教育机构，在家园互动中应帮助家长认识到家庭教育环境在幼儿发展中的重要作用，重视为孩子身心健康和谐发展创设良好的物质和精神环境。家庭成员的修养、家长的教育观念、教育态度、家庭成员之间的关系以及家庭气氛等是直接影响幼儿身心健康发展的关键因素。

1. 创设安全的家庭环境

为幼儿提供一个安全的家庭生活环境。如将药品、消毒水、打火机、蜡烛等放在孩子够不到的地方；阳台、窗户安装防护栏；不要让孩子独自在水池或河边玩耍等。切忌因过分保护，过多干涉，过度期望而限制孩子的自由，不给孩子提供接触丰富多彩的外界事物的机会。这样不但会使孩子胆小怕事，孤陋寡闻，抑郁沉闷，而且扼杀了孩子的好奇心、创造力、想象力，弱化了应有的"免疫力"和应具备的应对复杂社会环境的能力。

为幼儿创设一个宽松温馨的心理成长环境。家长应注意提升自身的修养，做一个讲规则、守秩序的家长，以自己良好的行为习惯影响带动孩子。同时注重加强学习，提高自身的教育素养，以民主、平等的态度对待孩子，体谅和容忍孩子的所作所为甚至过失行为，给幼儿以安全感和信任感。

2. 创设安全的幼儿园环境

安全的幼儿园环境首先要保证硬件实施的安全性。应多使用带柔性的设施和器材，户外活动操场尽量多采用橡胶木之类质材料或草地。其次幼儿园

要高度重视安全日检工作，做到每日、每周、每月定期或不定期对园舍、玩具设备、电线电器、消防设施、食堂卫生、周边环境、安全教育落实等情况进行检查，及时发现问题及时整改，切实消除各种安全隐患。最后，建立健全安全制度环境，以制度保障一日活动的秩序与安全。

(二)共同培养幼儿安全意识，增强自我保护能力

加强幼儿安全意识，培养幼儿良好的生活行为习惯，不断丰富其生活经验，使之主动避开危险是幼儿自我保护教育的重要内容。这项内容的落实需要幼儿园和家庭密切配合、反复强调、长期坚持。

幼儿园方面，将安全教育贯穿于幼儿一日生活的各个环节中，渗透在各领域的游戏活动中，落实在应急疏散演练中。通过多种形式、多个渠道让幼儿感知、认识潜在的危险和可能的伤害。教育幼儿了解并严格遵守基本的安全制度，懂得面对危险处境采取必要的应急措施，培养幼儿的安全意识，提高其自我保护的能力。

家庭方面，家长应密切配合幼儿园，在日常生活中让孩子学习一些基本的生活技巧，掌握避险以及应对危险的技能和方法，把良好的生活习惯与自我保护教育紧密结合起来。不断强化幼儿的自我保护意识，培养幼儿的良好生活习惯和安全意识，从而起到自我保护的作用。

(三)家园互动，共同做好事故的善后处理工作

幼儿安全教育工作不仅要创设安全的教育环境、培养幼儿的自护能力，同时还要做好家园协调工作。一旦发生意外伤害事件，幼儿园和家长双方应及时沟通，积极配合做好事故的善后处理工作。因为幼儿安全意外事故如果处理不当，不但会延误治疗时间，给孩子造成痛苦，而且还容易引发家园之间的矛盾纠纷。为此，意外事件发生后要做好以下几个方面的工作。

1. 及时救治

幼儿发生安全事故后，当班教师应在照顾好所有幼儿的基础上，及时报告园领导，园领导立即赶到现场查看伤情并视具体情况决定是否启动应急措施实施救治。如伤情较重，应立刻组织人员拨打120将幼儿送往医院，同时在第一时间内通知家长，请其赶到医院共同参与救治。在救治过程中，如果家长未及时赶到应遵照医生的建议为幼儿做一些相关的检查治疗。家长赶到后，幼儿园应如实将事发原因、检查结果、治疗过程情况及时交代给家长。

2. 及时沟通

事故发生后，当班教师应尽快从自责、懊丧的情绪中走出来，与幼儿园领导一起在事故发生的当时或当天以诚恳的态度与家长进行沟通，实事求是地叙述事发过程，不推卸责任，不隐瞒事实。如果遇到家长，特别是祖辈家长态度不冷静，有过激行为或确实难以沟通时应多换位思考，体谅家长的内心感受，及时反思、调整与家长的沟通策略，相信教师诚恳的态度和及时的救治措施一定能够得到家长的谅解。

3. 及时家访

事故发生后，当班教师、班主任、园长应及时进行家访，进一步了解、关心幼儿的伤情。并在家长情绪比较冷静的情况下再次详细说明事情的全过程。通过交流沟通，增进家园间的理解，达成善后处理的共识。

四、安全教育中家园互动的方法与途径

幼儿园和家庭是影响幼儿发展的两大基本而重要的因素，要提高学前教育的质量，幼儿园和家庭二者必须同向、同步形成教育合力，才能有效促进幼儿的发展。但在现实生活中家园合作教育存在着不同层次的教育缺陷，如幼儿家长缺乏科学的教育理念和教育方法，存在着"重园教、轻家教"的思想，导致家园合作实效性不强等问题。可以说探索新型的家园合作教育模式以此深化幼教改革、推进素质教育进程势在必行。只有积极探索适应社会发展的家园共育新模式，才能不断开拓家园合作的广度和深度。

（一）发挥幼儿园的指导作用

幼儿园是实施教育的专业机构，幼儿教师受过专业培养和训练，懂得幼儿身心发育的规律和特点，掌握科学的教育方法，具有专业知识和水平，能够有效地帮助家长树立正确的育儿观，指导家长配合幼儿园开展幼儿安全教育工作。幼儿园对家庭的安全教育指导可以通过以下途径进行。

1. 家园联系栏、安全教育小报、网络指导

家园联系栏是幼儿园和家长联系最常见的方式之一。一般设在幼儿园各班级门口，家长每天在接送孩子时都能看到，方便家长及时了解幼儿园的动向，以便步调一致地做好幼儿的教育工作。教师可通过家园联系栏向家长介绍幼儿安全教育知识，帮助家长了解幼儿园开展幼儿安全教育的情况，制定家园合作开展幼儿安全教育的实施方案，征求家长对幼儿园安全管理工作的意见和建议。

安全教育小报是幼儿园根据安全管理工作的需要，由幼儿园主办，各班教师承办的面向本园家长免费定期发放的，以普及安全常识、增强家长安全

意识，密切家园联系为目的的自创小报。其优点是信息容量大、指向性强，可根据幼儿管理、教育教学的需要确定内容，同时人手一份的安全教育小报方便家长随时阅读、反复阅读；缺点是印制成本比较高，组稿周期相对较长。

网络指导是当今幼儿园与家长联系的新途径。随着生活节奏的不断加快，现代通信技术迅猛发展，使人们的交流与联系变得更加便捷。幼儿园与家长之间沟通的渠道不再仅局限于家访、家园联系本、家长会等传统形式，网站、E-mail、微信等网络沟通已成为家园沟通的新途径。许多幼儿园都建立了自己的网站，将幼儿园安全教育内容、安全活动通知、幼儿安全活动照片、视频、幼儿食谱、身体发育评价等信息发布在网站上。家长只要打开计算机，连接网络就可以了解幼儿在园一日活动的全貌。还有的幼儿园建立了自己的微信公众平台，家长可以用手机下载微信客户端，对幼儿园的微信公众平台加以关注，随时浏览幼儿园所发布的各种信息，实现了信息的即时化沟通与交流。

2. 家长会、家委会

家长会是幼儿园面向家长开设的阶段性交流与互动的平台。分为全园性、年级组和班级家长会。全园性家长会通常由园长或分管园长组织召开，一般每年1~2次，主要是向家长公布幼儿园工作计划、签订安全责任书、明确家园配合中家长应承担的责任，就幼儿园工作听取家长的意见和建议，取得家长的支持与配合等。

年级组家长会一般根据需要由年级组组长组织召开。主要针对同一年龄段幼儿所开展的各种活动进行介绍，或针对某一年龄段幼儿身心发育规律和特点对家长进行培训。

班级家长会一般由班长组织召开，通常每学期召开两次。学期初和学期末各一次，主要是向家长公布班级工作计划，将近期有关的安全教育内容和幼儿在园情况告诉幼儿家长，向家长传递某些重要的安全信息，让家长明确幼儿安全是家园共同的职责，明确自己在幼儿入离园时的安全管理职责。同时了解幼儿在家情况，使工作得到家长的支持与协助，指导家长在家中和幼儿一起进行安全行为训练，以达到家园同步，合作共育的目的。

家委会是由各班家长代表参加的会议，即家委会会议。幼儿园定期召开家委会会议，向家长宣传幼儿园安全管理方案、制度及相关文件，协助幼儿园组织大型户外亲子活动，如利用周末开展春游、植树、参观消防大队、参观博物馆等，与幼儿园一起风险共担，合作共赢。

3. 讲座、咨询、安全知识宣传单

讲座是由幼儿园聘请相关专家不定期地向家长讲授与安全及安全教育有

关的知识和技能，帮助家长树立安全意识，掌握安全救护技能和安全教育方法的一种活动形式。幼儿园举办安全讲座的目的是不断提升家长的安全意识、安全认知水平以及家庭安全教育的行为能力，取得家长的主动配合与协助。例如，开展"幼儿急救知识""幼儿自我保护教育"等家教讲座，请医生到现场进行急救示范，将一些家长急需的安全常识介绍给家长，可以帮助家长树立正确的安全教育观念，明白安全教育重在方法指导、技能操作的道理并付诸实践。

咨询是幼儿园聘请相关专业人士（如幼教专家、医生、消防官兵、派出所民警等）针对家长在育儿、医疗急救、消防安全等方面问题开展的现场信息沟通、交流咨询活动。家长可以把自己平时在教育孩子、安全急救等方面存在的问题、困惑和对教师、幼儿园的意见和建议跟专家进行面对面的沟通与交流。专家根据家长所反映的情况有针对性地进行指导和帮助；同时对幼儿园管理、教育教学、卫生保健、营养膳食等方面提出一些指导性的意见和建议，使幼儿园能够及时调整工作目标，切实为幼儿、为家长服务。

安全知识宣传单是以《致家长的一封信》为基本形式，以广泛普及安全知识，帮助家长掌握正确教育方法为目的的安全教育指导形式。其优点是内容系统、方法灵活、受众群体广泛。幼儿园可以根据安全教育的实际需求，将安全教育的内容系统分阶段向幼儿家长进行普及。缺点是无法检验教育的效果。

4. 家长助教

家长助教是家长参与幼儿园教育教学的一种活动形式，是幼儿园利用家长所从事的职业、自身兴趣爱好等优势特点，请家长走进课堂当"老师"，对幼儿实施集体教育活动，从而开阔幼儿视野，提高家长对幼教工作的认识与理解，增进家长、教师、幼儿之间情感的一种家园共育的合作方式。

幼儿园应注重优秀家长的示范作用，通过家长助教发现一批优秀家长，形成各具特色的教育资源，邀请家长共同参与到幼儿园教育活动中来。如请家长扮演歹徒开展应急演练、让家长协助开展幼儿园大型活动的安全工作等，使家长了解幼儿园安全管理和安全教育内容，提高家长的安全意识和面对突发事件的应急能力，使家长认识到培养幼儿安全自护能力的重要性和必要性，唤起家长安全教育的主人翁意识，使家长真正成为幼儿园的合作伙伴。

需要注意的是一些家长虽然是业界翘楚，但很多都是第一次做老师，其所设计的活动并不一定适合幼儿身心发展的规律和特点。这就需要教师在活动前对家长进行必要的指导，活动后还要进行适当的点评，帮助家长更透彻地了解教育规律，赢得更多家长对幼儿教育的理解，对幼儿园工作的支持与配合。

5.亲子安全知识竞赛

亲子安全知识竞赛是为普及安全知识，由幼儿园组织家长和幼儿共同参与的竞赛活动。旨在广泛发动家长参与安全教育，普及各类安全知识，营造家园合作开展幼儿安全教育的氛围。安全知识竞赛的形式可以是家庭问卷式，也可以是现场竞赛式。问卷式的竞赛不以成绩为目的，由幼儿园负责将安全知识题目以图文并茂的方式做成问卷，请家长和幼儿拿回家后共同作答，然后交回幼儿园。其特点是能体现安全知识的全面性、普及性，可以面向全体幼儿及家长。

现场竞赛则是在问卷基础上择优选取几组家庭进行现场竞答。其特点是可以带给选手及观众更强烈的感觉冲击，具有更广泛的宣传性，有助于家长在提高自身安全知识的同时关注幼儿安全知识的教育，从而实现有效的家园共育。但现场竞赛只能面向少数家庭，且因时间关系涉及的安全知识也有很大的局限性。

(二)发挥家长的教育优势

家长来自各行各业，可谓人才济济，是一份丰厚而宝贵的教育资源。家长资源作为一种重要的教育资源已被引入幼儿园教育，相对于有限的幼儿园资源，家长不同的职业背景、成功的育儿经验、鲜明的个性特征正成为幼儿园有效教育资源的重要来源之一。

1.家长的职业优势

幼儿园活动包罗万象，涉及各个领域，需要多种教育资源。家长是最广泛、最具有影响力的教育资源，可以将家长按照背景、特长、工作便利等进行分类，建立家长资源信息库。幼儿园开展活动前可在家长资源信息库中进行检索，请相关的家长协助幼儿园开展活动，这不仅可以为幼儿园的工作提供便利，也可以使幼儿园的活动质量得到提升。如可以请当医生的爸爸妈妈来给教师进行意外伤害紧急处置办法，给孩子讲解换牙卫生等；请当交通警察的家长对幼儿进行交通知识宣传……家长的参与不仅可以让孩子更加深入地了解家长不同职业的劳动特点，而且为家长提供了在幼儿面前展示自我的平台，提升了家长在孩子们心目中的形象和地位，同时也满足了幼儿园多种活动的需要。

2.**家长的兴趣优势**

不同的家长有不同的兴趣爱好和特长。幼儿园可以充利用家长的优势资源开展相应的安全教育活动。如有的家长喜欢自驾游，可以请其向幼儿宣传普及旅游、户外活动安全常识；有的家长擅长口语表达，有号召力，可以协助幼儿园做好家长工作，担任家长委员会委员；有的妈妈喜欢研究营养与膳食，在经过严格的身体检查后，可以和幼儿园保健老师一起制定符合幼儿健康成长所需的食谱，并协助幼儿园为孩子们做营养可口的饭菜。家园互动需要从家长的经验兴趣出发，让家长在参与中得到成功的体验，调动家长主动参与活动的积极性。

3. 家长的时间优势

随着现代生活节奏的加快，许多年轻的家长感到生活压力越来越大，工作时间越来越长，有的年轻妈妈为了教育孩子，索性辞职专心照顾孩子；也有的父母将照顾孩子、教育孩子的责任推给孩子的祖父母。虽然这些家庭教育是不健全的，但专职妈妈和已经退休赋闲在家的祖父母也有了更多时间参与幼儿园教育活动。幼儿园可以请专职妈妈或幼儿的祖父母定期到幼儿园参与班级活动和幼儿园大型活动，协助教师共同维持秩序，保护幼儿安全。也可以聘请他们当"安全教育志愿者"轮流来园执勤，当幼儿园的"安全监督员"为幼儿园的安全工作献计献策。家长直接参与到幼儿园教育之中，通过亲自体验可以起到以点带面，口口相传的作用，使越来越多的家长更好地了解幼儿园教育活动的内容、形式、方法以及对幼儿发展的意义。

总之，要调动家长参与幼儿园活动的积极性，一要多从家长的角度考虑，想想家长希望在幼儿园的活动中看到些什么；二要多从家长的经验出发，想想家长们能为幼儿园的活动具体做什么；三要多从家长的情感出发，想想家长们需要在幼儿园活动中获得怎样的情感体验和收获。只有多为家长着想，多为孩子着想，才能把家长吸引到幼儿园的活动中来，才能让家长们真正成为幼儿园活动的支持者、合作者、参与者。

（三）实现家园社区联动

针对全国各地时有发生的在校学生和幼儿园儿童恶性伤害事件，教育部、公安部紧急部署了全国公安机关坚决严厉打击侵害师生安全的违法犯罪活动，强调组织警力加强学校、幼儿园的安保工作，幼儿园可结合各级主管部门关于加强安全管理的相关文件要求，与辖区办事处、居委会沟通联络，认真排查幼儿园周边不稳定因素，严格控制一切事故隐患；积极与驻地派出所交流沟通，建立警园联防机制，加强对幼儿园周边的治安巡逻，特别是在幼儿早入园和晚离园的重点时段，请家长志愿者组成爱心护卫队、公安派出所民警协助幼儿园做好交通疏导和保卫工作，切实加强幼儿园安全防范工作，努力为幼儿园师幼提供有力的安全保障和良好的治安环境。

家园社区携手联防，加强群防群治的工作效率，形成预防治理有效、内部安全管理有力、外围治安防控严密的工作格局，坚决防止恶性事故在幼儿园中发生。

第二节　家庭中的安全教育

幼儿的安全是家庭幸福的保障。幼儿大部分时间在家中度过，安全和谐的家庭环境是孩子平安健康成长的乐园。家长应掌握基本的安全知识与技能，确保幼儿生命和家庭财产的安全。

一、家庭中进行安全教育的意义

家庭是幼儿生活的主要场所，家庭氛围、家长言行以及家庭成员之间的关系都在潜移默化地影响幼儿。在家庭生活中家长可以帮助指导幼儿辨识周围环境中的危险源，学习安全知识，掌握简单的安全自护技能。良好的家庭安全教育对幼儿身心健康成长起着奠基作用。

(一)提高幼儿辨识危险的能力

危险是可能导致幼儿受到人身伤害，损害健康甚至死亡的根源。从孩子呱呱坠地到学会走路自主活动，随着活动范围的不断扩大，周围环境中的危险因素时刻威胁着孩子的人身安全，稍有不慎就可能会导致不可挽回的后果。在意外伤害事故中，楼梯栏杆卡住孩子头部、锁孔夹住孩子手指、玻璃扎伤、误服药物或有毒物质、吞食异物窒息、溺亡、烧烫伤等事故占很大比重，且多数是由幼儿"不知险而为之"造成的。因此，知险防险，防患于未然是保护幼儿生命安全之根本。家长要尽早教幼儿掌握一些基本的安全信息；用图文并茂的方式将家庭中容易对儿童造成伤害的物品及环境标示出来，并结合具体案例教孩子辨识危险源，如尖锐的、运动的、通电的、易燃的物品不要随便去摸、去碰；知道哪些地方是安全的，哪些地方是不安全的，从而让孩子懂得要远离危险，避免意外伤害，学会自我保护。

(二)培养幼儿的规则意识

规则意识的培养是对幼儿进行安全教育的重要内容。家长首先让幼儿了解家庭生活中的一些基本规则，如不摸电源插座、不玩火、不爬窗户阳台、不随便给陌生人开门等。此外，还要让幼儿了解交通规则，如过马路走斑马线、不闯红灯，乘车要系好安全带等，让孩子意识到遵守安全规则的重要性。有了规则意识，才会有安全的行为，才能养成良好的行为习惯，才能保证幼儿的安全。

(三)提高幼儿的安全自护能力

俗话说，千般呵护不如自护。每个孩子都是父母的掌上明珠，每个家长都希望自己的孩子每时每刻都安全无恙、健康快乐，但生活中总会有意外情况发生。这就要求家长在日常生活中有意识地对幼儿进行"遇到危险怎么办"的预防性教育，在思想上和行动上切实提高幼儿的安全自护能力。

网上流传很广的一篇微信：一男子对在学校门口等着妈妈来接的小女孩说，自己是女孩妈妈的同事，女孩妈妈因有事让他来接女孩回家。小女孩说：妈妈让你来接我，密码是多少？男子听了忙说，错了，错了，边说边慌忙走开。

上述案例说明，良好的安全自护教育具有生活化、随机化的特点，有助于提高幼儿自护能力。这也正符合幼儿在生活中学习、在反复中学习的特点。在不影响幼儿人身安全的前提下，家长应放手让孩子去探索和尝试，在实践中学会应对各种情况，掌握基本的安全常识和自我保护技能，增强其独立生存能力。

(四)保障幼儿的心理安全

帮助幼儿建立安全感也是家庭安全教育的重要内容。一方面，家长要给幼儿创设安全稳定的家居环境，营造温馨和睦的家庭氛围，使家庭真正成为幼儿放松身心的理想乐园；另一方面家长也要多陪伴、多关心幼儿，允许并鼓励幼儿大胆表达内心的焦虑和恐惧，注意觉察幼儿的情绪波动并及时给予相应的心理疏导，保障幼儿的心理健康。

二、家庭中的安全隐患及预防

随着生活水平的提高，溺水、中毒、跌落、交通意外、烧烫伤、窒息等意外伤害逐渐取代疾病和营养不良成为影响儿童生命安全和身体健康的重要因素。一项数据显示，在家庭中有 56.7% 的儿童曾经摔伤过；36.3% 的儿童曾被烫伤或烧伤；27.8% 的儿童被猫、狗等小动物咬伤过；20.3% 的儿童有过触电经历，触目惊心的数据告诉我们，充分认识家庭中常见的安全隐患并有效预防是保证幼儿生命安全和身体健康的重要举措。

(一)家庭环境设施安全

如今的家庭,特别是城市家庭大多在住房上都有了很大的改善,客厅、厨房、卫生间、阳台等功能分区更加明确,随着家庭活动空间的不断增大,幼儿家居安全问题也随之而来,如何创设安全的家庭环境是当前家庭安全防范的重点。

1. 客厅的安全隐患与预防

客厅是家庭成员活动时间最多的家居空间,是孩子游戏娱乐的主要场所,同时也是家用电器最为集中的地方,稍有不慎就会发生危险,对孩子及家人造成伤害。

对幼儿来说,客厅内诸多的电源电器是主要的安全隐患,如果不进行合理规划,这些家电设备势必会成为幼儿生命安全的潜在杀手。根据加拿大医院伤害报告和预防系统(Canadian Hospitals Injury Reporting and Prevention Program,CHIRPP)对于儿童电器伤害的一项研究表明,调查的 6 年期间内有 365 个儿童因将导电物或手指插入电源插座引发伤害而在急救室治疗。所有电器伤害案例中有 2/3 的为 5 岁以下儿童,74% 的伤害发生在儿童家中。要避免儿童在客厅内受到伤害,应注意以下问题。

(1)选购电器时考虑电器边角是否圆滑,避免幼儿碰伤或触摸时划伤。

(2)选用安全插座并安装安全盖;各种电器的电源连接线要合理规整,紧贴于墙壁并用胶带等固定在墙上,不要拖拉在柜面、台面和电器周围以防幼儿用手拉扯而发生意外触电事故。

(3)定期检查电源插座和各种电线,如果发现线路老化、破损等要及时更换,以免产生漏电现象。

(4)帮助孩子了解电的利与弊。可以选择一些介绍电的书籍或动画光盘,让孩子明白电产生的原理和电的作用,同时也要讲明电所带来的危害,让孩子明白电对人类生活有巨大的作用,但如果使用不当也会给人的生活带来不可挽回的伤害。

(5)指导孩子学会安全用电。幼儿年龄小,好奇心强,很多时候,总想自己去动一动、试一试,与其"堵"不如"疏",教孩子学会安全、正确地使用电器。

此外,应该对客厅内的其他物品,如茶几、橱柜、鱼缸等进行边角的圆滑处理,以防孩子发生碰撞而造成意外伤害。

2. 厨房的安全隐患与预防

厨房是家庭生活的重心,对于幼小的孩子来说,厨房是个神奇的地方,有火能点，有水能玩，还有大大小小的刀子、剪子，各种各样的锅碗瓢盆……许多好奇的孩子对厨房"情有独钟"，总想进去一探究竟。但厨房也是充满安全隐患的地方，任何一件东西都有可能成为孩子生命安全和身体健康的"杀手"。若要把孩子完全挡在厨房外面几乎是不可能的，因而，从厨房的布置和使用上应注意如下问题，预防伤害事件的发生。

（1）厨房环境布置。

在厨房地面上铺设防滑垫，以防因地面湿滑造成幼儿摔伤或磕碰；易碎的餐具、尖锐的刀具等物品放在幼儿够不到的地方或锁进抽屉里；不要把暖壶、茶壶等危险物品放在桌子边沿附近，以免幼儿伸手碰到暖壶、茶壶导致烫伤；橱柜尽量选用导轨滑动门，不用玻璃材质，以防幼儿开门时被玻璃划伤。

厨房使用的清洁用品比较多，像清洁剂、去油剂、消毒剂、溶解剂等都含有氯或者氨等化学成分，使用不当会危害身体健康。所以清洁用品一定要放在安全位置不让幼儿接触，并且注意通风。

电饭煲、微波炉等厨房电器不用时应及时拔掉插头，不要把电线垂在幼儿可以碰到的地方，以免造成危险。

使用踏脚式加盖垃圾桶可以更好地避免幼儿在垃圾桶里翻动垃圾，减少污染。塑料袋则更要收拾好，以免幼儿蒙在脸上玩耍引起窒息。

（2）厨房操作安全。

做饭时不要让幼儿在身边玩耍，如果幼儿年龄尚小可以用学步车，婴儿车等把他固定在安全区域。

微波炉工作时应让幼儿远离，切忌站立在微波炉面前，头部正对着加热区。热的食物和饮料不要放在幼儿身边，更不可从幼儿头上端过以防烫伤。烧水或煎炸食物时应有人看管，锅把要转到幼儿够不到的方向。

不使用燃气灶时一定要记得关闭总闸门，以免幼儿独自无意中打开燃气。

厨房作为家庭中相对危险的环境，家长应尽量让幼儿远离，但为了满足幼儿的好奇心理，可以找适当的时间带幼儿参观厨房，了解各种用具的用途和正确的操作方法，让幼儿明白厨房里的各种用具都是成人使用的，如果没有父母的允许，不应独自一人进厨房，更不要随便使用厨房内各种用具。必要时可以购买"厨房玩具"作为替代品，在游戏中教幼儿掌握各种厨房用具的使用方法，了解食物的制作过程。

3. 卫生间的安全隐患与预防

卫生间的空间相对狭小，但同样存在着安全隐患。据有关资料显示，因地面湿滑摔伤、洗澡水太热烫伤、浴缸内溺水、电线潮湿引发短路而触电、清洁剂致皮肤烧伤、中毒等安全事故时有发生。其中在卫生间各类安全隐患对幼儿造成的伤害中烫伤、摔伤和划伤所占比例相对较高，分别占到 75％、70％和 65％之多。家长应注意随时检查，避免因人为因素造成对幼儿的伤害。具体应注意以下方面的问题。

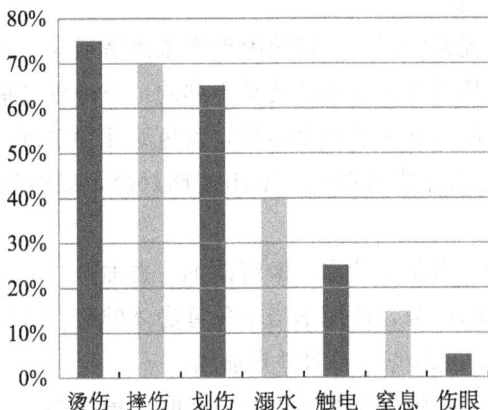

图 10-1　卫生间各类安全隐患造成孩子损伤数据表

（图片来源于太平洋亲子网）

（1）防滑倒。

卫生间的地板应该选择防滑瓷砖；洗漱台边缘要加装圆弧形的防护棉垫；在卫生间门口、浴盆、浴缸附近铺上防滑橡胶地垫，让幼儿穿防滑鞋，避免出现因滑倒而受伤的情况。

（2）防烫伤。

卫生间里经常使用热水，而幼儿对烫缺乏认识，甚至一无所知。因此，家长在准备洗澡水时要注意养成先放冷水再兑热水的习惯；幼儿浴盆前，家长先用手背测一测水温或使用水中温度计进行准确测量，水温一般与人体体温相当或者略高于体温为宜。生活中可以通过让幼儿辨别两杯冷热不同的水，感受不同的温度，体验烫的感觉，积累相关经验。

（3）防触电。

卫生间内潮湿的环境很容易使电器发生短路引发触电危险，家长一定要注意定期检查更换线路，确保卫生间内的用电安全。一方面，卫生间内使用的电线要布置妥当，以免潮湿引起短路。电源开关和插座要安装在 1.5 米以上的高度且带有安全防护功能；另一方面，卫生间的电器（如电热水器、洗衣机、暖风机或电暖器等)一定要做到即用即插,用完及时切断电源,避免好奇好动的幼儿拨弄开关而受到伤害。更重要的是要用知识武装幼儿的头脑,用具体的案例让幼儿明白电的作用与危害,学习正确使用电器设备。

(4)防皮肤灼伤或中毒。

一般家庭常用洁厕灵和84消毒液进行卫生间的消毒工作。这些物品都具有极强的腐蚀性,特别是对呼吸道有强烈的刺激作用,如若使用不当,两者都可能烧伤皮肤,溅入眼睛甚至可能导致失明。因此,家长应注意将卫生间里的清洁用品妥善保管,最好锁在柜子里;使用清洁用品清洁卫生间时最好避开孩子,同时注意通风以免给孩子的呼吸道带来刺激;尤其要注意不要同时使用洁厕灵和84消毒液,更不能将两者混合使用;孩子的皮肤、眼睛一旦不慎接触到清洁用品,要立即用流动水冲洗皮肤或眼部至少15分钟。

相关链接

洁厕灵和84消毒液混合使用的危害

洁厕灵是人们常用的一种酸性洗涤剂,主要成分是盐酸,能有效快捷消灭卫生间臭味、异味、清洁空气,对细菌繁殖体、病毒、真菌能有杀灭作用。84消毒液是碱性洗涤剂,主要成分是次氯酸钠,二者一旦混合相遇会发生剧烈的氧化还原反应,产生氯气。而氯气是一种呈黄绿色、有强烈刺激性气味、挥发性较强的有毒气体,对眼睛黏膜和皮肤有高度刺激性。接触到氯气会对眼睛造成刺激,让人流泪不止,同时刺激呼吸道使人咳嗽不止。严重时可以腐蚀肺泡,造成呼吸困难或是肺水肿,使循环作用困难而致死亡。

资料来源:http://www.sxcm.net/pd/photo/201306/06/content_741994_2.htm

(5)防溺水。

幼儿天性喜欢玩水,澡盆或浴缸中的水会让他们玩性大发并乐此不疲,但在玩耍时也很容易因失去平衡而跌入水中发生危险。洗澡时家长应注意浴盆(浴缸)里的水不要太满,用孩子自己专用的浴盆洗澡并始终陪伴在孩子身边,一旦有什么事情需要离开,首先要把孩子抱出浴盆(浴缸)以免溺水;洗完澡及时把水放掉,始终保持浴盆(浴缸)无水。

卫生间虽小,但对于幼小的孩子来说却危机四伏,家长除了要做好安全防范之外,更为重要的是要让幼儿了解卫生间的作用,熟悉常用物品的用途,正确使用卫生间,从而养成良好的生活卫生习惯。

(二)宠物饲养安全

随着人们生活水平的不断提高,越来越多的人把养宠物当作一种"时尚"。

但这种"时尚"的背后也有隐患。很多人认为只有疯狗才会传播狂犬病，其实家养的小猫、小狗一样可以传播疾病。因此，与家养宠物相处时也要注意安全，谨防被抓伤、咬伤。

1. 确保宠物卫生

每天给宠物洗澡，定期为宠物做检查，打疫苗进行防疫；接触宠物后要及时洗手；在固定区域排泄并及时处理排泄物；定期给宠物的生活环境消毒，不要让宠物舔人的伤口。

2. 了解宠物习性特征

每年的 4～9 月份是动物发情期，也是天气变化明显的季节，此时的狗、猫等动物容易激动、烦躁，应特别注意观察宠物的日常行为，尽量不让幼儿招惹它们。

在宠物进食和睡觉时不挑逗、不打扰它们，因为此时的宠物出于保护自己的需要攻击性非常强。据动物咬伤专科医生介绍，不少人是因为在给自家宠物喂食、洗澡、梳理毛发时，被平时温顺的宠物咬伤或抓伤。

3. 做好安全防范

幼儿因为身高因素，最容易被咬伤头面部等要害部位，离中枢神经越近风险越高，所以不要让幼儿单独和宠物在一起。教育幼儿被宠物咬伤、抓伤后要及时告诉家长，以免耽误接种疫苗的最佳时机。

如不慎被宠物咬伤或抓伤，要及时正确处理，立即挤压伤口排出带毒液的污血，绝不能用嘴去吸伤口处的污血；立即用肥皂水和流动清水彻底冲洗伤口至少 20 分钟，然后用生理盐水(可用纯净水代替)将伤口洗净，并用无菌纱布或干净毛巾将伤口处残留液吸尽，避免在伤口处残留肥皂水或者清洁剂；有条件的可再用 2％～3％的碘酒或者 75％的酒精涂擦伤口，之后立即到附近疾病防控中心的预防接种门诊就医，进一步处理伤口，注射狂犬病疫苗，严重者还应接种免疫球蛋白或免疫血清。

(三)家庭出游安全

带孩子外出游玩时很容易发生走失、被拐、溺水、交通事故等意外事故，因此，外出游玩时家长一定要提高警惕，提前做好预防工作，一旦发生事故，及时采取有效措施制止事态发展。为避免游玩时发生身体伤害事件应注意以下几点。

第一，为幼儿准备便于运动的服装，不穿带绳的衣服；鞋子要舒适合脚，最好是软底布鞋。有的家长因为孩子的脚长得太快，往往购买大一号的鞋子，殊不知，孩子运动时很容易因鞋不合适而造成运动伤害。

第二，让幼儿牢记家庭住址，熟悉周围的社区环境；记住父母所在单位的名称和电话号码，一旦找不到父母，要原地不动或向穿制服的警察或保安求助。

第三，提醒幼儿注意交通安全。能够辨别什么是人行道，什么是机动车道，行走时要走人行道；过马路时一定要先看红绿信号灯，走人行横道线，听从交警叔叔指挥。不在马路上逗留和玩耍。

第四，教幼儿掌握躲避坏人伤害的方法。告诉幼儿不接受陌生人的礼物，不喝陌生人给的饮料。遇到陌生人纠缠时要设法跑到人多的地方大声呼救或向有警察的地方跑。

第五，教幼儿辨识危险场所如高压塔下、铁路公路旁、水深的河坑、建筑工地、水井粪池、屋顶树梢墙头等，叮嘱幼儿不去玩耍。

第六，告诉幼儿不单独行动，一定要在有家长或老师保护的地方玩耍。

第七，外出游玩时不随便采摘花果、抓捕昆虫，更不能放入口中，预防中毒等意外事故的发生。

第八，如开车外出一定要使用儿童座椅，系好安全带，禁止怀抱幼儿坐在副驾驶位置。

出行时除了要教给幼儿必备的安全知识外，家长也应该以身作则，身体力行为孩子做出榜样。

三、家庭安全教育策略

安全教育是一个永恒的话题，每一个父母都希望自己的孩子安全无虞。然而，来自《光明日报》的一则新闻调查报告显示：学生安全事故多发生于假期和家庭内，假期的安全监护及家庭的监护能力是减少事故发生的关键点。

(一)让榜样说话，育人先育己

家长作为对幼儿实施安全教育的主体，在幼儿安全教育中起决定作用。然而，现实中许多家长自身缺乏安全意识，更谈不上对幼儿的安全教育。

我们常常看到这样的情景：父母骑电瓶车、自行车送孩子上学，遇到红绿灯，家长似乎连短短的一分钟都来不及等待，急匆匆带孩子穿梭在来来往往的车流中，毫无遵守交通规则的意识，家长用自己的实际行动告诉孩子，只要车辆少，就可以闯红灯。幼儿园教师辛辛苦苦的教育被活生生的现实击得如粉霄般灰飞烟灭。家长因安全意识淡薄造成的安全事故也比比皆是，酒驾、醉驾、因不按交通规则行驶的事故常常见诸各类媒体，但许多人却充耳不闻，视而不见，依然我行我素，自以为事故不会发生在自己身上，长期的侥幸心理致使他们安全意识淡漠，安全行为匮乏，自护能力低下。而家长的态度、行为潜移默化地影响着幼小的孩子，他们从小耳濡目染，模仿行事，不把安全当成一回事儿。

减少事故发生，家长应该以身作则，遵守各种规则，做好安全教育和安全防护措施，让孩子明白安全是每个人的事情，大家都应该遵守规则，保障自己和他人的安全。

(二)让环境说话，在环境的熏陶下树立安全意识

安全意识是指在人们头脑中建立起来的安全观念，也就是人们在生产活动中，对有可能造成自己或他人意外伤害的各种各样外在环境条件的一种戒备和警觉心理状态。幼儿年龄小，缺乏生活经验，不能正确辨识周围环境中的危险因素，他们常常"身处险地而不知险"，对于幼儿来说，安全意识培养是保证安全的基础，比安全自护技能更重要。

幼儿活泼好动，好奇心强，对周围环境充满好奇，看到什么都要摸一摸、动一动、试一试。家庭里，可以利用孩子的特点，创设一个让幼儿知险、避险的环境，帮助幼儿辨识周围环境中的危险因素，懂得避开危险。如电源插座旁边贴上标识，或者采用保护式电源插座，提醒幼儿这里有电、危险，不能玩插座；在阳台栏杆处贴上标识，提醒幼儿不能攀爬，以免坠楼摔伤。

也可以在可能存在危险的地方做提示性标识，如在门旁贴上"小心夹手，轻开轻关"等，还可以与孩子一起设计安全标志，与孩子一起贴，让孩子当安全监督员，监督全家人的安全意识和行为等。

除在家庭中创设环境让幼儿辨识危险源，家长还可以利用周围环境对幼儿进行教育。带孩子外出时，可结合周围环境让孩子认识常见的安全标志，不同颜色代表不同含义。如红色是禁止、停止的意思，黄色是注意、警告的意思，蓝色表示指令，必须遵守的意思，绿色表示通行、安全和提供信息的意思。家长可以让孩子观察形状相似或相近、但颜色不同的标志，使孩子正确区分各类标志的异同，懂得按照规则行事，保护自己的安全。常见的安全标志如图 10-2 所示。

(三)让生活说话，使幼儿知险避险保安全

生活是一部活生生的教材，对幼儿的安全教育也应该在生活中进行，家长可以从身边的事情进行引导，让孩子明白生活中存在哪些危险，使他们逐

图 10-2　常见的安全标志

步积累生活知识经验，学会辨识危险源，懂得避开危险，保证自己的安全。日趋发展的现代科技改变着人们的生活，但也给人们生活带来许多隐患，稍不留心，可能会后患无穷。高楼大厦改善着人们的居住环境，但时有发生的坠楼事件也令人触目惊心；家用电器越来越多元化，但如果不能安全使用，"电老虎"一旦发威，后果堪忧；煤气的使用越来越多，但如果不定期更换胶皮管，使用不当，一旦煤气泄漏，结果可想而知。

　　家庭中还存在一些容易被忽视的危险细节，如百叶窗拉绳悬吊、使用剪刀不当、误食不该服用的药物、将塑料袋套在头上玩、用手指抠插座上的插孔、坚果吸入气管等，这些很容易给孩子带来伤害，甚至威胁生命。家长首先应该对这些可能发生的危险做到心中有数，树立安全意识，才能教孩子学会辨识危险，尽量避开危险，保护自身安全。

（四）用事实说话，使幼儿遇险不惊会方法

幼儿具备了一定的安全意识后，可以有效辨识危险源、避开危险，保证自身安全，但仅有这些还不够，当危险突然来临时，应该怎么做呢？家长还应适当教给孩子一些安全自护的方法和技能，让孩子学会自救，保护自己。

1. 情境教育法

可以给孩子创设一些情境，例如，和爸爸妈妈走失、陌生人来敲门怎么办等，用这些情境来训练孩子掌握遇到危险后自救和报警的方法，提高自我保护能力。让孩子记住父母电话号码及姓名、家庭住址、常用的紧急呼救电话，如110、119、120等，一旦发生意外，可以第一时间打电话求救。

2. 文学作品熏陶法

所谓文学作品熏陶法即利用儿歌、故事帮助幼儿掌握安全知识和技能。家长可把一些安全知识或技能编成儿歌教给孩子，儿歌是专为幼儿创作的，语言符合幼儿的朗诵特点，形象生动，富有童趣，朗朗上口，很容易理解，幼儿一听就明白，不需要家长做过多的解释，幼儿在学习儿歌时，不用刻意地去记忆，很快就能背诵下来。如《红绿灯》"过马路，左右看，要走人行横道线；红灯停，绿灯行，看见黄灯等一等。"

故事不仅可以发展幼儿口语表达能力，也可以有效地进行安全教育。如绘本《汤姆走丢了》讲述的是小兔子汤姆和妈妈一起上街却走丢了。汤姆记得爸爸告诉他"在商场走丢时去收银台找阿姨帮助"，收银台阿姨帮助汤姆成功找到妈妈。《我的第一套亲子安全绘本》、贝贝熊系列丛书《安全第一》《聪明孩子安全有绝招》等，分别针对交通安全、饮食安全、搭乘电梯安全、使用餐具安全、公共场所可能发生的危险、针对儿童的犯罪行为等进行讲述。这些书内容生动有趣，将安全知识与生活中真实情境有机结合起来，不仅可以看、说，还可以进行亲子互动小游戏，使孩子在听一听、说一说、想一想、玩一玩中自然掌握了安全知识和技能。

安全教育就是生命教育，面对活泼好动、喜欢尝试、对身边危险缺乏敏感性的孩子，家长不仅要增强自己的安全意识，从小处设防，从细节做起，还要让孩子学会辨识危险源，知道什么能做、什么不能做，提高孩子对危险的预见性和自我保护机能，减少意外伤害事件的发生，保障他们的安全。

参考文献

1. 朱家雄. 幼儿园教育活动设计与实施[M]. 北京：高等教育出版社，2008.5

2. 杨文尧. 幼儿园活动实践与设计[M]. 北京：高等教育出版社，1999.6

3. 董洪亮. 教学组织策略与技术[M]. 北京：教育科学出版社，2004.6

4. 刘文英. 幼儿园安全教育常识[M]. 石家庄：河北大学出版社，2012

5. 陶金玲，许映建. 幼儿园班级安全管理[M]. 北京：中国轻工业出版社，2014

6. 吴志宏主编. 教育管理学[M]. 北京：人民教育出版社，2006

7. 顾荣芳. 学前儿童健康教育论[M]. 南京：江苏教育出版社，2003

8. 张端然主编. 给孩子最好的安全教育[M]. 青岛：青岛出版社，2012

9. 王绪池，郑佳珍主编. 幼儿园总务管理[M]. 重庆：重庆大学出版社，2013

10. 田友谊. 环境营造与儿童创造[M]. 北京：人民教育出版社，2012

11. 郭茹芳. 孩子学安全的第一本书[M]. 北京：中国华侨出版社，2012

12. 中华人民共和国教育部. 3—6岁儿童学习与发展指南[S]. 北京：首都师范大学出版社，2012

13. 顾荣芳. 保护幼儿生命　促进幼儿健康，解读，教育部基础教育司组织编写[M]. 南京：江苏教育出版社，2002.4

14. 石连海，马雷军. 中小学幼儿园安全教育教师读本[M]. 北京：中国轻工业出版社，2007.5

15. 陈桂云. 浅谈幼儿园的安全教育方法[J]. 课程教育研究，2012

16. 吴旭琴. 浅谈幼儿园安全教育的有效途径[J]. 新课程小学，2012

17. 季红平. 浅论幼儿园安全教育存在的问题及对策[J]. 小学教研2012，文献标识码A

18. 吴咏梅. 幼儿园安全教育的重要途径——游戏[J]. 教师新概念，2012

19. 林丽琼. 浅谈幼儿园安全教育存在的问题及策略. 教学研究[J]. 新课程－小学，2012(4)

20. 刘宣. 国外幼儿园安全教育评述[J]. 山东教育，2004(9)

21. 吴凡. 国外幼儿安全教育简介及启示[J]. 教育探究，2013(8)

22. 茅秀君. 幼儿意外事故成因与对策[J]. 宁波教育学院学报，2007(4)

23. 龚茜. 安全管理能力[M]. 济南市幼儿园安全管理干部培训初培课程，2014.6

24. 陈小微. 基于绩效管理的教师教育技术能力培训后管理的研究[D]. 浙江师范大学，2007.12

25. 幼儿园安全事故分析与安全管理对策[M]，济南市幼儿园安全管理干部培训初培课程，2014.6

26. 冯延平，常一民. 中小学教师培训有效性的实践研究[J]. 中国教育学刊，2010(1)

27. 张贵荣. 绩效管理执行中应重点掌握的几个环节[J]. 河北企业，2013(6)

28. 成长群，肖昊. 义务教育学校教师绩效考核问题探析[J]. 继续教育研究，2009(12)

29. 孙闽燕. 谈幼儿园小班安全教育活动——以《妈妈不见了》教学活动为例[J]. 新校园（中旬刊），2013(5)

30. 侯典文，余昌才. 从绩效考核看安全管理. 科技与企业[J]，2014(15)

31. 赵玲. 融入幼儿园常规的安全教育[J]. 东方青年·教师，2012(12)

32. 李俊祺. 幼儿园安全事故分析与完善安全预防对策研究[D]. 华北师范大学硕士论文，2008.6

33. 邹慧敏. 浅论幼儿园安全管理[J]. 事业发展与管理，2006(9)

34. 丁金霞，欧新明. 当前我国农村幼儿园存在的安全隐患、原因分析及对策思考[J]. 学前教育研究，2009(1)

35. 王小鹤. 幼儿教育中过度保护的问题及原因分析[J]. 教师，2008(16)

36. 曾国. 入园幼儿人身伤害事故现状调查与对策思考[J]. 学前教育研究，2007(5)

37. 方丽，曾杰，李霞. 关于建立幼儿园应急救援预案的探讨[J]. 科技资讯，2007(19)

38. http://baike.sogou.com/v129455.htm. 对环境概念的解释

39. http://baike.sogou.com/v71524716.htm. 对教育环境概念的解释

40. http://blog.sina.com.cn/s/blog_59e33e240101fx56.html. 幼儿园环境创设的重要性